오르는 땅의
비밀 노트

땅 투자의 초특급 핵심 비밀

오르는 땅의 비밀 노트

오픈마인드 김양구 지음

매일경제신문사

프롤로그

이 책이 당신의 인생을 뒤흔들 수 있습니다. 또한 이 책으로 인해서 당신의 인생이 180도 뒤바뀔 수도 있습니다. 책이 출간되기 이전부터 저는 바뀐 인생을 살고 있습니다. 저의 경험을 책을 통해 조금이라도 더 알려드리고 싶은 마음으로 두 번째 책을 준비했습니다.

저도 바뀐 인생을 살기 전에는 이 글을 읽는 당신과 같은 아주 평범한 삶을 살았습니다. 이 시대를 살아가는 주변 사람들과 어울리며 특별한 목표 없이 그렇게 살았습니다. 그러나 현재 저는 법인회사 3개를 운영하고 있고, 유튜브 방송을 하고 있으며, 책을 쓰는 작가이자 강단에 서는 강연가로, 부동산을 컨설팅하는 유명 컨설턴트로 부동산 자산관리사이자 입지분석가로 활동하고 있습니다. 또한, 교회에서는 200여 명의 꿈이 있는 청년들과 활동하는 청년들의 리더이기도 하며, 가정에서는 한 아내의 남편이자 세 아이의 자랑스러운 아빠이기도 합니다.

이런 바쁜 중에도 새벽 5시 30분에 일어나 운동을 하고, 책을 읽고, 성공한 사람들에게서 영감을 얻으려고 매일 2~3시간씩 강연을 듣습니다. 이런 일은 누구나 할 수 있지만, 아무나 하지는 못합니다. 그 결정적인 차이는 계획한 것을 실제로 하는가 안 하는가 하는 단순한 차이에 있습니다. 매일 5시 30분에 일어나면 하는 것이고, 일어나지 않으면 못하는 것입니다. 매일 책이나 강연을 2시간 이상 들으면 하는 것이고, 그렇게 하지 않으면 못하는 것입니다. 아주 단순하지만, 이런 것들이 쌓이면 당신의 인생이 성공의 자리로 초대될 것입니다.

　인생은 각본에 쓰인 시나리오대로 살아가는 것보다 수많은 실수와 벗어난 길을 걸어가면서 더 많은 것을 배웁니다. 태어난 배경도, 선천적인 능력도, 똑소리 나는 지능도, 가족의 도움이나 친구의 도움도 아닌, 당신이 가지고 있지만 자신도 미처 알지 못하는 그 잠재력이 발휘될 수 있는 사건이 있어야 성공으로 나아갈 수 있습니다. 당신 스스로도 알지 못하고, 느끼지 못했던 엄청난, 무서운 잠재력이 발휘될 때가 있습니다. 그때가 당신이 당신에 대해 가장 잘 알 때입니다. 당신에게도 엄청난 능력이 있다는 것을 깨닫게 되면, 그 능력을 잠재우지 말고 더 활성화시켜서 새로운 에너지를 공급하고 발전시켜 목표로 하는 곳에 사용될 수 있는 기회를 만들 때, 비로소 당신이 생각하지 못했던 그 이상을 이루어낼 수 있습니다. 지금, 현재 서 있는 그곳에서부터 당신의 잠재력을 이끌어내는 것 또한 당신의 능력입니다. 새로운 변화 앞에서 두려워하지 말고 당당하게 맞서서 부딪쳐보시길 바랍니다.

"왜?"라는 물음에 스스로 답해보세요.

나는 지금 왜 아침마다 출근하기 싫은 회사를 다녀야 할까?
나는 지금 왜 즐겁지 않은 일을 계속해야만 할까?
나는 왜 하고 싶은 일을 하지 못하고 사는 것일까?
나는 왜 목표 없는 삶을 살고 있는 것일까?
나에게는 왜 기회가 오지 않는 것일까?

지금 당신은 진정으로 성공을 갈망하고 있나요? 그렇다면 당신이 갈망하는 성공을 이루기 위해 어떤 노력을 하고 있습니까? 아무리 발버둥쳐도 월급쟁이로 살아가야 하는 막막한 현실을 타파하고 인생을 역전시킬 수 있는 어떤 노력을 하고 있는지 묻고 싶습니다. 지금까지 한 번도 시도하지 않았던 새로운 일이나 새로운 목표, 말로만 듣고 남들이 하는 것을 보기만 했던 일이나 목표를 직접 해볼 수 있는 기회가 지금 주어진다면 당신은 어떤 선택을 할 건가요? 시도만 하면 그동안 잠자고 있던 당신의 잠재력이 당신을 깨울 것이고, 성공으로 이끌도록 시스템화되어 있는데도 망설이는 이유는 무엇입니까?

지금 당신의 모습은 어제의 당신이 선택한 결과이고, 오늘 당신이 선택한 결과는 내일 당신의 미래입니다. 지금도 망설인다면 내일은 아무 일도 일어나지 않을 것이고, 오늘 당신이 선택하고 결정한다면 당신의 미래는 이미 성공에 도달해 있을 것입니다.

절대 망설이지 마세요. 망설일 시간에 일어나 행동으로 당신의 진정한 힘을 보여주세요. 작은 용기가 당신을 변화시킬 수 있고, 그 용기로 인해 당신의 미래는 하늘의 별처럼 찬란히 빛나고, 사람들에게 사랑받고 존경받는 사람이 될 수도 있습니다.

성공의 공식은 어느 시대나 변함없이 똑같습니다.

첫째, 원하는 것과 당신이 가고자 하는 방향을 명확히 결정하세요.
둘째, 목표와 최종 기한을 정하고 구체적인 계획을 종이에 쓰세요.
셋째, 계획한 대로 무조건 실천하세요.
넷째, 성공할 때까지 결코 포기하는 일은 없을 것이라고 다짐하세요.
다섯째, 하고자 하는 일을 최고의 전문가에게 배우세요.

이 책이 당신이 잃어버렸던 꿈을 찾게 하고, 평범했던 당신의 일상을 뒤집을 수 있는 기회가 되길 바랍니다.

천 리 길도 한 걸음부터 시작됩니다. 성공과 실패는 목표를 향해 나아가려는 의지에서 출발하고, 모든 것은 정신력에 의해 판가름납니다. 우리의 삶에서 어떤 것도 보장된 것은 없습니다. 모든 문제가 자연적으로 해결되고 누군가 그 문제를 해결해줄 것을 기대한다면 당신은 어떤 일도 이루어낼 수 없습니다.

지극히 평범했던 제가 누군가에게 희망을 주는 사람으로, 이 세상에 선한 영향력을 주는 사람으로 변했다는 것이 믿어지지 않을 때도 있습니다. 아주 평범했던 제가 성공했다면 이 책을 읽는 당신도 할 수 있습니다. 당신이 생각하는 것 이상으로 당신은 능력이 있습니다. 당신 내면에는 아직도 개발되지 않은 무궁한 잠재력이 있고, 당신이 불러주기만을 고대하고 있습니다. 당신을 싸구려 품값에 팔아넘기려는 유혹에 빠지지 않길 바랍니다. 당신은 이 땅에 태어날 때부터 뭔가 위대한 일을 하기 위해서, 많은 사람들에게 도움을 줄 수 있는 멋진 일을 하기 위해서 태어났습니다. 그렇게 믿고 달려가보세요. 믿으면 꿈이 되고, 믿지 않으면 지금의 현실로 되돌아갑니다. 이 책이 당신의 인생을 바꿀 수 있기를 기대해봅니다.

오픈마인드 **김양구**

차례

1장

오르는 땅 비밀 노트

6장

오르는 땅을 가진 도시 이야기
- 화성, 평택, 용인, 안성

부록

반드시 알아야 할 실전 토지 용어

1장

오르는 땅 비밀 노트

좋은 땅을 소개받는
기본적인 방법

출처 : 프리픽

화성에 대한 권리분석을 한창 진행하고 있을 초기 무렵 건축업자 한 분이 찾아오셨습니다. 와인과 과일선물을 준비해 오셨습니다. 사무실을 방문하는 사람들을 잘 관찰하다 보면 정말 간절함이나 꼭 무엇인가를 배우고 가려는 분들은 준비를 철저히 하고 오십니다. 들으려고 하는 겸손한 마음가짐부터 상대방에 대한 존중과 예의를 갖추고 또한 빈손으로 오지 않고 작은 선물 같은 것을 준비해서 오십니다. 투자를 많이 해보셨고, 현직에서 사업을 진행하시거나 해보셨던 분들의 특징입니다. 그래야 훨씬 쉽게 깊은 대화를 할 수 있고 더 많은 정보를 얻을 수 있다는 것을 알기 때문입니다.

저의 입장에서도 보면 그냥 몸만 와서 듣는 분들에 비해 그런 준비를 해 오신 분들에게는 2시간 넘게 정보를 알려드리고 실전에서 겪었던 이야기와 새로운 가치 있는 정보를 알려드리는 등 차이를 둘 수밖에 없습니다. 정말 좋고, 소개해줄 수 있는 땅이 있더라도 기본 예의와 마음가짐이 훌륭한 분들에게 마음이 가는 것은 사실입니다. 지금까지 상담하고 땅을 연결시켜드린 분들 모두가 이런 준비되어 있는 분들 위주로 소개를 해드렸습니다. 정말로 좋은 땅을 소개받고 싶으신 분들은 공인중개업소에 방문하시거나 동네 이장님 댁이나 원주민 분들을 만날 때 가볍게 음료수라도 준비해서 가시면 좋은 결과를 얻을 수 있습니다.

'인지상정'이라는 말이 있습니다. 조그만 것이라도 준비한 사람에게 절대 못된 말을 하지 못하는 것이 인간의 도리입니다. 수억 원의 땅을 사면서 1~2만 원짜리 음료수 한 박스라도 준비하는 것을 아깝다고 생각하지 마시기 바랍니다. 음료수 값으로 수백만 원이 들어가더라도 좋은 땅을 소개받을 수 있다면 수억 원을 벌 수 있는 기회라는 것을 꼭 잊지 마시길 바랍니다. 그리고 한 번 찾아가고, 두 번째 찾아갈 때 빈손으로 가지 않고 빵이라도 사서 가시면 효과는 2배로 커집니다. 첫 번째 만남에서 좋은 기억이 있는데, 두 번째 만남에서 선물을 준비해서 찾아가면 확실히 믿을 수 있는 사람이라는 인식이 있어서 좋은 땅을 구하는 데 많은 도움이 됩니다.

저희 사무실에도 정말 많은 사람들이 찾아오는데, 땅을 구해주는 사람의 입장에서 보면 아무것도 받지 않은 상태에서는 땅을 구해주지 않아도 아무 부담이 없지만 조그마한 선물이라도 받은 사람에게는 약간의 부담감이 생기는 것은 어쩔 수 없습니다. 여러 사람들 중에서 그 사람에게 먼저 물건을 찾아드리는 것은 당연한 것입니다.

제가 경험했던 한 사례입니다. 화성 송산그린시티를 임장하면서 땅을 찾을 때의 이야기입니다. 송산그린시티 주변 원형지 땅을 찾으면서 돌아다니다가 길가에서 포도를 파는 분이 계셔서 주변 지역에 대한 정보를 파악하려고 여쭈어보니 통명스럽게 그냥 잘 모른다고 이야기하시면서 의심의 눈을 거두지 않으셨습니다. 잠시 서서 계속 말을 붙여보니 그 동네 이장님이셨습니다. 이장님이 파는 포도 10박스를 사서 친인척에게 택배로 보내고, 몇 박스는 우리가 먹을 것이라고 하면서 포도를 많이 팔아드렸더니 금세 표정이 달라지셨습니다. 그리고 이 주변에 땅을 구하고 있는데 이장님이 도와주시면 사례를 하겠다고 정중히 요청드렸더니 마음을 여시고 그 동네에서 이장님만 알고 있는 땅을 소개해주셔서 바로 계약한 일이 있습니다.

이처럼 시골에 갈 때는 자동차 트렁크에 장화나 빨간 코팅장갑, 음료수 몇 박스는 꼭 챙겨 다녀야 합니다. 언제든 임야를 임장할 수도 있고, 작업이 필요할 수도 있기 때문입니다. 그리고 마을 사람들을 만날 때나 공인중개업소에 들를 때 음료수라도 챙겨서 가면 훨씬 부드러운 대화를 할 수 있습니다. 좋은 땅을 찾는 데 음료수나 빵 등 소소한 것이 결정적인 매개체의 역할을 톡톡히 합니다. 음료수나 빵을 사는 적은 돈으로 상대방에게 호감을 이끌어낼 수 있다면 평생 그 비용을 치르는 데 아낌없이 투자할 수 있습니다. 배려는 상대방을 신뢰하는 첫 번째 기본 요소입니다. 땅에 투자하는 것보다 음료수나 빵에 투자하는 것이 먼저입니다.

토지의 마케팅 전략

출처 : 프리픽

  2017년에 부동산 투자를 하면서 곤충사업을 병행했습니다. 그때는 부동산 투자가 그렇게 바쁘지 않아서 고덕에 사놓은 땅에 동식물 관련

창고를 짓고, 허가를 내어 곤충사업을 하게 된 것입니다. 곤충사업이 법제화되어가는 시기라 인기가 많았고, TV 방송에 소개되는 날이면 전화에 불이 날 정도로 연락이 많이 왔습니다. 제가 하던 곤충사업은 흰점박이꽃무지라는 흔히 굼벵이라고 부르는 곤충이었습니다. 지금은 곤충 농가들이 많이 줄긴 했지만, 당시에는 아주 좋은 블루오션이었습니다. 곤충사업을 하면서 다양한 제품들을 출시했습니다. 곤충화장품, 굼벵이환, 굼벵이엑기스, 건조굼벵이 같은 상품과 굼벵이 종자를 사육해서 분양하는 일까지 함께 했습니다. 귀농·귀촌하는 분들이 어려워하시는 부분 중 하나가 바로 마케팅입니다. 특용작물재배든 과일농사든 곤충사업이든 대부분 수확 후 판매에 대한 어려움을 토로합니다. 결국 은퇴 후 귀농·귀촌하더라도 판매를 위한 마케팅이 준비되지 않으면 어렵습니다.

은퇴 후 곤충사업으로 승부를 보시겠다고 귀농·귀촌하는 분들 역시 마케팅의 한계를 느끼고 어려움을 겪는 경우가 많습니다. 다행히 저는 지금까지 컨설팅, 다양한 판매 전략, 고객상담 관련 일을 했기에 그렇게 어렵지 않았습니다. 블로그를 만들어서 사람들에게 정보를 제공하고, 곤충사육 기술을 알리는 활동을 했고, 바이럴 마케팅을 통해 고객들이 찾아오게 했습니다. 또한 검색엔진에서 네이버 키워드를 입찰해 굼벵이와 관련된 키워드를 제일 먼저 선점했기에 제가 운영하는 농장으로 수많은 사람들이 찾아와 컨설팅 의뢰를 했고, 분양도 잘되었습니다. 특히 환이나 엑기스 같은 상품들은 없어서 못 팔 정도로 사업이 잘되었습니다. 이처럼 마케팅은 어떤 분야에서도 아주 중요한 항목입니다.

부동산 투자에서도 마케팅은 아주 중요한 항목입니다. 원형지 투자에 무슨 마케팅이 필요할까 하는 생각이 들 수도 있지만, 예쁜 떡이 맛

있게 보이듯 원형지 토지를 매수해서 팔 때도 마찬가지입니다. 원형지 상태에서 내 땅이 지면보다 낮다면 성토해서 도로 높이로 맞추고, 높다면 개발행위허가를 통해 절토해서 깨끗하게 도로 높이와 일치시켜 누가 보더라도 보기 좋은 땅으로 만듭니다. 또한 한 필지의 땅 크기가 넓다면 매매 시 가격이 부담될 수 있기에 분필을 통해 작게 만들어 사는 사람의 부담을 줄이는 노력이 필요합니다. 땅을 잘 팔기 위한 이 모든 전략이 결국 마케팅입니다. 이 차이로 팔릴 수 있는 땅이 되느냐, 팔리지 않는 땅이 되느냐 하는 결과로 이어집니다.

원형지 땅은 다양한 변수가 많기에 개발행위허가를 통해 내 땅과 접경되어 있는 구거나 시유지를 잘 활용하면 점용허가를 받을 수 있고, 또한 내 땅과 붙어 있는 국가 땅을 아주 저렴한 가격에 불하(국가 또는 공공 재산을 개인에게 파는 것)를 받을 수도 있기에 다양한 노력을 통해 공부하고 연구해서 내 땅의 가치를 어떻게 높일 수 있을까 고민해야 합니다. 예를 들어 땅의 모양이 구불구불해서 좋지 않으면 내 땅을 둘러싸고 있는 옆 땅 지주와 만나서 서로 합필해서 땅 모양을 예쁘게 만들든지, 또는 땅의 일부를 주고받는 교환등기를 해서 서로에게 유익한 입지로 만드는 노력이 필요합니다. 그리고 농지 같은 경우에는 소나무나 에메랄드그린 같은 묘목을 심어 잘 가꾸어놓고, 매도 시에 묘목을 덤으로 주면서 나무가 큰 수익을 낼 수 있다고 설명하는 것도 땅을 쉽게 매도할 수 있는 전략이 될 수 있습니다.

이런 작은 아이디어들이 땅의 가치를 충분히 높이는 전략이 됩니다. 또한 개발되는 지역의 입지가 좋은 땅은 개발행위허가를 미리 받아두고 매매하면 매수자의 입장에서는 이미 허가가 나온 땅을 사는 여러 이점이 있고, 특히 허가된 땅은 대출 비율이 금액의 70% 이상 나오기도 하기에 돈이 부족한 사람들이 레버리지를 활용할 수 있는 최적의 토지가 되는 것입니다.

판매를 잘하기 위해서는, 고정된 모양 속에 맞지 않은 내 모양을 억지로 끼워넣으려고 하기보다는 내 모양을 깎아서 자연스럽게 수요의 고정된 모양에 맞추어지도록 하는 것이 좋습니다. 그래야 사는 사람도 쉽게 살 수 있는 제품이 됩니다. 이처럼 마케팅 방법에 대한 지속적인 연구를 바탕으로 원형지 토지도 장기간 묶이지 않고 단기간에 가치 있는 땅으로 만들어 매매할 수 있는 전략이 필요합니다.

이것이 토지 투자다

땅을 찾다 보면 가끔씩 좋은 땅이 나오기도 합니다. 그런데 좋은 땅이 나와서 막상 확인해보면 크기가 너무 커서 접근조차 힘들고, 작은 땅이 나왔다고 해도 너무 평단가가 비싸게 나와서 투자의 매력을 잃는 경우가 종종 발생합니다. 지방에 가서 땅을 찾다 보면 한눈에 봐도 괜찮은 땅이 가끔 나오기도 합니다. 이런 땅은 누가 보더라도 매력 있는 땅입니다. 그러나 자세히 살펴보면 다양한 문제에 직면하기도 합니다. 4차선 도로 코너에 붙어 있는 땅이라 너무 좋다고 생각했는데 교차로 영향권에 있는 땅이라 개발행위허가가 안 나오고, 도로에 잘 붙어 있다고 생각했는데 배수로 동의가 안 되고, 건물을 지으려고 했는데 도로의 폭이 나오지 않는 등 다양한 문제가 발생합니다.

제가 투자자로서 땅을 고를 때 무엇보다 중요하게 생각하는 한 가지가 있습니다. 바로 저가로 매수하는 것입니다. 아무리 입지가 좋은 땅이라도 비싸게 사면 투자 수익률이 낮기 때문에 시세 이상으로는 사지 않습니다. 현 시세대로 사더라도 때로는 시세를 초월해 지가 상승이 일어나는 토지도 있지만 가능한 저가 매수를 원칙으로 하고 있습니다. 계속적으로 기다려도 그런 땅이 안 나오면 어떻게 할까요? 쉬면 됩니다. 나올 때까지 기다리면 반드시 땅은 나옵니다.

토지 투자의 좋은 점은 기다리면 된다는 것입니다. 굳이 서두를 필요가 없습니다. 기다리다 보면 미리 사놓은 땅의 값이 올라갑니다. 좋은 땅을 새로 매수하지 못해도 이미 사놓은 땅들은 알아서 가격이 올라갑니다. 내가 다른 사업으로 바빠서 신경을 못 쓰더라도, 내 땅값은 주변이 개발되면서 저절로 올라갑니다. 너무 신기하게도 개발지 주변의 땅은 시간이 흐르면 흐를수록 계속해서 도시가 개발됩니다. 어느 순간 도로가 개설되고, 아무것도 없던 땅에 상가들이 지어지고, 수요와 공급의 법칙에서 수요자들이 넘치는 현상이 시작되면 땅값은 급격하게 상승하는 것이 일반적인 패턴입니다. 이때를 위해 개발지 주변에 다양한 토지를 용도지역별로 검토해서 매수할 필요가 있습니다. 여기저기 개발지 주변 땅들을 사놓고 기다릴지, 빠른 매도 타임으로 팔고 또 다른 땅을 매입할지 빠르게 판단해야 합니다.

높은 수익률을 기대하고 오래 묵혀두는 것이 지금까지 토지 투자의 정석이었지만, 그렇게 되면 땅값은 올라가도 기회비용을 잃을 수 있습니다. 투자금 전부를 토지에 투자해놓고 10년을 기다려야 한다면 10년 동안은 다른 투자를 할 수 없습니다. 그래서 저는 이제 새로운 패러다임으로 투자합니다. 너무 욕심부리지 않고 단기간에 싸게 사서 시세대로 매도하든지, 개발해서 매도하든지 둘 중 하나입니다. 절대로 오래 묵혀두는 투자를 하지 않으려고 합니다.

기존의 토지 투자 개념을 깨는 상식이 필요합니다. 그러려면 토지를 보는 안목이 있어야 하고, 그런 안목으로 시세보다 훨씬 저렴하게 매입해야 단기간에 충분히 수익을 보며 매도할 수 있습니다. 이것이 요즘 제가 하고 있는 토지 투자의 새로운 방법입니다. 이 방식은 아무나 따라할 수도 없고, 엄청난 실력을 갖추고 있어야 하고, 마케팅에도 밝아야하며, 상담에도 능해야 합니다. 돈을 좇기보다는 먼저 실력을 키울 것을 조언드립니다. 실력이 있으면 돈이 있는 투자자들이 줄을 서서 기다립니다. 투자자들은 넘쳐납니다. 사실 좋은 땅이 부족하기에 투자금을 가지고 오셔도 땅이 없어서 모두 구해주지 못하고 있는 실정입니다. 사실제가 살 땅도 부족한데 남까지 챙겨주기가 어렵습니다. 간혹 수십억 원하는 큰 땅이 나올 때 남는 땅 일부를 나누기도 합니다. 이 모든 것들이 땅을 고를 수 있는, 땅을 볼 수 있는 안목이 있어야 가능하고, 적절한 타이밍에 매도할 수 있는 마케팅 능력이 있어야 가능한 일입니다.

이러한 실력을 갖출 때 꿈으로만 생각했던 모든 것이 현실이 됩니다. 처음 토지 투자를 하는 분들은 정말 많이 불안할 것입니다. 충분히 이해합니다. 잘 알면 불안하지 않겠지만, 모르기에 불안합니다. 처음 토지에 투자하는 사람들은 더욱 불안합니다. 내가 하는 선택이 잘하는 선택인지, 땅을 소개해준 공인중개사가 믿을 수 있는 사람인지, 내가 호구가 되는 것은 아닌지…. 이렇게 불안한 토지 투자를 굳이 해야 하나 하는 생각도 듭니다.

아파트에 투자할 때 이 정도로 불안하신가요? 며칠 밤을 설치며 불안에 떨며 아파트 계약을 하시나요? 내가 사려고 하는 아파트의 입지가 어떤지, 평수는 어떤지, 역세권에서 얼마나 떨어졌는지, 초중고를 품고 있는 아파트인지 등 아주 기초적인 입지만 분석해도 파악이 되기에 그렇게 불안하지 않습니다. 주변에 물어봐도 대략 가르쳐주는 사람도 많고, 심지어 아파트 경비원에게 물어봐도, 입주민에게 물어봐도 시세를 알 수 있는 것이 아파트 투자입니다. 그러나 토지 투자는 투자하는 나 자신도 잘 모르고, 어느 누구 하나 확실하게 대답해주는 사람이 없기에 아주 전문적인 분야라는 인식을 가지게 됩니다. 땅은 잘못 사면 평생 묶인다는 불안감에 투자하기가 좀처럼 쉽지 않습니다.

가장 핵심적인 것은 아느냐 모르느냐의 차이입니다. 아파트 투자는 알기에 쉽고, 토지 투자는 모르기에 어렵습니다. 그렇다면 모르는 것을 공부해서 알면 쉬울 수도 있다는 결론입니다. 많은 사람들이 토지 투자가 어렵다고 하면서도 정작 공부는 게을리합니다. 아파트 투자에 대해 공부하듯이, 경매 공부하듯이, 고3 수험생처럼 공부만 해도 충분히 실력을 기를 수 있는데 그렇게 하지 않습니다.

토지 투자를 하는 분들에게 질문을 하나 드립니다. 가슴에 손을 대고 대답해보시길 바랍니다.

"투자하려는 지역에 임장을 10번 이상 다녀오셨나요?"

대부분의 사람들은 자신 있게 그렇다고 대답하지 못합니다. 저는 투자할 지역에 10번 이상 다녀보지도 않고 투자한다는 것이 상식적으로 납득이 되지 않습니다. 토지 투자를 위해서는 몇 백만 원, 몇 천만 원이 아니라 몇 억 원씩 투자하는데, 어떻게 그 지역에 10번 이상 가보지 않고, 조사해보지 않고 투자를 한단 말입니까? 몇 억 원씩이나 투자를 하는데 말입니다! 그만큼 전문적이지 않고, 운에 맡기는 투자는 지양해야 한다고 생각합니다.

정말 투자에 성공하려면 공부를 많이 하셔야 합니다. 토지 투자도 알면 쉽고, 모르면 어렵습니다. 그것이 토지 투자의 본질입니다. 토지라는 도구를 통해 정말 가슴 깊숙한 곳에 숨겨두었던 꿈들을 키워나갈 때 당신도 누군가에게 도움이 되는 사람이 될 수 있습니다. 성공은 할 수 있다는 신념에서 출발하기 때문에 아무리 환경이 어려워도 꿈을 포기하지 않길 바랍니다.

토지 투자는 어렵기 때문에
가치가 있다

저는 주로 토지에 투자합니다. 아파트나, 오피스텔, 상가는 투자 수익이 그렇게 크지 않습니다. 경매 또한 그렇습니다. 오픈된 정보는 누구나 쉽게 접근이 가능하고, 투자 수익 또한 크지 않기에 부동산 투자 중에서도 정말 어렵다는 토지를 선택했습니다. 토지는 잘못 투자하면 오랜 시간 묶여버릴 수도 있고, 그만큼 어렵기에 아무나 접근할 수 없습니다. 하지만 몰라서 어려운 것이지 알고 보면 이것보다 더 확실하고, 이것보다 더 재미있고, 이것보다 큰 수익이 있는 투자 방법이 있는지 모르겠습니다.

상상해보세요. 긴 터널이 있습니다. 터널 끝에는 엄청난 보물이 있다고 상상해보세요. 그런데 터널 중간중간에 함정이 있고, 위험이 도사리고 있다고 한다면 보물을 가지고 싶은 마음은 간절해도 그 위험에 대한 값을 치러야 할 것입니다. 그래서 함부로 아무나 그 어둠이 가득한 터널에 진입하지는 못합니다. 많은 사람들이 터널 끝에 보물이 있다는 것은 알지만 그 어둠이 가득한 터널에 어떤 위험이 도사리고 있는지는 알 수 없기에 두렵고 확신이 서지 않는 것입니다. 그러나 그 터널을 설계하고, 그 터널의 지도를 가지고 있는 사람은 어떨까요? 터널 끝에 어떤 보물이 있는지, 중간중간에 어떤 위험이 있는지, 어떤 함정이 있고 장애물이 있는지 훤히 적혀 있는 보물지도를 가지고 있고, 어둠을 밝힐 수 있는 랜턴까지 가지고 있다면 당당하게 맞서서 보물을 찾으러 들어갈 수 있지 않을까요?

당신은 토지 투자에 있어서 그 보물지도가 무엇이라고 생각하시나요? 저는 그것이 땅에 대한 정확한 정보와 지식, 그리고 주변의 개발 호재, 도시의 발전, 성장을 총망라한 도시개발계획에 근거한 데이터와 경험, 그리고 이 모든 것을 기반으로 토지를 정확하게 권리분석하는 능력이라고 생각합니다.

땅을 사면 그 땅의 가치가 무엇으로 나타난다고 생각하시나요? 저는 자신 있게 수익률이라고 말씀드리고 싶습니다. 내가 산 땅이 어떻게 개발될 수 있는지, 건폐율과 용적률은 얼마나 되고 용도지역은 어떤 행위까지 할 수 있는지는 수익률이 말해줍니다. 농림지역 땅을 사놓고 상업지역 행위를 할 수 없듯이 땅은 이미 그 용도대로 정해져 있습니다. 농업진흥지역 내 농지를 사서 할 수 있는 개발행위는 한정되어 있습니다. 농사 용도로만 사용할 수 있습니다. 그래서 저렴합니다. 같은 농림지라도 유동성이 많은 2차선이나 4차선에 붙어 있는 농지는 가격이 더 높습니다. 왜 그럴까요? 유동성이 많은 곳이라 개발행위에는 제한이 있지만 농사와 관련된 김치공장이나 농가창고 등을 지어 사람들에게 광고할 수 있는 위치이기에 가치가 훨씬 높고 비쌉니다. 도시지역 내 자연녹지나, 생산녹지 또는 관리지역 내 계획관리지역, 생산관리지역, 보전관리지역 또한 마찬가지입니다. 도시가 발전하지 않고 개발계획이 없는 곳은 10년이 지나도 그 땅은 절대 변하지 않기에 가격이 오르지 않는 것은 지극히 당연한 원리입니다.

사람이 찾아오고, 기업이 세워지고, 오가는 사람들이 늘어날 때, 주변에 주택이나 상가가 생기고, 도로가 새로 만들어지거나 확장될 때, 그 땅이 가진 가치가 새롭게 생성되는 것이지 아무것도 개발이 일어나지 않는 곳은 세월이 지나도 부가가치가 높아지지 않습니다.

사람들이 오지 않는 곳에 상점을 차리면 잘될까요? 도로와 잘 붙어 있다고 해서 유동성이 없는 곳에 주유소를 차리면 잘될까요?

관리지역, 주거지역, 상업지역과 같은 용도지역과는 상관없이 그 땅의 가치는 얼마나 많은 사람들이 사용하는가, 즉 빈도수가 얼마나 높은가에 따라 결정됩니다. 이런 사실들을 일반인이 얼마나 알 수 있을까요? 실제로 원형지 땅을 가보면 아무것도 없는 곳에 잡초가 무성하니, 이곳이 정말 천지개벽을 할 수 있을지 황당하기도 합니다. 개발계획을 보면 분명히 뭔가 잡혀 있는 것 같은데 앞날을 전혀 예상할 수가 없습니다. 이런 땅은 현재는 값이 저렴하지만 실제 토목공사가 시작되고 기반시설이 들어와 주거지역이 확대되면서 도로가 포장되고, 방송에서 소개되며 현지 주변의 공인중개업소에서 땅을 팔라고 연락이 오면 그제야 땅값이 껑충 올라 있는 것을 보게 됩니다. 중요한 것은 우리가 땅을 살 때는 이 모든 것이 이루어지기 전, 즉 값이 오르기 전에 사야 합니다. 값이 오르기 전의 땅은 다시 말하지만, 가치를 모르는 사람들이 보면 황량합니다. '과연 이런 땅이 가치가 있을까?', '제값을 할 수 있을까?', '이런 곳이 개발될까?' 하는 의심을 하게 됩니다. 이런 불확실성을 타개하는 것이 부동산 지식이고, 부동산 개발 정보이고, 호재이며 권리 분석입니다. 내가 사는 땅 주변이 어떻게 발전하고 성장할지 충분히 예상할 수 있어야 과감하게 땅을 매입할 수 있습니다. 사실 호재가 있는 지역의 이런 땅은 그리 오랜 시간이 지나지 않아도 결과가 나옵니다.

제가 토지 투자하는 방식에서는 아무리 길어도 2년 내에 이미 결과가 나옵니다. 빠르면 6개월, 더 빠르면 3개월이라도 결과가 나옵니다. 반값에 사서 현 시세대로 팔면 곧바로 2배의 수익을 가져올 수 있습니다.

그렇다면 과연 반값에 파는 사람이 있을까요? 네, 있습니다. 신기하게도 호재가 풍부한 지역인데도 급매로 반값에 파는 매도인이 많습니다. 시세를 몰라서 그렇게 매물이 나오는 경우도 있고, 혹 땅이 너무 커서 반값에 나오기도 합니다. 혹은 모양이 좋지 않아서 반값에 나오기도 합니다.

반값에 나온 땅에 문제가 있다면 해결하면 바로 시세대로 팔 수 있습니다. 시세를 몰라서 나오는 땅은 운 좋게 주운 땅이라고 합니다. 저도 사실 이렇게 반값에 주운 땅이 꽤 많습니다.

또한 땅이 너무 커서 반값에 나오기도 합니다. 가령 50억 원짜리가 급매로 나오기도 하고 70억 원짜리가 반값에 급매로 나오기도 합니다. 우리가 빵집에서 빵을 1개 살 때와 100개 살 때는 빵의 단가가 달라집니다. 가령 빵 1개의 값이 1,000원이면 대량으로 1,000개를 사면 반값에 살 수도 있습니다. 토지 또한 너무 큰 덩어리면 일반인들이 덤벼들기가 매우 어렵기에 주변 시세보다 훨씬 저렴한 반값에 매수할 수도 있습니다. 반값에 매수해서 도로를 정비하고, 토목공사를 하고, 도로를 내서 반듯한 모양으로 토지 분할을 하면 시세에 맞출 수 있고, 바로 2배로 매도할 수 있습니다.

또한 모양이 좋지 않은 경우나 도로에 붙어 있지 않은 맹지를 살 경우에도 반값 이하로 살 수 있습니다. 이런 경우에도 사전에 맹지와 붙어 있는 땅의 지주를 찾아 협의하고 매입 가능하다는 정보를 확인합니다. 뒤에 있는 땅이 아무리 크더라도 도로 앞 땅의 지주가 권리행사를 하면 개발할 수 없는 땅이 되기에 도로에 붙은 앞쪽 땅을 공략해 매입하면 뒤쪽 맹지가 된 땅을 개발 가능한 땅으로 만들 수 있기에 이 또한 반값에 사서 곧바로 2배로 만들 수 있습니다. 물론 이렇게 하려면 전문적인 지식이 필요합니다. 전, 답, 과수원인 농지와 잡종지, 목장용지, 묘지, 임야를 전용비를 내고 개발행위를 통해 토목에 관한 인허가를 거치고 건축에 관한 인허가를 받아 보기 좋게 분할하고 쓸 만한 땅으로 만들기 위해서는 다양한 지식들이 필요합니다. 그래서 땅이 어렵다고 하는 것입니다.

또한 이런 땅에 주변에 어떤 개발 호재가 있는지, 도심에서 얼마나 떨어져 있는지, 도심에서 내가 산 땅 주변으로 도심이 확장되는지, 기업이 들어오는 산업단지와는 거리가 얼마나 되는지, 공장으로 활용할 수 있는지, 창고를 지어 임대할 수 있는지, 근생으로 허가를 내서 소매점을 할 수 있는지, 준공 후 임대가 공실이 없을지, 수요가 많아서 임대료를 올릴 수 있는 지역인지, 통매를 통해 매매를 바로 할 수 있는 위치인지 등 다양한 권리분석이 사실 더 중요하기에 땅을 고르는 것도 어렵지만 땅을 사서 개발하는 것도 여러 절차를 거쳐야 하는 복잡한 과정입니다. 이러한 복잡한 내용을 완전히 숙지한 사람은 정말 토지 투자에서 황제 노릇을 할 수 있습니다. 1년에 10억 원을 벌고 싶다면 바로 10억 원을 벌 수 있고, 1년에 30억 원을 벌고 싶다면 30억 원을 벌 수 있습니다. 자신이 목표한 대로 땅에서는 그대로 이룰 수 있습니다.

서울에 안 가본 사람들은 서울의 아파트값이 30억, 40억 원 한다고 하니 믿지 못합니다. 제가 그랬습니다. 평택의 아파트는 고덕국제신도시가 생기기 전, 고작해야 2억 5,000만 원에서 3억 원 미만이었습니다. 제가 평택의 집값만 생각하면서 서울에서 40~50억 원 하는 아파트가 있다고 뉴스에 나와도 실감하지 못했던 것과 같습니다. 실제 서울에서 집을 소유하고 매매하신 분들은 뉴스의 이야기들을 피부로 체감할 것입니다. 평택에서 살고 있는 저는 절대 그런 체감을 할 수가 없겠지요. 마찬가지입니다. 토지 투자를 해보지 않은 투자자들에게 이런 이야기를 하면 과연 피부에 와닿을까요? 직접 땅을 사서 매도해본 사람만이 체감할 수 있을 것입니다. 공부하는 데 어려움은 있지만 포기하지 마세요! 누구에게나 인생은 소중하니까, 지금껏 살아온 날보다 살아갈 날이 많다고 생각하는 분들은 꼭 시간과 돈을 맞바꾸는 우를 범하지 않길 바랍니다. 지금은 내 모습이 초라하지만 꼭 시드머니를 확보해서 토지 투자를 통해 시간의 자유, 경제적인 자유, 하고 싶은 모든 것에서 자유를 누릴 수 있는 그런 투자자가 되시길 바랍니다.

토지의 시세를 정하기
어려운 이유

땅을 살 때 토지의 시세를 알고 싶어도 알기가 매우 어렵습니다. 사실상 토지의 시세는 정확하게 정할 수 없습니다. '부르는 게 값'이기 때문입니다. 쉽게 말해서 지주가 5,000만 원 하는 토지를 1억 원에 판다고 해도 지주의 마음이니 객관적인 자료가 없는 토지는 그 한계를 정하기가 여간 어려운 것이 아닙니다. 아파트나 상가는 주변에 거래된 가격도 있고, 일반 상품처럼 부동산에 다녀보면 다량의 물건들이 나와 있으며, 거래된 흔적들이 있기에 수요와 공급의 차이에 따라 약간의 차이는 있더라도 보편적으로 용납할 수 있는 금액 내에서 거래되기에 문제가 없습니다. 하지만 토지는 거래되는 상대적인 비율이 낮기에 조금만 방심해도 호구가 되는 결과로 이어지기도 합니다.

그렇다면 구체적으로 토지의 시세를 정하기 어려운 이유는 무엇일까요?

첫째, 일반 투자자들이 다양한 용도지역을 파악하기 어렵습니다.

모든 것에는 기준이 있습니다. 아파트도 상가도 기준이 있습니다. 토지도 마찬가지로 기준이 있지만 그 기준을 설정하기가 매우 어렵습니다. 그럼 토지의 기준을 어떤 것으로 정할까요? 저는 실전에서 토지 공부를 하면서 용도지역을 나중에야 알았습니다. 용도지역도 모르고 땅을 보러 다녔던 것입니다. 토지 투자를 하는 사람이라며 용도지역은 무조건 숙지하고 있어야 합니다. 이것을 모르고는 토지를 제대로 볼 수도, 가치를 알 수도 없기 때문입니다. 용도지역은 한마디로 말해서 땅의 쓰임새에 대한 제한을 세분화시킨 지침서라고 생각하시면 됩니다. 땅을 샀다고 해서 개발하고 싶은 모든 것을 할 수 없도록 만든 규제인 것입니다.

용도지역은 도시지역, 관리지역, 농림지역, 자연환경보전지역으로 나뉩니다. 우리가 알아야 할 것은 도시지역은 크게 상업지역, 주거지역, 공업지역, 녹지지역 있고, 관리지역은 계획관리, 생산관리, 보전관리로 나누어 규제하고 있습니다. 이에 따라 각 지역마다 건폐율과 용적률이 다르고, 개발할 수 있는 행위가 다릅니다. 예를 들어, 농림지역에서 일반 주택을 지을 수 없고, 보전관리에서 카페를 할 수 없고, 자연녹지에서 아파트를 지을 수 없습니다. 또한 주거지역과 상업지역에는 지역별로 할 수 있는 것과 할 수 없는 행위를 규정해놓았습니다. 그렇기 때문에 사려고 하는 땅의 용도지역을 꼭 확인해야 하고, 개발할 수 있는 범위까지 알고 매입해야 합니다. 이것을 일반 투자자들이 과연 얼마나 파악할 수 있을까요? 땅은 그래서 시세를 알기 어렵습니다.

둘째, 일반 투자자들이 토지의 28가지 지목을 알기 어렵고, 각종 지목의 특징을 파악하기도 어렵습니다.

토지는 다양한 지목들로 구성되어 있는데, 주로 많이 거래하는 토지의 지목은 농지인 전, 답, 과수원과 임야, 대지라는 지목으로 거래의 90% 이상을 차지합니다. 이런 지목에 대한 특징들을 모두 파악해야 합니다. 농지에 속하는 전, 답, 과수원에는 지목에 적합한 농사를 지어야 하고, 농지전용부담금에 대해서도 알아야 합니다. 임야는 경사도, 임목도, 울폐도를 확인해야 하고, 땅의 높낮이에 대한 기준과 개발 시 발생되는 대체산림조성비에 대해 이해해야 합니다. 이와 같이 지목에 대해서 잘 알아야 원활한 투자가 가능한데, 일반인이 이런 것들을 상세히 풀어낼 수가 없어서 토지의 시세를 정할 수가 없다는 것입니다.

셋째, 일반 투자자들은 결국 투자에 대한 수익률을 계산해내기가 어렵습니다.

땅을 개발하지 않고 그대로 사용한다면 사실상 많은 수익을 내기는 어렵습니다. 예를 들어, 주거지역 토지에 농사를 짓기 위해 딸기를 심고 가꾸었을 때 내가 소유한 토지 면적 가격 대비 들어오는 수입이 그렇게 많지 않기에 대부분 토지를 사서 개발합니다. 농사를 지어 돈을 버는 것보다 건물 지어서 상가를 만들고, 식당을 만들고, 카페를 만들어 상업 행위를 통해 돈을 버는 것이 훨씬 유리합니다. 이러한 경우 내가 산 땅을 포함한 개발비용 대비 월세 수입이 나오는 비율이 얼마나 되는지 나누면 수익률이 나오는데, 이런 복잡한 개념을 일반 투자자들이 계산해내지 못합니다. 그래서 토지 시세를 정하기가 어렵다는 것입니다.

넷째, 일반 투자자들이 사려고 하는 토지 주변의 개발 정보와 개발 호재를 파악하기 어렵습니다.

땅은 전국 어디든지 있습니다. 그러나 가치가 상승하는 땅은 따로 있습니다. 그런 땅을 고르는 것이 관건인데, 일반 투자자가 지역에 대한 개발 호재를 일일이 찾아다니면서 확인하기가 어렵습니다. 사려고 하는 땅 주변에 신도시가 들어온다는 소식이나 산업단지가 들어온다는 소식, 철도나 다양한 개발 호재들을 수시로 파악하고 있어야 개발이 되기 전에 땅을 매입할 수 있고, 수요가 넘쳐나기 전에 사야 수익을 볼 수 있습니다. 이렇게 민감한 정보가 반영되면 토지 가격이 올라가며, 토지 가격이 올라가더라도 그 오르는 가격이 어느 정도부터 시작해서 어느 정도 가격까지 어느 정도 기간 안에서 올라갈 것인지는 또 다른 문제이기에 시세를 정하기가 너무 어렵다는 것입니다. 결국 100평의 같은 땅이라고 해도, 어떤 용도지역인지에 따라 다르고, 어느 지역인지에 따라 다르고, 도로에 어떻게 붙어 있는지에 따라 다르고, 건축이 가능한지 불가능한지에 따라 시세가 천차만별이라는 말입니다. 과연 누가 그 땅의 정확한 시세를 정할 수 있을까요?

이렇게 땅에 대한 다양한 기준들이 존재하고, 그 기준을 맞추는 것 자체가 아이러니하기에 토지의 시세를 정하기가 어렵다고 합니다. 이 모든 것을 해석해낼 수 있는 사람이 전문가이고, 이런 사람들에게 정확하게 상담을 받고 거래해야 손해 보지 않고 적정 가격에 거래할 수 있습니다. 거래를 하기 위해서는 꼭 토지 분야의 최고 전문가를 찾아보시길 바랍니다.

지금은 시대적 혁신을 만들어가는 시기

　새로운 시대적 물결이 만들어질 때 부자가 탄생한다고 합니다. 지금까지 세계 최고의 부자들은 새로운 시대적 물결이 만들어질 때, 타고난 운이 있어서 부자가 되었습니다. 20여 년 전 미래학자 앨빈 토플러(Alvin Toffler)의 《제3의 물결》이라는 책을 처음 보았을 때 과연 이런 시대가 언제쯤 올까 하는 먼 미래의 이야기로 치부했는데, 현재 우리가 살고 있는 현실이 그의 미래가 되어 있습니다. 거대한 제3의 물결을 이겨낸 사람들은 오늘날 신흥 부자들이 되었고, 새로운 미래를 주도적으로 이끌어가는 리더십을 발휘하고 있습니다. 결국 개인과 기업과 국가의 운명도 새로운 시대적 물결을 막지는 못합니다.

　중국의 마윈(馬雲)은 1998년에 알리바바를 창업했고 새로운 시대적 물결을 타고 부자가 되었습니다. 그럼 지금 시대에 알리바바를 창업한다면 성공할 수 있을까요? 구글과 아마존도 1998년도에 창업했습니다. 그들 또한 새로운 시대적 물결을 타고 세계적인 기업이 되었습니다. 지금 시대에 구글, 아마존, 페이스북이 창업한다면 성공할 수 있을까요? 아마 어려울 것입니다.

1998년 닷컴 버블의 붕괴로 대다수 기업들은 문을 닫았습니다. 새로운 시대적 물결을 이기지 못한 기업 중 대표적인 기업이 코닥입니다. 필름 분야에서 세계 1등 회사가 디지털로 변하는 시대적 물결을 읽지 못해 결국 그렇게 커다란 공룡기업이 역사 속으로 사라져버렸습니다. 우리나라의 엘지전자 역시 2G폰에서 삼성과 순위 다툼을 할 정도의 기술력과 마케팅 능력을 가지고 있었지만 스마트폰이라는 새로운 시대적 물결을 이기지 못해 휴대폰 사업을 접어야 했고, 핀란드의 노키아도 휴대폰 사업으로 세계점유율 1위까지 했지만 스마트폰의 새로운 시대적 물결을 거스르는 기업이 되어버렸습니다. 새로운 시대적 물결을 이겨버린 기업들이 현재 전 세계 1등에서 10등까지 성장한 회사가 되었습니다.

알리바바나 구글, 아마존 같은 회사들은 지금처럼 시스템이 갖추어져 있고 안정적인 툴이 있는 사업환경 속에서 시작하지 않았습니다. 1998년 수많은 기업들이 파산했고, IT 버블, 닷컴 버블의 붕괴가 현실로 이어졌으며, 투자자들은 기업의 도산에 공포를 경험했습니다. 기업들은 투자를 멈췄고, 국가가 흔들리는 시대였지만 새로운 시대적 물결을 이긴 애플, 구글, 아마존, 페이스북, 트위터, 네이버와 같은 기업들이 탄생했고, 지금까지 전 세계를 움직이는 세계적인 기업이 되었습니다.

그렇다면 지금의 새로운 시대적 물결은 무엇일까요? 과연 어떤 시기에 부자가 탄생할 수 있을까요? 보편적으로 시대를 바꿀 새로운 혁신적인 기술이 나오면 2.5%가 받아들이고 시대를 이끌어가는 기술을 만들고, 새로운 생태계를 구축하며 새로운 기술을 수용합니다. 13.5%

는 2.5%가 만들어가는 것을 수용하고, 시대적 물결을 받아들입니다. 시대적 물결을 만들어가는 2.5%, 그 2.5%의 말을 수용하고 따라가는 13.5%가 시대적 물결을 만들어가는 사람이 되고, 시대적 물결을 이긴 사람들이 만들어놓은 새로운 상품에 동조하는 33%가 사용자가 되고, 나머지 34%는 검증되고 완성된 시스템이 되어야 결국 따라오는 사람들이 된다고 합니다. 나머지는 절대로 따라오지 않는 시대의 역행자입니다. 스마트폰이 현실화되었는데도 끝까지 2G폰을 사용하는 사람들이 이에 해당합니다. 정리해보면 결국 새로운 시대의 물결을 바꿀 수 있는 시기에 포기하지 않고 기술을 개발한 2.5%와 13.5%가 세계적인 부자가 되었습니다. 새로운 시대적 물결을 이기려면 2.5%는 내용을 정확하게 알아야 하고 시대를 관통하는 미래를 볼 수 있는 시각이 있어야 하며, 시대적 물결과 함께 운이 따라야 마윈이나 스티브 잡스(Steve Jobs) 같은 사람이 나옵니다.

그렇다면 과연 미래의 시대적 물결을 읽는 사업은 어떤 것이 있을까요? 지금은 시대가 바뀌는 시기입니다. 시대가 영웅을 만드는 시기입니다. 새로운 시대적 물결이 시작될 때 애플의 스티브 잡스가 나왔고, 테슬라의 일론 머스크(Elon Musk)가 나왔습니다. 지금 우리는 새롭게 시대적 물결이 바뀌는 시대, 부자가 될 가장 좋은 시대에 살고 있습니다.

요즘 NFT나 메타버스가 도래하지만 거품도 많습니다. 최근 NFT에서 800억 원짜리 미술품이 실제로 거래되었습니다. 당연히 거품이지만 세계적인 이슈를 만들어냈습니다. 실제로 가상 세계에서 가능하다는 것을 보여준 사례입니다. 우리나라 사람이 만든 루나 코인과 같은 가상자산도 한순간 물거품처럼 사라져버렸습니다. 이렇게 버블이 꺼져야 진짜가 보이고, 실제적인 기술의 진보로 시대의 흐름을 이겨내는 혁신이 만들어지는 것입니다. 1998년에 닷컴 열풍이 불 때 'WWW.COM'이라는 도메인만 가지고 있어도 수십억 원씩 투자하는 시대가 있었고, 닷컴의 거품이 꺼질 때 많은 사람들의 희망마저 사라졌지만, 결국 그때 살아남은 기업들이 지금 세계 최고의 기업들로 우뚝 성장하게 된 것입니다.

당신은 시대를 이기는 2.5%에 도전하실 건가요? 아니면 2.5%가 만들어가는 세상에 동조하고 기회를 엿보는 13.5%가 되실 건가요? 아니면 시대적 물결을 주도한 사람들이 만들어놓은 상품을 사용하는 33%의 유저가 될 것인가요? 그것도 아니면 시대적 역행자가 되어 세상이 변해도 절대 변하지 않는 자기만의 세상 속에서 살아가는 나머지 사람이 되실 건가요?

투자에 관심이 있는 사람이라면 시대적 물결을 만들어가는 시기에 2.5% 안에 들어가지 못하더라도 2.5%가 만들어가는 세상을 투자적인 관점으로 바라보고, 2.5%의 특별한 시스템과 어느 순간 쏟아지는 아이템에 관심을 가지고 적극적으로 대응하고 배우고 익혀서 비즈니스를 내 것으로 만드는 13.5% 안에 들어가는 주인공이 되어야 합니다. 사람들이 생애 가장 큰돈을 벌 수 있는 시기는 바로 새로운 시대적 물결이 만들어질 때입니다. 새로운 시대적 물결이 만들어지는 주기는 아주 짧습니다. IT 시대에는 10년 정도의 바뀌는 시간이 있었지만, 지금은 그 주기가 더욱 빨라졌기 때문에 집중해야 합니다. 코로나로 인해 그 주기는 더욱 빨라졌기에 시대적 물결이 만들어질 때 필요하고 요구되는 기술과 능력이 무엇인지 깊이 집중해서 생각해야 합니다. 그 필요에 맞는 노력과 공부를 지금부터 준비해야 시대의 혁신에 뒤처지지 않고 따라갈 수 있는 사람이 되는 것입니다.

부동산 투자도 마찬가지입니다. 시대적 물결을 만들어가는 2.5%의 사람들, 즉 미개발지에서 도시가 개발되는 라인을 찾고, 인구가 이동되는 지표들을 관찰하고, 개발되는 도시의 도시개발계획 사항을 이해하며, 인구의 이동과 차량의 이동이 어느 곳을 향하고 있는지에 대한 특별한 눈을 가지고 주기적으로 연구하고 미래를 예상할 수 있는 눈을 가진 사람이 결국은 승리하는 1인이 되는 것입니다. 또한 권리분석, 입지분석까지 정확하게 할 수 있는 실력과 토지를 성형수술할 수 있는 실력, 그리고 토지를 마음대로 팔 수 있는 마케팅 능력까지 겸할 수 있다면 우리나라 최고 2.5% 안에 드는 디벨로퍼가 될 수 있습니다. 스스로 안 된다고 생각하면 출발 선상에서부터 안 되는 것이고, 된다고 생각하면 출발 선상에서부터 이미 반은 성공한 것입니다.

태어나면서부터 성공자라고 정해진 사람은 없습니다. 중요한 것은 이런 가치 있는 토지에 대한 정보와 기회를 내 것으로 받아들일 수 있는 배짱이 있느냐 없느냐의 차이일 뿐입니다.

저는 토지 투자라는 시장에서 부자가 될 수 있다는 사실조차 몰랐고, 이런 사실들이 예전에도 있었고 지금도 있고 앞으로도 계속 일어난다는 사실에 경악했습니다. 진작부터 관심을 가지고 '좀더 어릴 때부터 할 걸' 하는 아쉬움이 있지만 결코 후회는 없습니다. 지나간 어려움들이 토양이 되어 지금의 부동산 투자를 잘할 수 있는 자양분이 되었다는 생각에 감사합니다. 이것을 내 이야기가 아닌 남의 이야기로 받아들인다면 남의 이야기가 되고, 내 이야기로 받아들일 수 있다면 내 것이 될 수 있습니다. 이런 성공적인 이야기가 이 글을 읽는 당신의 이야기가 될 수 있길 바랍니다.

실패하지 않는 것이
가장 큰 실패이다

신은 인간에게 선물을 줄 때 시련이라는 포장을 하고 준다고 합니다. 결코 성공이 쉽지 않다는 것을 의미합니다. 시련의 포장지를 뜯기만 하면 선물이 내 것이 될 텐데, 포장지를 뜯는 것이 두려워 감히 시도하지 못합니다. 선물을 감싸고 있는 포장지 안에 무엇이 들어있을지 궁금하기도 하지만 두렵기도 하고, 혹시 포장지 안에 이상한 것을 넣어 놓지는 않았는지 조심스럽기까지 합니다. 하지만 두려운 나머지 뜯는 것을 포기하면 선물을 가질 수 없습니다. 선물의 기쁨을 맛보려면 반드시 포장지를 뜯어야 합니다. 뜯고 난 뒤 선물을 확인할 때의 기쁨은 이루 말할 수 없을 만큼 큽니다.

토지를 배우려고 하는 사람도 마찬가지입니다. 성공은 굉장히 귀찮고 까다로운 것을 요구합니다. 이것을 이겨내면 성공이고, 이것을 포기하면 그냥 실패입니다. 아주 단순합니다. 저에게 토지를 배우려는 마음으로 찾아오는 사람은 많지만 실상 간절함이 있는 사람은 많지 않은 것 같습니다. 배우는 과정이 단순하지 않고, 오랜 시간 동안 수많은 경험과 반복된 실패 속에 한 가지, 한 가지 알아가는 과정이 필요한데 긴 시간을 투자하는 데 익숙하지 않은 대부분 사람들이 중도에 포기합니다. 성공자는 결코 포기하지 않고 끝까지 버틴 사람이고, 실패자는 중간에 포기한 사람이라는 차이밖에 없습니다. 그러니까 포기만 하지 않으면 누구나 성공합니다.

　제 경험을 말씀드려봅니다. 처음 토지 공부를 시작해 용도지역이나 지목에 대해서도 잘 모를 때입니다. 아무리 땅을 보러 다녀도 다 같은 땅 같기도 하고, 왜 이 땅은 비싸고 저 땅은 싼지 구분할 수 없었습니다. 주변에서 이 땅은 계획관리 땅이고, 저 땅은 자연녹지 땅이라는데, 그 말이 의미하는 바가 무엇이고, 건폐율과 용적률이 높으면 비싼 땅이 되는 이유도 알 수 없었습니다. 지금이야 땅에 대한 정립이 확고하기에 도시지역이든 도시지역 이외의 지역이든 바로 구분해서 판단할 수 있지만 무려 2년 동안 개발지 주변을 아무리 돌아다니고 부동산에 들러서 정보를 들어도 알 수 없는 것이 토지였습니다. 그러면서 직접 임야도 사게 되고, 자연녹지에 있는 농지도 사게 되고, 농업진흥지역 내 절대농지도 사면서 조금씩 감을 잡아나갔습니다. 그냥 지나치면서 남의 땅을 보며 눈으로 공부할 때는 몰랐는데, 내가 직접 수억 원의 돈을 주고 사는 입장이 되어 보니 계약서에 도장을 찍을 때 함부로 결정할 수가 없었습니다. 주변 지가나 호재에 대해서, 차량이나 인구의 유동성에 대해서 파악하게 되고, 직접 개발행위를 통해서 토목 인허가를 해보고, 건축을 통한 착공계를 넣어보고, 수허가자 변경을 해보기도 하는 등 실제적인 일들을 반복하다 보니 정신이 번쩍 들었습니다. 실제 돈이 움직이는 과정을 몸으로 체험하다 보니 이론으로 익히는 것보다 체감하는 교육이 절대적이라는 것을 알았습니다. 그 후로도 수많은 어려움과 위험이 도사리고 있는 땅을 선택해야 하는 과정과 풀어나가야 하는 과정 속에서 그 위험한 포장지를 뜯고, 선물을 쟁취했을 때의 기쁨을 어떻게 설명해야 할까요?

저는 토지를 배우려고 하는 사람들이 선물은 좋아하지만, 포장지를 뜯는 두려움을 이기기 위한 수고를 하지 않는 것이 '성공으로 갈 수 없는 요인'이라고 감히 생각합니다. 수고의 땀을 흘리고 얻는 기쁨이야말로 진정 가치 있는 선물입니다. 성공이 그렇게 쉽다면 누구나 도전했을 것이고, 수많은 성공자들로 넘쳐났을 것입니다. 정말 어렵고 참기 힘든 과정을 극복한 사람만이 인생의 즐거움을 맛보는 것은 당연한 결과이고, 노력의 산물이라고 생각합니다. 그래서 '실패를 경험하지 않는 것이 큰 실패이다'라고 생각합니다. 한 번도 도전해보지 않았기에 실패를 경험해볼 수 없고, 성공도 할 수 없는 당연한 결과를 받아들여야 합니다.

실패로 얻은 교훈은 스스로를 강하게 만듭니다. 실패하고, 실패하고, 또 실패하다 보면 실패에 대한 내성을 갖게 되어 실패가 무섭다고 느껴지지도 않습니다. 실패하면 당연하다고 생각해버리기 때문에 아쉬울 것도 없고 자존심을 내려놓은 지 오래되어 더 이상 손해 볼 것 없다는 마음이 생기기도 합니다. 저는 세상에서 가장 무서운 사람이 이런 마인드를 가진 사람이라고 생각합니다. '더 이상 추락할 곳도 더 이상 내려갈 곳도 없다고 생각하고 이것이 바닥이니 상승할 준비만 하면 된다'라고 생각하면서 겁 없이 도전하는 사람은 꼭 무엇인가를 해내고야 맙니다.

실패도 성공으로 가는 한 과정입니다. 실패를 통해서만 성공으로 갈 수 있다는 전제 조건이 있다면, 실패는 그저 성공을 위한 기쁨의 과정일 뿐입니다. 실패가 없다면 성공도 없기에 실패가 곧 나를 성공의 지름길로 인도한다고 믿으면 실패를 기분 좋게 받아들일 수 있습니다. 99번 실패하더라도 1번의 성공으로 99번의 실패를 보상받기에 성공은 충분히 가치 있습니다. 특히 토지 공부는 99번 실패하더라도 단 1번으로 99번을 만회할 수 있습니다. 토지의 크기는 상상을 초월합니다. 토지의 부가가치는 상상을 뛰어넘습니다. 자신이 생각하는 그 이상을 토지 투자에서 이루어낼 수 있습니다. 제가 경험했고, 자산가가 되었고, 제가 가르치고 있는 사람들이 경험했고, 그렇게 되고 있습니다.

우리나라 사람들은 거절을 하는 것도 익숙하지 않고, 거절을 당하는 것도 매우 두려워합니다. 거절을 당하고 나면 더 이상 사람들 앞에 나서길 두려워합니다. 거절은 사람들을 위축시키기도 하고 자존감을 무너뜨리기도 합니다. 그러나 거절을 익숙하게 받아들일 줄 아는 사람도 있습니다. 거절은 당연한 것이라고 생각하고, 오히려 거절에 대한 배려를 하는 사람도 있습니다.

목표는 사람을 더 단단하게 만들고, 더 성숙하게 만들어 집중하게 합니다. 이처럼 자기 자신과의 약속에서 이길 수만 있다면, 반드시 하루에 거절 10번만 받고 퇴근하겠다는 고통스러운 약속을 지킬 수 있다면, 어떠한 목표도 이루는 데 아무 문제가 되지 않습니다.

토지 투자도 마찬가지입니다. 모르는 게 문제가 아닙니다. 알려고 하는가 하는 태도의 문제입니다. 해결하라고 있는 것이 문제입니다. 중요한 것은 문제를 받아들이는 마음가짐입니다. 토지에 대한 지식을 발로 뛰어서 습득하고, 공인중개업소에 방문해 현장 지식을 쌓고, 토지가 거래되는 내역을 일일 체크하고, 도시개발계획을 꼼꼼히 공부하고, 시청 홈페이지를 항상 주시하고, 새롭게 만들어지는 도로, 산업단지, 신도시의 모든 개발 과정을 기록하고, 사람과 자동차의 유동성이 어디로 향하는지 파악하고, 주변 토지의 지주들과 관계를 맺는 노력이 필요합니다.

그리고 나서, 시세 파악의 달인이 되고, 좋은 물건을 확보할 수 있고, 주변 공인중개업소나 지인들에게 소개해줄 수 있는 정도까지 된다면 토지를 보는 눈이 생기고 있다는 것을 스스로 확인할 수 있을 것입니다.

노력 없이 저절로 되는 것은 단 하나도 없습니다. 이처럼 처절하게 배워나가야 제대로 된 토지의 권리분석가가 될 수 있습니다. 이 정도 실력이 되면 부자가 되는 것은 금방입니다. 그러니 결코 스스로를 실패의 구렁텅이에 빠트려놓지 마시고, 거절이 두렵다고 숨지 마시고, 이제 일어나 그동안 감추어져 있는 엄청난 잠재력을 토지 투자를 통해 발산해보시기를 진심으로 기대합니다. 누구보다 더 전문적이고, 누구보다 더 현장에서 경험하고, 누구보다 더 토지에서 시간을 보냈다면 그 사람은 오늘 제가 말씀드리는 최고의 주인공이 되실 수 있는 분입니다.

진짜는 진짜가
알아본다

요즘 컬러복사기가 좋아져서 위폐 범죄가 늘고 있다고 합니다. HSBC은행에서는 위폐 감별사를 두고 감별하며, 감별사를 선발하기도 합니다. 보통 100달러 지폐 50장을 주고 그 안에 있는 15장의 위폐를 골라내는 테스트를 하는데, 한 장이라도 놓치거나 잘못 짚으면 탈락입니다. 주어진 도구는 돋보기 하나뿐이고 시각과 청각, 느낌에만 의존해야 합니다. 달러화, 엔화, 위안화까지 이런 식으로 시험을 보고 적중률 100%가 되어야 시험을 통과할 수 있습니다. 위폐 감별의 최고봉은 촉감과 색상으로 알아내는 오감 감별이라고 합니다. 이런 감별사들은 어떻게 100% 위조지폐를 감별할 수 있을까요?

신기할 정도로 위폐를 찾아내는 감별사들의 훈련 방식을 보면 가짜가 아니라 진짜 지폐를 계속 보고 만지는 훈련을 한다고 합니다. 가짜를 보면서 훈련하면 진짜가 가짜 같고, 가짜가 진짜 같은 혼동이 와서 어렵다고 합니다. 그래서 훌륭한 감별사들은 100달러짜리 진짜 지폐를 가지고 연습합니다. 진짜 지폐를 가지고 다니면서 만지기도 하고, 돋보기로 보기도 하고, 오감을 동원해 원본과 교감이 되고 나면, 위폐를 바로 찾아낸다고 합니다.

성공도 마찬가지인 것 같습니다. 정직하지 못하고, 도덕적이지 못하고, 바르지 않은 마인드를 가진 사람이 일시적인 성공을 할 수는 있지만 변화되는 환경 속에서 어려움이 찾아올 때, 올곧지 않은 방법으로 해결해간다면 지속적으로 성공하기 어려울 것입니다. 임기응변으로 대처하고, 사람들을 선동하고, 약자를 밟아서 일어서는 사람이 사회적으로 존경받을 수 없고, 장기적으로 볼 때 큰 어려움이 다시 찾아오면 무너져버리고 맙니다. 그래서 정말 성공을 원하신다면 진짜 성공자를 찾아야 합니다. 그 분야에서 올바른 마인드를 가진 최고의 전문가를 찾아가면 해답이 나옵니다. 실패자를 찾아가면 실패하는 방법을 배우기에 결과적으로 보면 시간낭비만 하는 것입니다.

제가 보험 일을 했을 때도 정말 잘하는 성공자를 찾아갔기에 1년 만에 억대 연봉을 받을 수 있었고, 휴대폰사업이나 곤충사업을 할 때도 마찬가지였습니다. 그 분야 최고의 전문가를 찾아가서 정확하게 배우고, 그 사람만이 가지고 있는 기술적인 부분들을 벤치마킹했을 때 똑같은 성공을 이룰 수 있었습니다. 그래서 잘되는 프랜차이즈점을 보면 알수 있듯이, 점포의 입지나 점포의 운영 방식이나 점포의 모든 마케팅이 본점과 똑같은 방식인 이유는 성공했던 시스템을 그대로 복제해서 운영하면 실패의 확률을 낮출 수 있기 때문입니다. 원조 프랜차이즈는 성공합니다. 그러나 비슷하게 흉내 낸 프랜차이즈가 실패하는 이유는 형식적으로만 따라 할 수 있고, 그 프랜차이즈의 정신까지 복제하기는 어렵기 때문입니다. 창업주의 정신이나 마인드가 흉내 낸 이들이 소유할 수 없는 근본적인 차이인 것입니다. 토지를 보는 눈도 진짜가 보는 눈과 가짜가 보는 눈은 확연한 차이를 만듭니다.

진짜는 진심으로 고객들을 걱정하지만, 가짜는 고객의 돈을 사랑합니다.

진짜는 기회를 기다리라고 말해주지만, 가짜는 무조건 지금 해야 한다고 부추깁니다.

진짜는 진심 어린 걱정을 해주지만, 가짜는 무조건 좋다고 합니다.

진짜는 토지를 사고 난 후에도 지속적으로 조언을 해주지만, 가짜는 팔고 나면 그만입니다.

진짜에게 배우면 이 일이 재미있지만, 가짜에게 배우면 정신적으로 물질적으로 피폐해집니다.

진짜는 사람들을 돕지만, 가짜는 사람들을 이용합니다.

진짜는 사람들에게 존경받지만, 가짜는 사람들에게 사기꾼이라는 말을 듣게 됩니다.

진짜는 진짜를 만났을 때 진짜를 알아보지만, 가짜는 진짜도 가짜도 알아보지 못합니다.

토지를 배우려면 진짜에게 배워야 하고, 토지에 투자하려면 진짜를 찾아서 투자해야 합니다. 이건 숱한 경험에서 나온 진실입니다. 다시 한번 강조드립니다. 진짜를 찾아서 진심으로 조언을 구하시길 바랍니다. 가짜는 당신의 문제를 해결해줄 수 없지만, 진짜는 당신의 문제를 곧바로 해결할 수 있습니다. 그것이 진짜가 가진 능력입니다.

2장

오르는 땅의
투자 이야기

안성 방축리, 저렴한 땅
매수 · 매도 이야기

▲ 안성시 양성면 방축리 땅

출처 : 카카오맵

    2021년 5월 어느 날 물건을 잘 찾아주는 안성의 강사장님으로부터
연락이 왔습니다.

    "김 대표님, 안성에 방축산업단지가 들어오는 거 아시지요?"

"네, 알다마다요. 얼마 전에도 그 주변 임장을 다녀왔습니다."

"용인 SK하이닉스 관계자들이 지장물 조사를 하고 갔다고 하네요. 아마도 이곳이 용인 SK하이닉스 협력업체 산업단지가 될 것 같습니다."

"네, 맞습니다. 얼마 전 현지에 가서 주민들의 이야기를 들어보니 확실한 것 같습니다. 그런데 혹시 무슨 또 다른 좋은 일이 있나요?"

제가 궁금하다는 듯 물었습니다.

"며칠 전에 산업단지가 들어오는 방축리 인근에 가격이 저렴한 땅이 나왔는데 한번 보실래요?"

그렇지 않아도 이 주변에 땅을 매입하려고 엄청나게 돌아다녔는데 마음에 드는 물건이 없고, 이미 소문이 알음알음 나 있는 상태라 물건이 귀했는데, 반가운 소식이었습니다. 그래서 매입 가격을 물어보았습니다.

"그런데 물건 가격이 얼마입니까?"

"놀라지 마세요. 1,350평인데 1억 3,500만 원입니다."

"맙소사, 그럼 평당 10만 원인데 혹시 이거 하자 있는 물건 아닌가요?"

"그 판단은 김 대표님이 해보세요. 그 주변에 고압선이 지나간다는 흠이 있기는 합니다."

이 주변은 제가 워낙 잘 아는 곳이라 대략 짐작이 갔습니다. 혹시 땅에 철탑이 있는 선하지라면 매입하기가 곤란합니다. 그래서 일단 위성으로 확인해보니 철탑이 있는 것은 아니고 땅 위로 고압선이 지나가는 정도라 큰 문제가 되지 않을 것 같았습니다. 그리고 면적이 1,350평이기에 일부 면적이 개발에 제한을 받아도 나머지는 충분히 향후 개발하는 데 문제가 되지 않았습니다. 그리고 주변 시세와 비교해 평당 10만 원이면 그야말로 줍는 땅입니다. 이런 땅은 평생 가져간다고 생각하면 20배 이상 상승할 수 있는 땅입니다. 향후 산업단지가 만들어지면 땅 주변이 정리가 되어 고압선도 산업단지에서 외각으로 이동할 수 있고, 축사가 있다면 그 또한 철거되는 현상들을 경험했기에 지금 당장을 보는 것이 아니라 장기적인 투자를 생각하면 매입 단가가 워낙 낮아서 아주 좋은 투자를 할 수 있습니다. 지번을 받고 임장을 가보았습니다.

용도지역은 보전관리이고, 지목은 1,350평의 낮은 임야로 되어 있어 향후 충분히 개발할 수 있고, 접해 있는 도로는 3미터 폭의 시멘트로 포장된 현황도로였습니다. 또한 구거가 이 땅과 접하고 있어 점용허가를 내면 당장이라도 개발행위허가를 받을 수 있습니다. 전원주택이나 1종근생 소매점이 가능하기에 투자를 해두면 효자 노릇을 톡톡히할 수 있는 땅임을 확신했습니다. 1억 3,500만 원의 소액이다 보니 계약 후 잔금일을 길게 잡지 않고 2021년 5월 31일 곧장 등기했습니다.

2022년 1년이 지날 때 이미 방축산업단지가 만들어진다는 소문은 언론에서 여과 없이 나오고, 일반인들이 수시로 이 땅 주변 임장을 다녔고, 물건을 찾는 사람들이 많아지자 땅 가격은 급속도로 오르기 시작했습니다.

사실 이 땅은 오랫동안 가져가려고 다짐했는데 청주에서 오신 고객이 자신도 10년 이상 묵혀둘 땅을 찾고 있으니 "대표님이 가지고 있는 토지 중에 10년 이상 오래 가져갈 수 있는 땅을 찾아 주세요"라고 간곡히 부탁하셨습니다. 왜 많은 땅 중에서 제가 보유하고 있는 땅을 달라고 하시는지 그 이유를 여쭈어보았습니다. "일반인이 소유한 땅보다 대표님이 고르신 땅은 확실하고, 향후 무조건 올라간다는 것을 유튜브를 통해 많이 배웠습니다"라고 하시면서 정중하게 부탁하셨습니다. 그래서 저는 "제가 산 땅은 워낙 저렴한 가격에 샀지만 현재 시세대로 팔기 때문에 감안하셔야 합니다"라고 말씀드렸습니다.

그리고 제가 딱 1년 전에 평당 10만 원에 산 땅을 평당 25만 원에 매도했습니다. 정확하게 1년 만에 2.5배의 수익을 보고 매도한 사례입니다. 매수자는 아내분을 모시고 현장을 직접 확인 후에 사셨고, 저렴한 가격에 주셔서 감사하다고 연신 인사를 하셨습니다. 서로 기분 좋게 거래한 아주 좋은 매매 사례가 되었습니다.

이런 땅은 산업단지의 경계선에 붙어 있는 땅이기에 향후 10배 이상 올라갈 것입니다. 개발 전에는 사람들이 잘 모르지만 실제 공사가 시작되고, 깨끗하게 주변이 정비되고, 기업들이 들어오고, 도로가 만들어져 투자하는 사람들이 몰려오면 때는 이미 늦습니다. 투자자는 이미 만들어질 산업단지와 만들어질 도로와 만들어질 주변 환경들을 이미지화할 수 있어야 하고, 예상해야 합니다. 지금은 아무것도 보이지 않더라도 개발이 되면 당연히 산업단지 주변은 개발 압력으로 정비되기에 걱정할 필요가 없습니다. 그럼에도 불구하고 토지를 보는 눈이 없는 투자자들은 개발되지 않은 현재만 봅니다. 그리고 불안해 합니다. 정말 그렇게 개발이 될까 걱정하며 투자를 망설입니다. 투자를 하려면 주변 개발지와 관련된 정보에 민감해야 하고, 이미 만들어질 도시나 산업단지에 대한 이해도를 높여야 합니다. 그래야 투자자들이 몰려오기 전에 투자할 수 있고, 10년 동안 투자한 것보다 단 1년 만에 더 많은 수익을 볼 수 있을 것입니다.

아직 개발되지 않은 토지를 보는 눈!

토지를 정확하게 구분할 수 있는 실력과 상상력!

시대를 관통해서 그 너머를 볼 수 있는 통찰력!

이런 것들이 토지 투자를 통해 당신이 성공할 수 있는 핵심입니다.

화성 문호리 국제테마파크, 오르는 땅 이야기

소재지	화성시 남양읍 문호리(79평 대지) 1종 주거지역
매입가격(2020년 10월 30일)	1억 1,850만 원 / 평당 150만 원
매도가격(2021년 4월 28일)	2억 3,300만 원 / 평당 295만 원
대출	7,000만 원
실투자금	4,850만 원
매도기간	5개월
수익률	196%

　화성시 송산그린시티가 개발되는 인근은 호재로 넘쳐났습니다. 특히, 신세계그룹은 송산그린시티 1,700만 평이 개발되는 지역 내에 4조 5,000억 원을 투입해서 화성 국제테마파크 127만 평을 건설한다고 발표했습니다. 비전 선포식 때 경제부총리부터 도지사, 시장, 기업인 및 각계 원로들까지 총출동했고, 방송과 언론에서 대대적인 보도가 이어졌습니다. 국제테마파크의 규모는 롯데월드의 24배, 에버랜드의 3배

출처 : 카카오맵

규모로 만들어질 예정이고, 2026년에 1차 개장, 2031년에 완전 개장
을 목표로 하고 있습니다.

 화성 국제테마파크 주변은 투자할 수 있는 토지가 거의 없습니다. 주
변이 모두 그린벨트로 묶여 있기 때문입니다. 화성 국제테마파크와 연
접되어 있는 새솔동은 이미 택지개발을 모두 마친 상태로 미니 신도시

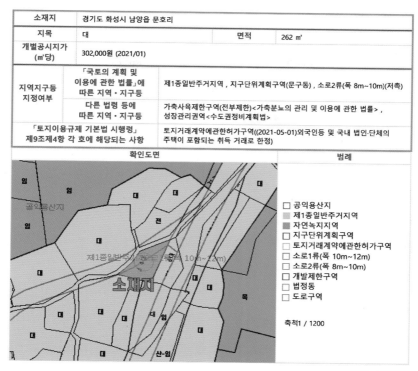

소재지	경기도 화성시 남양읍 문호리		
지목	대	면적	262 ㎡
개별공시지가 (㎡당)	302,000원 (2021/01)		
지역지구등 지정여부	「국토의 계획 및 이용에 관한 법률」에 따른 지역·지구등	제1종일반주거지역, 지구단위계획구역(문구동), 소로2류(폭 8m~10m)(저측)	
	다른 법령 등에 따른 지역·지구등	가축사육제한구역(전부제한)<가축분뇨의 관리 및 이용에 관한 법률>, 성장관리권역<수도권정비계획법>	
「토지이용규제 기본법 시행령」 제9조제4항 각 호에 해당되는 사항		토지거래계약에관한허가구역(2021-05-01)외국인등 및 국내 법인·단체의 주택이 포함되는 취득 거래로 한정)	

확인도면

범례

□ 공익용산지
■ 제1종일반주거지역
□ 자연녹지지역
□ 지구단위계획구역
□ 토지거래계약에관한허가구역
□ 소로1류(폭 10m~12m)
□ 소로2류(폭 8m~10m)
□ 개발제한구역
□ 법정동
□ 도로구역

축척1 / 1200

임 임 공익용산지 임 대 대 대 전 제1종일반주거지역 소로2류(폭 10m~12m) 소재지 대 대 목 대 대 대 임 산-임

출처 : 토지이용

의 형태로 만들어졌고, 투자할 원형지 땅은 없다고 봐야 합니다.

화성 국제테마파크 소식이 발표되자마자 새솔동 34평 기준 아파트가 시세 3억 2,000만 원 하던 것이 단 하루 만에 5억 원 이상으로 올랐습니다. 당시 현장에 찾아가 아파트 문의를 해보았는데 모든 공인중개업소에 나와 있던 물건이 들어가고, 심지어 계약했던 아파트를 배액으로 배상하면서 취소가 속출했다고 합니다. 이처럼 화성 국제테마파크 개발 소식은 대형 호재로 작용해서 개발제한구역 땅까지 상승하는 현상이 일어났습니다.

그러던 중 네이버 부동산을 검색하다가 화성 국제테마파크 아래 문호리 2차선 대로변에 조그마한 땅이 매물로 나온 것을 발견했습니다. 당연히 개발제한지역 땅일 것이라는 선입견으로 큰 기대를 하지 않았는데, 자세히 살펴보니 1종일반주거지역 땅이었습니다. 주변은 개발제한지역이지만 1종주거지역은 개발이 가능합니다. 바로 개발제한지역 내에서 집단취락지구로 지정되어 건폐율 60% 이하로 개발을 허용해주기 때문입니다. 향후 화성 국제테마파크가 개발되면 문호리를 통과해서 남측 산업단지로 넘어가는 길목이기에 중요한 입지라고 생각했습니다. 유일한 단점으로 평수가 작다는 아쉬운 점이 있었지만 79평 정도면 편의점 같은 소매점을 하기에는 너무 좋은 입지이기에 평당 150만 원에 바로 계약했습니다.

계약할 당시에는 전체 금액이 1억 1,850만 원밖에 되지 않고 대출 7,000만 원을 받아서 실투자금은 4,850만 원이었기에 장기로 가져가서 실제로 편의점을 운영할 계획이었습니다. 그런데 제가 이 땅을 샀다는 것을 알고 있는 주변 공인중개업소 사장님이 평당 300만 원에 살 사람이 있다고 팔라고 설득해서 결국 5개월 만에 매매했습니다. 평당 150만 원에 사서 5개월 만에 아무것도 개발하지 않고 평당 300만 원으로 계약해, 잔금 때 평당 5만 원을 할인해서 평당 295만 원에 매도했습니다. 결과를 보면 이것도 나쁘지 않습니다. 짧은 시간에 회전율을 높인 사례입니다. 레버리지를 활용해서 4,850만 원을 투자해 세전 9,520만 원을 단 5개월 만에 수익을 만들었고, 수익률로 보면 5개월 만에 196%입니다.

이번 사례로 얻은 결론

　개발되는 주변 땅을 수시로 체크하다 보면 이런 일이 비일비재합니다. 인생에서 기회는 세 번이 찾아온다고 하는 말을 부정할 수밖에 없는 사례 중 하나입니다. 저는 이런 기회가 1년에도 수십 번씩 옵니다. 이것을 기회라고 생각한다면 그 기회를 잡는 사람에게는 성공도 함께 찾아올 것입니다. 그런데 기회가 와도 기회인 줄 모르는 것이 답답할 뿐입니다. 기회가 왔을 때 알아챌 수 있는 판별기가 있다면 쉽게 판별할 텐데, 그런 판별기가 없다는 것이 안타까울 뿐입니다.

　그것이 기회였다는 것을 알게 되는 데는 고작 1년 여의 시간밖에 걸리지 않습니다. 제가 매매하는 물건의 대부분이 오르는 지역의 땅을 사서 1~2년 안에 처리하기 때문입니다. 1년 만에 3배로 오른 땅을 3년 뒤에 팔면 10배나 20배로 오를 수 있을 것 같지만 막상 그렇지는 않습니다. 2~3년이 지나도 조금 더 올라가는 수준에 그칩니다.

　땅이라는 것 자체가 오랜 시간의 경험이 필요하고, 변화무쌍하며 시세에 대한 데이터가 정확하지 않고, 어떻게 보면 디지털이 아닌 아날로그 같은 방식입니다. 딱 떨어지는 디지털과 같은 데이터가 있으면 선택하는 데 어려움이 없는데, 땅은 죽은 것 같은데 또 살아 있고, 살아 있는데 죽은 것같이 움직일 때가 많습니다. 죽은 것 같은 시세가 개발 소식과 더불어 움직이고, 한참 개발로 인해 시세를 이끌던 곳이 개발이 연기되거나 취소되는 현상도 있어서 살아 있어도 살아 있다고 말할 수 없는 땅을 어떻게 정의해야 할지 저도 막막합니다.

　이것을 학문적으로 정의하기가 매우 어려운 이유는 제가 투자하는 방식의 문제이기도 합니다. 보통 사람들은 투자용 땅을 10년 정도 바라봅니다. 그래서 가격이 아주 저렴한 지방 땅이나 현재 개발이 되지 않는 곳에 장기간 투자하기도 합니다. 어떤 사람들은 개발이 한창 진행 중인 안정적인 땅을 비싸게 매입해서 투자 리스크를 줄이고, 확실하게 투자하기도 합니다. 이미 개발이 진행되고 있는 확실한 땅은 토지 가격은 비싸지만 실패할 확률은 줄어듭니다. 대신 수익도 줄어들겠지요. 제가 하는 방식은 이 두 가지 방식의 중간에 해당됩니다. 개발지는 맞는데, 개발이 완전히 진행되지 않은 그런 곳입니다. 사람들이 아직 관심을 가지지 않는 지역이기도 합니다. 그런데 자세히 들여다보면 개발 압력으로 인해 꿈틀거리고 있습니다. 화산이 폭발하기 직전이라고 볼 수도 있습니다. 폭발하기 전까지는 사람들은 잘 모릅니다. 폭발해야 사람들은 인지합니다. 그때는 이미 늦습니다. 저는 그때 빨리 빠져나옵니다. 그리고 또 다른 곳을 찾아 다닙니다. 폭발하기 직전인 지역을 찾아 그곳에 또 투자합니다. 그곳이 폭발하면 또 빨리 빠져나옵니다. 그리고 또 폭발할 지역을 찾습니다. 이것이 제가 하는 투자 방식입니다. 이 투자 방식은 평생 계속할 수 있습니다. 우리나라가 개발을 멈추지 않는 한 이 시스템은 계속 돌아가기 때문입니다. OECD 국가 중에서도 최대의 성장을 하고 있는 대한민국은 개발을 멈출 수 없는 나라입니다. 자원이 풍부한 나라가 아니기에 국가산업의 역량을 지속적으로 성장시켜야 하는 과제가 있고, 도시의 발전도 계속 이루어져야 하고, 도시의 발전으로 인한 농촌과 도시의 변화는 불가피할 수밖에 없으며, 빈부의 격차도 더욱 가속화될 것으로 예상됩니다. 제4차 국가 철도망계획이나, 3기 신도시, GTX철도계획을 보더라도 모든 것은 도시에 집중되어 있습니다. 도시는 계속 개발된다고 보면 됩니다.

이런 개발이 진행되는 곳에 투자할 타이밍을 볼 수 있는 역량을 가져야 하는데, 과연 여러분은 어떤 눈을 가지고 있으신가요? 정확하게 토지 시장을 관통할 수 있는 눈을 가지셨나요? 개발되는 토지의 움직임을 간파할 수 있는 흔들리지 않는 눈을 가지셨나요?

개발되는 지역의 토지 가격 움직임을 실시간 추적해서 단계별로 정의하고, 얼마의 기간 동안 어떻게 움직이는지, 용도지역마다 농지의 가격과 그 외 토지들의 쓰임새가 어떻게 사용되는지 알 수 있는 자가 토지 시장을 지배합니다. 저도 그것을 학문적으로, 또 구체적으로 정의할 수 없습니다. 너무 많은 경우의 수가 존재하기 때문입니다. 하지만 저는 신도시나 대형 산업단지가 개발되는 지역에서 쌓은 수많은 투자 경험 덕분에 머리 속에서 움직이는 각종 지표와 주변 전문가들의 도움으로 매입과 매도의 기막힌 타이밍을 찾아낼 수 있습니다. 이러한 방법으로 1년 동안 수십 개의 땅을 사고, 팔아보았지만 리스크는 제로였습니다.

이런 토지 개발 이야기를 듣고도, 이런 실제로 돈을 버는 이야기를 듣고도 가슴이 떨리지 않는다면 토지 투자에 대해 다시 생각해보길 바랍니다. 수억 원의 자기 자본을 투자하는데, 아무 관심을 갖지 않고 대충 투자할 수는 없습니다. 이런 이야기를 들을 때가 가장 떨리고, 가슴이 뛴다는 사람은 토지 투자가 인생의 전환점이 될 확률이 높습니다. 어떤 부정적인 사람들은 이렇게 이야기합니다.

"당신이니까 가능하지, 내가 되겠어?"

세상과 타협하지 마십시오. 당신은 그렇게 나약한 사람이 아닙니다. 벼랑 끝에 서 있는 심정으로 뛰어든다면 불가사의한 일이 일어나기도 합니다. 목숨 걸고 땅을 찾아보세요. 반드시 좋은 땅을 찾을 수 있습니다. 오르는 땅은 이미 정해져 있기에 잘 찾기만 하면 됩니다.

땅을 하루 만에 사고,
하루 만에 판 결과

▲ 평택시 청룡동 땅   출처 : 카카오맵

2017년 2월 제가 아직 부동산 초보일 때 귀한 물건을 소개받았습니다. 평택시 청룡동에 있는 2차선 대로에 딱 붙어 있는 토지인데, 최상의 입지를 가진 토지였습니다. 현재 일부는 농가창고로 25평을 사용하

고 있고, 일부는 주택으로 25평을 사용하고 있는 상태였습니다. 당시 주변 상황을 파악해보니 이미 도로변은 6차선 도로로 확장 공사를 시작했고, 1년만 지나면 이곳도 2차선 도로변에서 6차선 대로변으로 바뀌는 입지를 가지고 있었습니다. 특히 이곳은 평택 소사벌에서 원곡 방향으로 이어지는 만세로길이었는데, 만세로길은 아침, 저녁 할 것 없이 수시로 꽉 막혀 있는 도로라 6차선 도로로 확장하는 것이었습니다. 2022년 6차선으로 완공되고 나서도 출퇴근 차량으로 대로변이 정체가 생길 만큼 교통의 유동성이 많은 지역으로 변했고, 대로변으로 스타벅스나 음식 체인점들이 즐비하게 들어섰습니다. 그러나 당시는 부동산 초보 시절이라 권리분석이나 입지분석도 엉성했고, 미래 성장 가능성이 있는 토지를 보는 눈이 없어서 매수하는 데 한참이나 갈등했던 기억이 납니다. 현재 이곳 맞은편에 있는 도로변 토지는 평당 800만 원 이상 하는 곳으로 변했는데, 지금 돌아보면 미래를 통찰하는 실력을 갖추지 못했던 제 자신이 아쉽지만, 누구라도 마찬가지였을 것이라는 위안을 해봅니다.

다시 이야기로 돌아가서 처음 이 땅을 소개받고 6억 5,000만 원이나 하는 땅을 제가 직접 매입하기에는 너무 부담스러워 누군가에게 소개해줄까 하는 생각을 했습니다. 주변에 잘 아는 형님께 말씀드렸더니 그렇지 않아도 만세로 부근 큰 도로에 붙은 땅을 찾고 있는 사람이 있다고 알려주었습니다. 그래서 그냥 소개해서 넘겨줄까 곰곰이 생각하다가 차라리 이 땅을 내가 먼저 매입하고 나중에 팔아도 괜찮겠다는 생각이 머릿속을 스쳤지만, 그만한 자금이 없어서 고민이었습니다. 이 땅을 찾는 사람이 혹여 다른 땅을 사버리면 이 땅도 팔기가 어려울 수 있다는 생각에 고민에 고민을 거듭하다가 복등기를 할 계획을 세웠습니다. 복등기란 등기를 당일에 동시에 두 번 하는 것을 말합니다. 쉽게 말해서 매도자 A가 B라는 사람에게 등기를 넘기고, B는 등기를 받아 다시 C에게 넘기면 최종 매수자인 C의 소유가 되는 것입니다. 이 모든 것이 당일에, 동시에 이루어집니다. 여기서 A와 B, C 사이에 거래했던 취등록세나 각종 비용을 B와 C가 정상적으로 치르고, 국가에 성실하게 세금을 납부 후 거래되었다면 아무런 문제가 없습니다. 하지만, 만약 A와 C가 직접 거래하면서 취등록세를 내지 않고 B가 양도 차액을 챙겼다면 불법이고, 이를 불법 전매라고 합니다. 쉽게 말해, 불법 전매처럼 중간다리 역할만 하고 자신의 명의로 등기를 하지 않고 양도차액만 받고 넘겨주는 방식으로 하는 것은 불법입니다.

하지만 제가 토지 투자의 완전 초보 시절이라 이렇게 복잡한 방법으로는 위험하다는 생각에 정상적으로 내가 등기를 치고, 정상적인 세금을 내고 곧장 이 땅을 매입하기로 준비된 사람에게 매도하는 복등기를 구상했던 것입니다. 그런데 이 방법이 성공하려면 두 가지 조건이 맞아야 합니다.

첫째, 이 땅을 사려고 하는 매수자가 반드시 있어야 하고, 매수한다는 증빙을 확보해야 합니다.

둘째, 당일 모든 것이 처리되어 은행 대출도 어렵기 때문에 무조건 현금 6억 5,000만 원이 있어야 합니다.

두 조건이 만족되지 않으면 복등기를 할 수 없습니다. 그래서 매수자에게 찾아가서 사실 그대로 이야기했고, 대신 큰 차액을 보지 않겠다고 약속했습니다. 그리고 돈이 있는 지인에게 급히 4억 원 이상을 빌려 내가 가지고 있는 돈과 합쳐서 6억 5,000만 원을 만들었고, 드디어 복등기를 할 수 있었습니다.

내용으로만 보면 아주 다이내믹해 보이지만 그렇게 실효성은 없습니다. 6억 5,000만 원에 사서 6억 7,000만 원에 팔았기에 큰 차익을 볼 수 없었습니다. 누가 보면 "그래도 하루에 2,000만 원이나 벌었네"라고 할 수 있지만, 자세히 살펴보면 여기에 당시 취등록세 1,230만 원과 양도소득세 55%를 빼면 거의 가져오는 돈이 없었습니다. 남는 것은 이런 거래를 해보았다는 경험밖에 없습니다.

당시 저는 부동산 초보 중에 초보라 간이 콩알만 해져서 시세 차익을 많이 볼 수도 없었고, 양도소득세 계산을 해보지 않은 상태라 세금으로 빠지면 이렇게 수익이 줄어든다는 생각을 할 수도 없었습니다. 양도소득세는 1년 안에 팔면 무조건 50%이고, 비사업용 토지이면 10% 중과가 되고, 수익 중 지방세 10%는 자연적으로 따라오는 세금이라는 것을 기본으로 알고 있어야 했는데, 초보인 저는 자세히 계산해보지 않았습니다. 수익은 없었지만 토지를 단 하루 만에 사고 되파는 게 가능하다는 값진 경험을 한 것입니다.

이런 땅은 실사용자가 사용하는 것이라면 비싸게도 팔릴 수 있는 땅입니다. 단 하루 만에도 억대 이상의 거래로 만들 수 있는 물건이지만 당시 경험이 너무 없어 수익 없이 넘긴 것이 아쉽기도 합니다. 다만, 이런 경험들은 돈으로도 살 수 없는 소중한 경험입니다. 이런 경험들을 쌓는 것이 내공 있는 튼튼한 실력자가 되는 과정인 것입니다.

하나하나 경험하면서 실력을 쌓고, 반복된 실패를 경험하면서 실수를 줄여가다 보면 어느새 그 누구도 따라올 수 없는 토지 투자의 전문가가 되어 당신이 꿈꾸는 모든 것을 이루는 사람으로 변해 있을 것입니다.

고삼저수지,
월향리 매수 이야기

한여름의 무더위가 한풀 꺾일 때쯤 물건을 찾아주는 가까운 사장님
으로부터 연락이 왔습니다.

"김 대표! 아주 기가 막힌 물건이 나왔는데, 지주 작업을 통해 확보
한 것이라서 일반 공인중개업소에서는 찾을 수도 없는 물건이야. 확인
해봐."

그 사장님은 넌지시 말씀하시며, 한마디 덧붙이셨습니다.

"이 땅은 고삼저수지가 바라보이는 2차선 도로에 딱 붙어 있는 땅인
데, 2차선에 붙어 있는 이런 땅은 보통 평당 200만 원이 넘게 거래가
되거든. 근데 이 물건은 평당 70만 원에 맞추어 놓았으니까 꼭 확인해
봐."

"아, 그래요? 그럼 지번을 알려주세요. 미리 토지이음으로 확인해보
고 직접 찾아가서 임장을 해본 뒤에 사무실로 들르겠습니다."

임장을 가기 전, 토지이용계획확인원을 통해 대략적인 토지 정보를

파악하고, 땅의 형태도 살핀 뒤 곧바로 현장으로 출발했습니다. 평택에서 안성 고삼면까지는 40분 정도 걸립니다. 이곳은 수시로 다니는 길이라 이 주변에 대해서는 누구보다 잘 알기에 현장을 확인하러 곧장 달려갔습니다. 얼마 전 고삼면에서 공청회를 했기에 고삼저수지를 배경으로 개발되는 상황을 주시하고 있던 참에 이런 좋은 물건을 소개받은 것입니다.

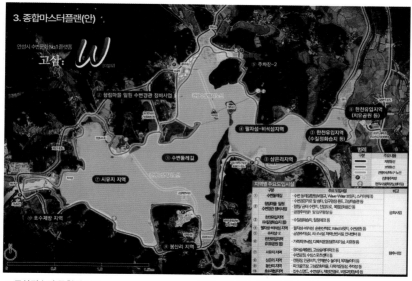

▲ 고삼저수지 공청회 자료　　　　　출처 : 고삼호수 둘레길 및 수변경관 조성사업 주민설명회

　고삼저수지는 고삼호수 둘레길 및 수변경관 조성사업이 예정되어 있는 곳입니다. 고삼저수지 내의 팔자섬과 비석섬, 향림마을을 연결하는 곳을 감성 수변 공간으로 조성하는 계획과 고삼저수지 둘레길 조성, 휴양 공간 조성, 관광 수상택시 같은 레저체험존을 만든다는 종합계획을 공청회를 통해 알렸고, 현재 기본계획 및 실시설계용역이 진행 중에 있

습니다. 안성시에서 저수지 개발에 대한 예산을 2023년에 계획해놓았기에 이제 본격적인 저수지 개발의 서막이 올랐다고 해도 과언이 아닙니다. 더구나 2023년에는 고삼저수지를 배경으로 서울-세종고속도로의 랜드마크라고 할 수 있는 6만 평이 넘는 바우덕이 휴게소가 준공되고, 고삼저수지와 연결되어 있는 고삼저수지 스마트 IC까지 개통되기에 호재에 호재가 연속으로 발생하는 곳이 바로 고삼저수지 주변입니다. 이런 호재가 있는 고삼저수지 주변 땅을 지속적으로 관찰하고 있을 때 나온 땅이라 평소보다 자세하게 살펴보고 싶었습니다.

▲ 고삼면 월향리 땅   출처 : 경기부동산포털

소개받은 땅은 4,700평이 넘는 큰 면적이고, 30억 원이 넘는 금액의 토지라 출구전략을 잘 짜야 할 것 같았습니다. 고삼저수지 수변에 도착 후 주변을 살펴보았습니다. 2차선 도로로 차량의 이동이 많습니다. 바로 앞에 세븐일레븐 편의점이 있어 지나가는 차량이나 사람들이 자주 들르는 것 같습니다. 이 도로를 통해 가면 용인 원삼에 만들어지는 용인 SK하이닉스와의 거리가 직선거리 7킬로미터 이내여서 접근성이 매

우 용이하고, 평택에서 오는 모든 차량들은 바로 이 도로를 통과해야 용인 SK하이닉스로 갈 수 있기에 교통의 요지입니다.

저는 이런 곳에 토지를 사서 무엇을 하면 수익이 좋을까 생각해보았습니다. 우선, 2차선 도로변에는 상가를 해도 좋을 것 같습니다. 지나가는 차량이 많아 식당이나 카페도 괜찮은 수익을 만들 수 있을 것 같습니다. 문제는 도로변을 타고 올라가는 토지입니다. 토지 모양이 좋지 않아서 이런 땅은 개발행위허가를 받아 길을 만들고, 땅의 모양을 일일이 만들어 매매해야 하는 출구전략이 필요합니다. 저의 토지 투자 원칙에서 조금은 벗어나는 토지입니다. 하지만 평당 토지 가격이 시세의 반값 이하로 나와서 그냥 물러서기에는 너무나 아쉬운 땅이었습니다.

제가 원형지 토지를 매입 후 출구전략으로 접근하는 방식은 다음과 같습니다.

첫째, 원형지 토지를 사서 원형지로 매매합니다. 이것이 가장 좋은 방법입니다.

둘째, 원형지 토지에서 간단한 개발행위허가를 받아 큰 땅을 작게 만들어 토지를 가볍게 하는 방법을 사용합니다.

셋째, 원형지 토지에서 높은 땅은 절토하고, 낮은 땅은 성토해서 예쁘게 만들어 매도하는 전략을 사용하기도 합니다.

넷째, 원형지 토지에서 토목공사를 통해 모든 땅을 갈아엎고, 땅을 새롭게 만드는 대규모 공사 방법을 쓰기도 합니다.

이런 4가지 정도의 출구전략을 계획하지만 대부분 첫째, 둘째 단계에서 마무리 짓는 경우가 90% 이상입니다. 가능하면 가공하지 않고 원형지에서 원형지로 매도하는 것이 제일 간단하고 효율도 가장 좋습니다. 일단 토목공사를 시작하면 머리가 복잡해집니다. 토목공사를 해보신 분들은 알겠지만 다양한 변수들이 생겨나고, 민원도 발생하며, 예산보다 초과해서 애를 먹는 경우가 다반사입니다. 그래서 공사해야 하는 땅을 선호하지는 않습니다. 제가 처음 땅을 매입할 때부터 땅 모양을 중요하게 생각하는 이유가 여기에 있습니다.

소개받은 고삼저수지 땅은 네 번째에 속하는 땅입니다. 개발을 해야 수익을 낼 수 있는 땅입니다. 가격이 저렴하다는 장점이 있지만 30억 원이라는 덩치가 있는 물건이기에 원형지 상태에서 다시 가격을 올려 팔기가 꽤 무거운 금액이고, 이런 것은 개발을 통해 250평 정도로 만들어 개별적으로 잘라서 팔아야 합니다. 도로 쪽으로는 상가를 만들고 나머지는 전원주택이 좋을 것 같습니다. 고삼저수지 수변을 바라볼 수 있는 희소성이 있는 물건이기에 잘 만들면 꽤 비싸게 팔릴 수도 있는 물건이고, 워낙 입지가 좋은 곳이라 출구전략에는 문제가 없을 것 같았습니다.

이 땅은 2차선 도로를 따라 전면에 붙어 있는 길이가 90미터이고, 뒤쪽으로 180미터가량 되는 모양으로 되어 있습니다. 도로에서 뒤쪽으로 올라갈수록 경사도가 있어 땅 뒤쪽으로 갈수록 고삼저수지가 내려다 보이는 구조이기에 향후 고삼저수지와 저수지 너머로 바우덕이 휴게소가 보여, 이 땅만이 가지고 있는 특수성과 희소성 덕분에 가격이 상승할 것입니다.

지목이 농지와 과수원 임야로 되어 있어서 도로 쪽으로 붙어 있는 농지는 지주를 통해 개발행위허가에 대한 사용 승낙을 받아 잔금을 치르기 전에 허가가 나는 조건으로 계약해야 합니다. 이렇게 큰 면적은 한

번에 개발할 수 없습니다. 한 번에 개발하려면 심의를 받고 진행해야 하는데, 심의를 받다 보면 안성시에 기부채납을 해야 할 수도 있고, 녹지공간을 만들거나 보강토, 옹벽공사 때 까다로운 기준을 부과하기에 될 수 있으면 심의를 받지 않는 기준에서 공사해야 부담이 없습니다. 이 땅 같은 경우는 보전관리 농지이기에 300평 이내로 개발해야 하는 부담이 있습니다. 하지만 다양한 방법을 통해 해결할 수 있습니다.

이런 개발행위허가에 대한 경험이 많을수록 문제를 해결하는 방법도 다양하게 만들어갈 수 있습니다. 지목이 과수원이라고 되어 있는 쪽으로 올라가보았습니다. 현재 관리가 되고 있지 않아 과수원이라고 하기에는 무색합니다. 뒤쪽 보전관리 임업용 산지에 올라가서 임목도와 울폐도를 확인해보니 충분히 개발행위허가가 날 수 있는 조건이어서 토지 전체를 매입하는 데는 큰 문제가 되지 않을 것 같았습니다.

저녁때가 되어 다시 한번 고삼저수지 전체 수변을 돌아보고 땅의 입지를 확인해보는데 때마침 산을 넘어가는 태양 아래 펼쳐진 고삼저수지가 너무 아름답게 보였습니다. 마음이 불편하지 않고 기분이 좋아지는 것은 좋은 땅이라는 신호 같았습니다. 땅을 살 때 뭔가 불안한 기분이 드는 땅이 있습니다. 그런 땅은 몇 번이고 다시 살펴보아야 합니다. 내가 알지 못하는 감추어진 무엇인가가 있을 수도 있기에 보고 또 보는 습관을 들여야 합니다. 땅을 살 때 그냥 기분이 안 좋은 것이 아닙니다. 그 내면에 불편한 무엇인가가 있기에 기분이 안 좋을 수도 있습니다. 그럴 때 그냥 넘기지 말고 느낌상 좋지 않은 것이 무엇일까 고민하고 문제가 될 만한 모든 것들을 해소한 후에 기분이 좋아졌다고 판단될 때 땅을 사는 것도 하나의 방법입니다. 걱정거리를 안고 살 필요가 없습니다. 땅은 한 번 사면 오래 가져가야 할 수도 있기에 의문이 나는 모든 것은 확인하고 사는 신중함도 필요합니다.

돌아오는 길에 땅을 소개해준 사장님을 찾아갔습니다.

"사장님 소개해주신 땅에 가서 2시간 이상 임장하고 왔습니다. 가격은 매우 좋은데 땅의 면적이 너무 커서 부담이 되네요. 평당 5만 원만 낮추어주세요. 그럼 계약할게요."

사장님은 약간 고민하시더니 대답하셨습니다.

"그렇지? 요즘처럼 어려울 때 이렇게 큰 땅을 누가 사겠어? 내가 지주를 잘 설득해볼게."

며칠이 지난 후 사장님으로부터 전화가 왔습니다.

"김 대표, 고삼저수지 물건 지주에게 내가 잘 이야기해서 겨우 평당 5만 원 내렸어. 더 이상 깎으려고 하면 없던 걸로 하자니까 알아서 결정해."

지주의 마지막 통보인 것 같았습니다. 이럴 때 더 깎으려고 하면 안 됩니다. 지주의 기분을 상하게 하면 물건을 완전 회수할 수도 있기에 상황을 봐서 적당히 협상해야 합니다.

"네, 알겠습니다. 내일 계약하러 갈게요."

이렇게 해서 29억 원짜리 계약이 체결되었습니다. 역시 저의 전략이 통했습니다. 아무리 저렴해도 전체 가격이 높으면 아무나 살 수 없기에 저렴하게 잘 샀어도 당장 계약하는 것보다는 한 번 더 가격 협상을 해보는 것도 좋습니다. 잘 안 되면 그대로 계약하면 되고, 잘되면 몇 천만 원을 아낄 수도 있습니다. 결국 말 한마디로 기분 좋게 2억 3,500만 원을 아꼈습니다.

부동산 투자의 기술은 땅을 보는 눈, 땅을 공급해주는 인적 네트워

크, 땅을 개발할 수 있는 각종 인허가와 관련된 지식, 땅을 다시 팔 수 있는 출구전략에 대한 마케팅, 땅에 대한 정확한 상담 능력이 갖추어질 때 "부동산 투자 기술의 완성도가 높다"라고 이야기할 수 있습니다. 당신은 부동산 투자 기술의 완성도가 높은 사람입니까?

용인 SK하이닉스 주변 맹지 투자 이야기

2019년 용인 SK하이닉스가 개발된다는 발표가 되면서 원삼면, 백암면이 3년간 토지거래허가지역으로 묶였습니다. 이후 3년이 지났지만 용인 SK하이닉스가 들어오는 원면삼은 토지거래허가지역에서 해제되지 않고 1년간 추가로 묶였습니다.

반면, 처인구 백암면은 토지거래허가지역에서 풀리면서 자연스럽게 토지 거래가 활발해지기 시작했습니다. 그러던 중 평소 잘 알고 지내는 지인을 통해 지주 작업을 한 아주 귀한 물건을 소개받았습니다. 아무것도 개발되지 않은 지역에서 소개받는 물건은 경험이 풍부한 사람만이 그 가치를 알아볼 수 있습니다. 그렇기 때문에 평택에서 오랜 기간 토지를 보는 안목을 키워놓았고, 반도체공장이 세워지는 인근 지역의 토지들의 상승 폭을 몸으로, 눈으로 익힌 실력으로 토지 가격의 상승 폭을 어느 정도 가늠할 수 있기에 입지가 좋고 가격이 저렴한 땅이면 무조건 잡고 봅니다.

▲ 백암면 근창리 땅   출처 : 카카오맵, 경기부동산포털

　　용인 원삼면의 물건을 알아봐주는 설 사장님이라고 계십니다. 이분
은 오랜 기간 이 지역에 살고 계시고, 지역사회에서 헌신하고 봉사하며
원삼면 원주민들의 권익을 위해 앞장서서 노력하고 있는 분입니다. 어
떤 문제든 주민과의 갈등이나 문제가 되는 부분은 설 사장님을 통하면
금방 해결됩니다. 제가 어려울 때마다 찾아가서 문의도 하고, 찾는 물
건에 대해 설명하면 다양하게 소개해주시는 분입니다. 오랫동안 이 지

역에 살고 계시면서 이장님보다 더 많은 정보력과 지역 어른들과의 좋은 관계를 유지하는 분이시기에 가능한 일입니다. 부동산 투자를 하려면 이런 분과의 우정을 잘 맺는 것이 좋습니다. 몇 번 찾아갔다고 해서 이런 우정이 만들어지지 않습니다. 여러 번 거래해보고 진심으로 대하면서 몇 년의 시간을 한결같은 마음으로 지내다 보면 마음을 열고 좋은 협력관계가 될 수 있습니다. 제가 활동하는 지역에서는 이런 분들을 꼭 확보합니다. 진심을 다해 어렵게 관계를 맺어도 잃는 것은 한순간이기에 한결같은 마음과 이미지를 보여주어야 합니다. 결국 시간이 지나면 진심은 통하게 되어 있습니다.

제가 활동하는 평택, 안성, 화성, 용인 원삼면에 이런 활동 반경이 넓은 공인중개사나, 키맨을 확보하고, 진심으로 대하며 용기 있게 다가가면 그분들은 마음을 열어주십니다. 지금까지 좋은 물건들을 받을 수 있었던 것도 이런 분들의 도움이 있었기에 가능했습니다.

"설 사장님, 안녕하세요! 그동안 잘 지내셨나요?"

오랜만에 전화해서 안부를 묻고 이런저런 이야기를 나누다가 전화드린 이유를 말씀드렸습니다.

"설 사장님, 아직 원삼은 토지거래허가지역으로 묶여서 토지를 매입하기가 어려우니 백암 쪽을 알아보고 있는데 혹시 백암에 괜찮은 물건이 있나요?"

기다리기라도 했다는 듯이 설 사장님은 곧장 대답하셨습니다.

"아, 그러세요. 김 대표님은 원삼 지역만 찾는 줄 알았는데, 백암 지역까지 매입을 하시는군요. 그렇지 않아도 제가 확보하고 있는 물건 중에 아주 괜찮은 물건이 있습니다. 10억 원 이상 되는 임야인데 사람들이 물건을 잘 못 보네요. 아마도 김 대표님 같으면 물건 보는 눈이 있어 단번에 가능할 것 같은데, 소개해드릴까요?"

워낙 물건을 보는 눈이 깐깐하고, 저만큼 잘 아는 분이시기에 단번에 "네, 소개해주세요"라고 부탁드렸습니다.

물건지의 주소를 받아 보니 초대박이었습니다. 용인 SK하이닉스에서 2킬로미터 떨어진 아주 나지막한 임야였습니다. 한눈에 봐도 전원주택으로 개발할 수 있는 임야였습니다. 이런 위치에 평당 65만 원이라는 가격은 믿어지지 않았습니다. 도시지역 자연녹지 임야 1,860평으로, 평단가로는 65만 원이었습니다. 주변 시세에 비하면 반값 이하로 나온 것입니다.

도시지역 자연녹지이니 건폐율 20%, 용적률 100%로 고급 전원주택 용지로 딱 알맞은 지정학적인 위치입니다. 도로도 현황도로로 허가 내는 데 전혀 문제 없고, 배수로도 아주 널찍하게 만들어져 있습니다. 단 하나의 문제가 있다면 바로 맹지라는 것입니다. 그래서 아주 저렴하게 나온 것 같습니다. 그러나 자세히 보니 충분히 맹지를 탈출할 수 있습니다. 도로와 이 땅과 연결되어 있는 것이 구거입니다. 다시 말해 구거 점용허가를 통해 맹지를 탈출할 수 있고, 아니면 앞쪽이나 뒤쪽의 지주를 찾아서 길을 만들 수 있는 면적만큼 살 수 있다면 맹지 탈출은 어렵지 않습니다. 도로로 사용할 수 있는 작은 면적을 몇 배 이상 주고서라도 확보하면 1,860평은 사용할 수 있는 토지가 되는 것입니다.

이 지역의 모든 문제를 해결할 수 있는 설 사장님이 귓속말로 "걱정하지 말고 무조건 잡으세요"라고 속삭여준 것도 결정하는 데 큰 힘이 되었습니다. 설 사장님은 앞뒤로 막혀 있는 지주들과 친분이 있고, 충분히 길을 허락해줄 수 있다는 구두 답변을 받은 상태라고 말씀해주셨습니다. 혹여나 도로를 막고 있는 지주들이 허락해주지 않더라도 구거를 통해 점용허가가 가능하기에 크게 걱정되지는 않았습니다. 중요한 것은 대규모 반도체 산업단지가 만들어지는 용인 SK하이닉스로부터 2킬로미터 내에 있는 토지라는 점이 제일 큰 호재입니다. 향후 반도체 공장이 만들어지고 정직원 수만 명이 들어올 때 공장과 가까운 곳에 위치한 전원주택의 수요가 폭발적으로 늘 수 있습니다. 이런 수요들이 지가 상승의 견인차 역할을 할 것이고, 실수요자가 들어서기 전에 이미 반영되어 지가는 상상 이상으로 올라갈 것입니다. 저는 이미 평택 삼성 반도체공장이 만들어지는 현장에서 7년째 매주 토지 가격의 변화를 확인하고 있기에 향후 용인 SK하이닉스가 만들어지는 이런 땅이 언제, 얼마만큼 상승되는지와 관련된 지표와 데이터가 머릿속에 저장되어 있습니다. 그래서 불안 없이, 기분 좋게 매입할 수 있습니다.

아무리 시세보다 낮은 가격이어도 1,860평이라는 덩치가 있기에 10억 원이 넘는 금액이었습니다. 가격 협상을 시도해야 합니다. 너무 괜찮은 물건이라서 덥석 잡으려고 하면 매도하는 쪽에서 내가 너무 싸게 내놓는 것은 아닌지 다시 생각해볼 수도 있고 내놓은 물건을 회수하거나 가격을 높이기도 합니다. 일단 아무리 저렴해도 평당 3만 원 정도만 깎아달라고 요청했습니다. 그냥 요청하는 것이 아니라 상황을 설명하면서 이 땅의 면적이 너무 넓어서 이렇게 큰돈을 마련하기가 쉽지 않기에 있는 돈 없는 돈 다 모아서 하는 계약인 만큼 조금이라도 깎아달라고 부탁하면 대부분 들어준다는 사실을 이미 여러 번의 경험을 통해 익혔습니다. 이번에도 그렇게 부탁했고, 지주께서 선하신 분들이라 그렇게 하자고 승낙해주셔서 말 한마디로 5,580만 원을 아낄 수 있었습니다.

이제 용인 SK하이닉스의 공사가 시작되었습니다. 죽능리 쪽으로 하천정비사업이나 가스시설작업을 하고 있고, 반도체가 들어올 공장 내부의 벌목작업을 시작하는 것으로 보아 6개월만 지나면 엄청난 공사 인력으로 넘쳐날 것입니다. 현재 평택 삼성반도체의 경우 하루에 6만 명이 넘는 공사 인력으로 주변 상권은 하늘을 찌를 듯 발전하고 있습니다. 최대 문제가 먹고 마시는 것, 그리고 잠을 자는 것입니다. 그렇게 많은 인력들이 이용해야 하는 숙식이 바로 이곳에서 이루어질 것입니다. 그렇다면 이곳은 매도보다는 매수 우위의 시장으로 급격하게 전환될 것이고, 지가 상승의 신호탄이 될 것으로 예상됩니다.

54억 원 토지
매수 이야기

　토지 투자를 하다 보면 다양한 사람들을 만나게 됩니다. 토지 투자자는 항상 마음가짐을 바르게 해야 합니다. 실수해서 한번 이미지가 실추되면 좋은 땅을 공급받기가 매우 어려워집니다. 항상 사람들을 도우려고 노력해야 하고, 긍정적인 생각을 하려는 습관을 들여야 합니다. 이런 마음가짐으로 노력하고 기다리다 보면 좋은 소식은 언젠가 찾아오게 되어 있습니다. 이것은 경험으로 알 수 있습니다. 누군가는 기회가 평생 몇 번밖에 오지 않는다고 하지만, 저에게는 기회가 수시로 옵니다. 남들은 평생 동안 한 번도 오기 어려운 돈 벌 수 있는 기회가 한 달에 몇 번씩 옵니다. 아마도 마음가짐이나 사람들과의 관계 등 좋은 기회에 노출되어 있는 환경에서 살고 있는 것 같습니다. 그리고 무엇보다 땅을 볼 수 있는 실력을 갖추다 보니 이런 기회가 수시로 찾아온다고 생각합니다. 그렇다면 결국 기회는 실력이 주는 선물이라고 볼 수 있습니다.

　용인 SK하이닉스가 들어오는 원삼면에서 좋은 기회가 찾아왔습니

▲ 용인시 처인구 원삼면 학일리 땅   출처 : 카카오맵

다. 평소에 존경하는 양지 사시는 김 회장님께서 엄청난 선물 보따리를
가지고 연락하셨습니다.

"김 대표님, 상당히 좋은 물건이 확보되어 있는데 한번 보실래요? 공
인중개업소에 나온 물건이 아니고, 제가 잘 아는 분의 물건이라 제가

사려고 하다가 금액이 너무 커서 김 대표님이라면 충분히 소화할 수 있을 것 같아 연락드렸습니다."

평소 김 회장님의 인품이나 물건을 보는 안목이 탁월하다는 것을 알고 있기에 단번에 물건을 보지도 않고 확신에 찬 목소리로 담대하게 말씀드렸습니다.

"김 회장님, 그 물건을 저에게 주세요! 제가 가져가겠습니다."

이렇게 할 수 있는 것은 물건을 구해주는 사람의 삶을 이해했기에 가능한 일입니다. 물건을 소개해주는 사람도 저에게는 아주 확실하게 수익을 보장해주는 물건을 주어야 신뢰가 두터워진다는 것을 알기에 아주 좋은 물건을 준비해주는 것입니다.

'용인시 처인구 원삼면 학일리 ○○번지. 4,784평'

주소를 받고 저는 정말 깜짝 놀랐습니다. 용인 SK하이닉스가 만들어지는 정문에서 남용인 IC로 향하는 현재 2차선 도로변에 위치한 개발 가능한 낮은 임야였습니다. 향후 이곳은 6차선 도로로 넓혀질 도로변입니다. 이런 곳은 절대로 놓칠 수가 없습니다. 이런 도로변의 땅이 평당 120만 원이라면 아무리 덩치가 크더라도 절대 놓칠 수 없는 땅입니다. 지목은 묘지라 더욱 좋습니다. 일반인들은 묘지라고 하면 좋지 않은 땅이라고 보는데, 사실 묘지라는 지목은 이미 전용이 되어 있는 상태라서 대지와 비슷하다고 생각하면 됩니다. 다만 묘지인 지목에 진짜 관리되고 있는 묘가 있는지 없는지가 중요합니다. 이 묘지는 용인시에서 공동묘지로 사용하다가 모두 이장한 묘지입니다. 묘지가 모두 이장되어 개발 가능한 임야로 5,000평 가까이 되는 넓은 땅이고, 실제 개발 시 분필해서 매매할 수 있는 최고의 입지를 가진 땅입니다.

원삼면이 토지거래허가지역으로 묶여 있어서 투자할 땅을 바로 살 수는 없습니다. 실제 개발하는 목적을 가지고 개발행위허가를 넣어야 허가가 떨어집니다. 법무사를 통해 토지거래허가를 통과하기 위한 상담을 받고, 소매점으로 개발할 것이라는 계획을 작성하고, 자금동원계획서를 철저히 준비해서 용인시에 제출했습니다. 토지거래허가지역은 토지거래허가에 대한 신청을 하게 되면 2주 안에 결정해서 알려주어야 합니다.

조마조마한 마음으로 일주일이 지나가던 차에 토지거래허가가 승인되었다는 연락을 받고 잔금 준비에 대한 계획을 세웠습니다. 금액이 너무 크다 보니 부담이 되었지만 덩치가 크다는 이유로 시세보다 반값에 나온 물건이라 절대로 포기할 수 없었습니다. 전체 금액이 54억 원이기에 전액 현금으로 사기는 무리입니다. 그래서 은행에 여신에 대한 문의를 하고 감정평가를 했더니 29억 원까지 대출이 나온다는 답변을 받고 준비했습니다. 대출이 29억 원이 나와도 현금 25억 원이 필요하기에 투자자를 찾았습니다. 이런 땅은 투자자 찾기가 어렵지 않습니다. 용인 SK하이닉스에서 차량으로 3~4분이면 충분하고, 고속도로 IC로 빠져나가는 대로에 붙어 있는 이런 곳은 부르는 게 값이기에 줄을 서서 투자하려고 할 것입니다.

평소에 느낌이 좋았던 분들에게 기회를 드리기로 했습니다. 서울에서 일을 은퇴하시고, 투자처를 찾고 있던 선하신 박 사장님 부부, 분당에 살면서 항공사에 다니는 항상 좋은 기운을 주시는 마음씨 착한 분, 삼성전자에 근무하며 이전에 좋은 땅을 사드렸던 분, 수지 병원을 운영하시는 배려심 많은 원장님까지 모두 네 분께 제안했는데, 다들 단번에 투자를 결정하셨습니다. 지금까지도 저를 열심히 응원해주시며, 후원하는 분들이 되셨습니다.

저는 좋은 기회들이 주어지면 이렇게 마음씨 착하고 선한 분들과 항상 같이합니다. 저 혼자 모든 수익을 보려고 하지 않고, 욕심을 조금 내려놓고 기회를 균등하게 제공하면 늘 사람들에게 사랑받고, 존경받으며 행복을 나눌 수 있습니다.

2022년 말을 기준으로 용인 SK하이닉스의 착공이 시작되었습니다. 수용이 된 토지에 벌목작업을 하고 있고, 용인 SK하이닉스 내에 있는 축구센터도 이전하고, 철거작업을 시작했습니다. 철거작업 인력과 벌목 인력이 원삼면에 들어오면서 벌써부터 원룸 수요가 시작되었습니다. 숙소가 부족하다 보니 월세 가격도 상당히 비쌉니다. 본격적인 토목공사가 시작되면 이곳은 '상전벽해'가 이루어지는 땅으로 변할 것입니다. 상상을 뛰어넘는 도시와 산업단지가 만들어질 것을 생각하면 잠이 오지 않습니다.

원삼면이라는 조그마한 면 소재지에 신도시가 만들어지고 수만 명의 인구가 증가되며, 공사 인력, 반도체 인력, 소재, 부품, 장비 업체들의 이주가 시작되면 이곳의 토지 가격은 상상을 뛰어넘을 것으로 예상합니다. 지금 현재 반도체공장이 만들어지는 평택 삼성전자 주변 땅들이 그러했습니다. 7년 전 반도체공장이 들어서기 직전만 해도 평당 100만 원대 하던 땅들이 현재 400~500만 원 이상 하는 땅으로 변하는 것을 학습했기에 이곳의 변화도 충분히 예상할 수 있습니다.

이런 좋은 땅들이 나올 때 정확하게 구별할 수 있어야 좋은 투자를 할 수 있습니다. 좋은 투자는 곧 꿈을 이루는 결과로 증명됩니다. 토지 투자자들은 이런 좋은 땅을 사기 위해 항상 현장에서 활동하는 습관을 들이시길 바랍니다. 모든 것은 현장에 답이 있습니다.

3장

수요와 공급의 법칙

부동산 수요와
공급의 법칙

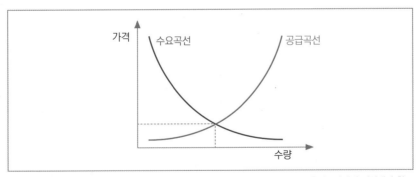

▲ 가격을 결정짓는 수요와 공급 그래프　　　　　　　　출처 : 네이버 지식백과 참고

　모든 곳에는 수요와 공급의 법칙이 존재합니다. 부동산에서도 수요
와 공급의 법칙은 존재합니다. 수요의 법칙은 상품의 가격이 올라가면
수요량이 감소하고, 가격이 내려가면 수요량이 증가하는 것을 말합니
다. 즉, 가격과 수요량은 반비례 관계입니다. 공급의 법칙은 상품의 가
격이 올라가면 공급량이 증가하고, 가격이 내려가면 공급량이 감소하

는 것을 말합니다. 즉, 가격과 공급량은 비례 관계입니다.

수요와 공급의 법칙에 대해 좀 더 쉽게 설명하면, 사고자 하는 수요량이 팔고자 하는 공급량을 초과할 경우, 당연히 물건이 부족해 수요자들끼리 경쟁하게 되어 물건의 가격이 오르고, 가격이 상승함에 따라 점차 수요량은 줄어들고 공급량은 많아지면서 초과 수요량이 완전히 사라질 때 시세가 형성되고 안정된 가격이 자리 잡게 됩니다.

반대로 팔고자 하는 공급량이 사고자 하는 수요량을 초과할 경우, 물건이 남아 공급자들이 가격을 낮추는 경쟁을 하게 되고, 가격이 낮아질 때 수요량은 증가하고 공급량이 줄어들면서 초과 공급량이 완전히 사라질 때 시세가 형성되고 안정된 가격이 자리 잡게 됩니다. 이렇게 수요와 공급이 일치하는 상태에서 가격과 거래량이 결정되는 원리를 '수요와 공급의 법칙'이라고 합니다. 이런 수요와 공급의 법칙은 부동산 투자에서도 존재하기 때문에 집중해서 살펴볼 대목입니다.

토지 투자는 공급보다 수요의 움직임을 민감하게, 집중해서 살펴야 합니다. 토지의 공급량은 어차피 한정되어 있습니다. 땅이라는 것이 공장에서 찍어내어 계속 공급할 수 있는 상품이 아니기에 제한적이고 한정적입니다. 아파트나 상가는 땅 위에 지어지는 건물이기에 수요와 공급의 법칙이 비교적 잘 적용되지만, 토지는 크기가 결정되어 있기 때문에 시간이 지날수록 공급량이 줄어들 수밖에 없습니다. 개발이 되면 될수록 줄어드는 것이 토지고, 모든 것은 땅 위에 지어진다는 사실을 잊지 않길 바랍니다. 아파트, 상가, 전원주택 등 이 세상에 존재하는 모든 건축물은 결국 땅 위에 지어지기에 점차 사용할 수 있는 면적이 줄어드는 것입니다. 이처럼 토지는 공급적인 측면에서 보면 결국 개발하려는 수요자들에 의해 가격이 상승할 수밖에 없는 구조적인 원리를 가지고 있습니다.

조금만 생각해보면 땅만큼 상승한 것도 없습니다. 개발되는 핵심적인 위치에 땅을 사놓고 기다리기만 하면 사실상 오르는 것이 땅입니다. 절대불변의 법칙입니다. 100% 오르는 것이 땅이지만, 지역마다 위치마다 오르는 속도는 천차만별이기에 빨리 오르는 곳을 찾아내고, 수익으로 만드는 것이 투자자가 해야 하는 일입니다.

가장 확실한 투자 중 하나가 바로 토지 투자입니다. 주식 투자는 장기 투자가 좋다고 해서 오래 가지고 있다가 회사가 부도라도 나면 모두 휴지 조각이 됩니다. 우리나라에서는 30년 이상 된 상장기업이 20%도 채 안됩니다. 30년 동안 많은 기업들이 역사 속으로 사라졌습니다. 이런 객관적인 데이터를 보면 주식도 상당히 위험한 투자라는 생각이 듭니다.

땅 위에 지어진 건물 또한 처음에는 값이 오르지만 시간이 지날수록 노후화되는 건물의 경우 값이 곧 하락하게 되어 있습니다. 만약 그 건물값이 상승했다면 사실 건물값이 상승한 것이 아니라 땅값이 상승한 것입니다. 압구정동에 있는 40년 된 쓰러져가는 아파트가 수십억 원씩 하는 것이 과연 낡은 아파트의 가격일까요? 땅값일까요? 그것은 압구정동이라는 입지를 가진 땅의 값이 수십억 원 한다고 봐야 할 것입니다.

저의 저서《오르는 땅은 이미 정해져 있다》에도 기술했듯이, 수요와 공급의 법칙을 적용하면 개발되는 지역의 땅은 '이미 오르기로 결정되어 있는 땅'이라고 말할 수 있습니다. 개발되는 지역의 토지는 개발이 되면 될수록 줄어들 수밖에 없는 구조로 되어 있기에 수요자가 몰릴수록 더욱 줄어드는 특징이 있습니다. 그렇기에 땅값은 수요자로 인해서 올라갈 수밖에 없습니다. 제가 "100곳의 땅을 사면 100곳이 다 오른다"고 한 말이 바로 이런 원리입니다.

산업단지가 만들어지고, 신도시가 만들어지는 주변에 땅을 사놓고 기다리면 무조건 땅값은 상승하게 되어 있습니다. 산업단지에 기업이 들어서고, 기업은 고용을 촉진시킬 것이고, 기업의 고용 증가는 해당 도시의 인구 증가로 이어지고, 인구 증가는 곧 산업단지 주변이나 신도시가 만들어지는 곳 주변 지역으로 주거시설과 편의시설이 필요하게 됩니다. 그래서 결국 산업단지 주변에 있는 한정된 토지의 값은 천정부지로 올라가는 것이 핵심입니다.

이 논리를 적용하다 보면 10년 동안 오른 것보다 1년 만에 더 오른 땅들이 존재하게 되고, 이것이 바로 개발지 주변의 땅들이 가진 비밀입니다. 이 모든 것들은 결국 수요와 공급의 법칙에서 밸런스가 깨질 때 더욱 강하게 일어납니다. 공급보다 수요가 폭발적으로 증가될 때 공급에 대한 밸런스가 무너지면서 토지의 가격은 상승합니다.

2020년 평택에 있는 아파트들이 미분양일 때가 있었습니다. 특히 평택시 동삭동 센트럴자이는 5,000세대가 넘는 물량으로 인해 장기간 입주가 되지 않아 분양가에서 더 이상 오르지 않고 있었습니다. 평택은 삼성전자가 들어와서 개발되고 있고, 인구도 증가하고 있는 도시이지만 물량에는 장사가 없습니다. 공급이 수요를 짓누르는 현상으로 인해 아파트 가격이 상승하지 못하고 있었습니다. 개발 호재도, 인구 증가도 쏟아지는 공급 물량에는 장사가 없습니다. 공급이 많으니 수요가 있어도 공급을 넘어서지 못해 가격이 상승하지 않았던 것입니다. 결국 2021년이 되어서야 남아 있던 물량을 수요자들이 채우고 나니 가격이 상승했습니다. 공급이 모자라고, 폭발적인 수요가 발생되고, 외지에서 몰려온 투자자들의 수요가 아파트 가격을 1년 만에 2배 넘게 상승시키는 기적을 만들었습니다. 몇 년 동안 오르지 않던 가격이 1년 만에 분양가 대비 2배 이상 상승되는 기적은 결국 수요와 공급의 법칙에서 공급의 안정된 밸런스가 깨졌기 때문에 일어난 대표적인 사례입니다.

땅 가격 또한 평택 삼성전자 인근의 지제동이나 방축리 주변을 돌아다녀보면 2015년 대비 3~5배 이상 상승했습니다. 삼성전자 반도체공장이 들어온 영향으로 늘어난 수요가 한정된 땅 가격을 상승시켰습니다. 지금도 삼성전자 주변의 땅은 개발이라는 이름으로 사용할 수 있는 면적이 줄어들고 있고, 시간이 지날수록 더욱 가속화될 것입니다. 어차피 삼성전자 주변의 땅은 수요가 넘치게 되어 있습니다. 이런 곳의 땅은 사놓고 기다리기만 하면 됩니다. 내 이름으로 등기만 정확하게 해놓으면 내 땅을 누가 훔쳐갈지 걱정하지 않아도 됩니다. 건물처럼 화재보험을 들거나 세콤 같은 보안업체에 맡길 필요도 없습니다. 그냥 아무것도 하지 않았는데, 주변이 개발되면서 내 땅의 가격이 상승하는 경험을 하게 될 것입니다. 내가 잠을 자고 있을 때도, 꿈을 꿀 때도, 해외여행을 다녀올 때도 내 땅의 가격은 계속 상승할 것이고, 내 땅 주변으로 도로가 만들어지고, 상가가 지어지는 시기가 되면 당신은 상상 이상의 토지투자 성공자가 되어 있을 것입니다.

부동산 투자에서 수요와 공급의 법칙은 너무나 중요합니다. 그래서 제가 지금까지 고수해온 원칙이 바로 수요와 공급의 법칙으로 인해 영향을 받는 신도시가 만들어지는 곳, 또는 대형 산업단지가 만들어지는 주변에 권리분석, 입지분석을 꾸준히 해오면서 적절한 타이밍을 맞추어 투자를 하는 것입니다. 이렇게 투자하면 백발백중입니다. 그렇게 오랜 시간이 걸리지 않더라도 단시간에 엄청난 상승을 수시로 경험했고, 이런 수요와 공급의 법칙이 존재하는 부동산 토지 투자 덕분에 생각만 했던 제 꿈이 현실이 되었습니다. 이런 놀라운 법칙을 알고도 가슴이 뛰지 않는다면 토지 투자를 해서는 안 됩니다.

지금 당신은 가슴이 뛰고 있나요? 가슴이 벅차오르나요? 당신이 진정으로 원하는 것은 무엇인가요? 삶에서 진정으로 원하는 것, 하고 싶은 것, 갖고 싶은 것은 무엇인가요?

시도하지 않으면 실패도 없습니다. 당신의 용기가 당신을 성공으로 이끈다는 사실을 꼭 기억하세요. 목표를 향한 집념과 핏빛처럼 선명한 목표가 당신을 성공으로 이끌 것이며, 죽을 만큼 간절한 마음이 좌절을 딛고, 장애물을 이겨내게 해줄 것입니다. 결국 당신은 목표를 이룬 성공자로 기억될 것입니다. 토지 투자라는 매개체를 통해 잃어버린 당신의 꿈이 회복되길 진심으로 바랍니다.

토지는 살 때부터
출구전략을 세워야 한다

출처 : 프리픽

　개발되는 땅은 오르는 것으로 이미 정해져 있습니다. 오르는 땅을 매수하고, 이 땅을 개발해야 할지 원형지 땅 그대로 팔아야 할지 살 때부터 계획을 세워야 합니다. 땅을 매입하는 것 역시 중요하지만 사고 난 뒤 파는 전략이 더 중요합니다. 구체적으로 땅을 사고 난 뒤 출구전략이 어려운 경우와 출구전략이 쉬운 경우로 나누어 설명해보겠습니다.

출구전략이 어려운 경우

땅을 잘 모르는 투자자들은 매입할 때 중요한 포인트를 놓치는 경우를 종종 봅니다. 그 중요한 포인트로 좋은 입지에, 좋은 가격으로 살 수 있다면 그보다 더 좋은 경우가 없겠지만, 사실 덩치가 크고 좋지 않은 땅을 살 때, 원형지로 사서 원형지로 팔 때 문제가 생깁니다. 또한 원형지 땅을 개발행위허가를 받아 공사해서 팔게 될 경우 "배보다 배꼽이 더 크다"는 말처럼 수익보다 공사비가 더 많이 나올 수도 있기에 처음부터 출구전략을 세우지 않고 매입하면 사달이 날 수 있습니다.

가령 모양이 좋지 않은 땅을 살 경우 주변 토지의 가격이 올랐다고 하더라도 모양이 좋지 않은 내 땅을 누가 기꺼이 사줄까요? 이 말은 즉, 현 시세에 맞추어 매매하기가 곤란하다는 이야기입니다. 모양이 좋지 않은 땅은 분명히 다른 땅보다 더 저렴하게 내놓아야 팔릴 것입니다. 이런 땅을 실사용자가 개발할 경우 내부 도로를 만들어야 하고, 자투리 땅이 제외지가 되어서 실제로 사용할 수 있는 면적이 줄어듭니다.

또한 땅 모양에 따라 건축하다 보면 건물 모양도 예쁘지 않을 수 있어, 아무리 입지가 좋아도 주변 땅에 비해 매매가 잘되지 않습니다. 내 땅만 팔지 못하는 땅이 되든지 아니면 제일 늦게 팔리는 매물이 된다는 것을 기억해야 합니다. 내 땅을 사려고 하는 사람이 나타나도 상대가 내 땅의 단점을 정확하게 찾아내고, 꼼꼼하게 파고들면 낮은 가격으로 팔 수밖에 없는 결과를 맞이해야 합니다.

덩치가 큰 땅도 마찬가지입니다. 주변 시세보다 아주 저렴하게 매입한 것처럼 보이지만, 땅을 분할하다 보면 제외지가 생겨 실제로 사용할수 있는 면적이 60%까지 낮아지는 불상사가 발생하기도 합니다. 실제로 땅을 잘 모르는 사람들이 임야를 살 때 이런 실수가 많습니다.

임야의 경우에는 임목도와 경사도를 필수적으로 확인해봐야 합니다. 지자체 조례에 따라 개발 가능한 경사도가 다르고, 특히 면적이 넓다면 일일이 산 주변을 임장해서 산 꼭대기까지 직접 발로 밟으면서 확인해봐야 합니다. 임야는 평균 경사도를 따지기에 부분적으로 높낮이가 상당히 차이가 날 수 있습니다. 그래서 실제로 개발행위허가를 받고 공사하다 보면 법면으로 처리되어 사용할 수 없는 면적이 50% 이상 되는곳도 있습니다. 더구나 보강토나 옹벽으로 처리해야 하는 면적이 많다면 공사비가 기하급수적으로 올라갑니다. 지목은 임야지만 막상 공사해보니 큰 바위가 땅속에 묻혀 있어 공사가 지연되기도 하고, 발파 작업까지 해야 하는 경우도 발생합니다. 이렇게 되면 매입 가격보다 공사비가 더 많이 든다는 이야기가 나옵니다.

이처럼 출구전략은 매우 중요합니다. 사는 것도 중요하지만 팔 때 아무 문제없이 팔 수 있는 땅인지, 개발하지 않고 원형지로 팔 수 있는 물건인지 아니면 개발 후에 판다면 개발행위허가가 나는 땅인지, 개발하는 과정이 어렵지는 않은지, 제외지가 얼마나 발생하는지, 민가가 있어서 민원이 들어올 수 있는 위치나 지역은 아닌지, 내부 도로 모양이 예쁘게 나올 수 있는지, 도로 면적으로 빠져나가는 면적이 최소 면적이될 수 있는지 등 실제 건축과 관련된 모든 것을 확인해서 출구전략에 문제가 없는지 꼭 확인해야 합니다.

출구전략이 쉬운 경우

제가 주로 사용하는 방법입니다. 저는 땅을 살 때 제일 먼저, 매입 후 6개월 안에 바로 팔 수 있는 물건인지 미리 확인합니다. 실제로 제가 샀던 땅들은 대부분 1년 안에 매도했습니다. 그런데 이상할 만큼 너무 쉽게 거래가 됩니다. 한 달 만에 수억 원의 차익이 발생하는데도 제 땅을 사려는 사람들이 줄을 서 기다리고 있습니다. 도대체 어떤 입지의 땅이기에 이렇게 출구전략이 쉬울까요?

땅을 고를 때는 입지를 꼭 확인해봐야 합니다. 미래를 통찰하는 눈으로 향후 이 땅이 신도시가 만들어질 곳과 얼마나 떨어져 있는지, 신도시에서 나오는 차량의 유동성이 많은 장소인지 등을 가늠할 수 있는 잣대가 필요합니다. 또한 원형지 토지에서 개발되는 토지까지 전체적인 흐름을 파악하고 도시계획이 잡혀 있는 지역의 특성을 이해한 후 핵심 위치를 찾아내야 하고, 오르기로 이미 결정되어 있는 땅을 발굴하는 여러 공법들까지 배울 수 있다면 출구전략은 전혀 문제가 되지 않습니다.

특히, 가장 잘 팔릴 수 있는 입지의 땅은 도로에 길게 붙어 있는 모양의 원형지라는 사실을 기억하세요. 쉽게 말해서 2차선 도로나, 4차선 도로에 적당한 폭으로 길게 붙어 있는 땅은 출구전략상 최고의 땅입니다. 살 때도 기분이 좋지만 팔 때도 누구에게나 기분 좋게 팔 수 있는 땅 모양입니다. 도로에 길게 붙어 있기에 2,000평 땅이라도 원형지 상태에서 400평씩 매매에 의한 분할을 하면 공사를 하지 않고 5개로 잘라서 팔 수 있기에 출구전략상 아주 좋다는 뜻입니다. 땅을 처음 살 때도 원형지 땅이 2,000평이면 큰 면적이기에 가격을 낮추어 매수할 수 있습니다. 200평과 2,000평을 비교해보면 2,000평은 규모 자체가 다

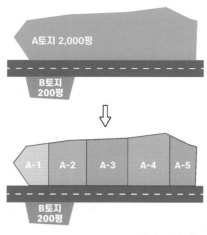

A토지 2,000평

B토지 200평

A-1 A-2 A-3 A-4 A-5

B토지 200평

출처 : 저자 제공

르기에 훨씬 저렴한 가격에 살 수 있고, 400평씩 분할해서 비싼 가격으로 팔 수 있기에 출구전략상 아주 좋은 시나리오가 될 수 있습니다.

개발되기 직전에 있는 입지의 땅을 사는 것 또한 확실한 출구전략을 세울 수 있는 방법입니다. 정말 어려운 방법이기는 합니다. 입지분석의 대가가 되어야 하고, 권리분석의 달인이 되어야 가능합니다. 최상의 입지조건이 갖추어져 있는 땅은 개발의 시간이 다가오면 가격이 저절로 올라가는 구조로 되어 있기에 출구전략상 전혀 문제가 되지 않습니다. 그러므로 정확한 입지분석 후에 땅을 사면 걱정이 없습니다. 사고 난 뒤 그냥 기다리기만 하면 되고, 그 시간이 길지 않습니다. 빠르면 1년, 늦어도 3년 안에 모든 것이 결정됩니다. 그 땅은 공사판의 가장 중심에 있는 땅이 되기 때문입니다. 개발지의 땅은 그 어떤 물건보다 금액이 크기 때문에 단 한 번의 투자로 몇 억 원의 차익을 남기므로 이런 좋은 투자를 미룰 이유가 없습니다.

토지 투자라는 것이 처음에는 어렵고 힘이 들지만, 실력을 키우면 너무 재미있고, 너무 여유가 있으며 부자로의 길도 만들어갈 수 있습니다. 대신, 절대로 그냥 주어지지는 않습니다. 누구나 쉽게 권리분석, 입지분석의 달인이 될 수 있다면 저는 이 직업을 택하지 않았을 것입니다. 아무나 할 수 없는 특별한 일이고, 고난도의 기술이 필요하며, 미래를 볼 수 있는 일이기에 가치가 있다고 생각합니다. 고작 1~2년의 경험으로 땅을 볼 수 있는 안목이 저절로 키워지지는 않습니다. 수십 년 동안 부동산을 했다고 해서 길러지는 것도 아닙니다. 철저히 현장에서 도시가 개발되고 산업단지가 만들어지는 과정들을 반복해서 경험하고, 변화되는 주변 토지의 가격을 데이터화하며 경험을 차곡차곡 쌓을 때 진짜 실력자가 되는 것입니다. 이런 과정을 거쳐서 인생을 변화시켜보겠다고 독한 각오와 다짐을 했다면 도전해보시라고 말씀드리고 싶습니다.

지금 살고 있는 인생은 누가 대신 살아주는 인생이 아니기에 더욱 가치 있고, 그 인생의 주인공은 바로 당신이기에 도전할 가치가 있습니다. 아무리 힘들고 어려워도 그 뒤에 펼쳐질 당신의 무지개 같은 인생을 기대하며, 절대로 포기하지 않는다는 일사각오(一死覺悟)의 심정으로 도전해본다면 당신이 상상할 수도 없는 달콤한 인생이 펼쳐질 것입니다.

모든 것은 당신의 결정으로 시작되고, 당신의 행동과 의지가 결과로 나타난다는 사실을 잊지 마시길 바랍니다. 절대로 변하지 않는 진리가 있다면, 아무것도 하지 않으면 아무 일도 일어나지 않는다는 사실입니다. 평범한 삶을 사시겠습니까? 아니면 변화를 시도해보시겠습니까?

반드시 장기적으로
가져가야 할 토지

　토지 투자를 할 때 가끔 '이런 땅은 평생 가져가야 하는 땅인데…' 하는 고민을 하게 만드는 땅들이 있습니다. 과연 어떤 땅이 평생 가져가야 하는 땅일까요? 대부분의 사람들은 토지는 장기 투자해야 한다고 알고 있습니다. 토지 거래를 해보지 않은 사람들은 그렇게 믿고 있지만, 사실 땅을 매입 후 10년 동안 오른 것보다 1년 만에 더 오른 땅들이 있다는 사실을 아는 사람이 얼마나 될까요?

　제가 주로 사용하는 토지 투자 방법 중 단기 매매는 이미 오르기로 결정되어 있는 땅을 사서 그 지역의 개발 호재가 발표되는 시점에 투자자들이 몰려와 수요자가 많아지면 매매하는 방법입니다. 이 방법은 매입 후 아주 단기간에 팔 수 있는 장점이 있어서 수익률이 최고라고 할 수 있습니다. 그리고 레버리지를 활용해 현금이 적게 들어가고, 회수 기간도 짧아서 다른 토지에 투자할 수 있는 여력이 금방 생긴다는 장점이 있습니다. 처음에 좋은 땅을 분석하고 찾는 과정이 어려울 수 있지만 이렇게 좋은 땅을 매입할 수만 있다면 그다음에는 매도하는 시기만 결정하면 됩니다. 이런 땅을 반복해서 사고팔다 보면 가끔 아깝게 느껴지는 땅들이 있습니다. 입지가 너무 좋아 향후 스타벅스나 버거킹 등 프랜차이즈 업체들이 들어올 수 있는 자리입니다. 입지가 좋기에 매입할 때부터 가격이 저렴하지는 않지만 그래도 시간이 경과하면 지가 상승은 기본이고, 직접 개발해서 가게를 운영해보고 싶은 욕심이 드는 입지를 가진 토지들이 있습니다. 이럴 때는 어떻게 해야 할까요?

저는 단기 투자를 원칙으로 하기 때문에 아무리 좋은 입지라도 욕심을 부려서 길게 가져가지는 않습니다. 그러나 일반적인 사람들이 저 처럼 수시로 땅을 살 수 있는 여건이 아니기에 정말 좋은 입지를 가진 땅을 매수했다면 장기적으로 보유하시라고 권유드립니다. 그 이유는 절대로 손해 보지 않고, 시간이 지날수록 지가 상승은 기본이고, 주변이 개발되고, 도로가 확장되고, 상권이 형성되면 그곳은 돈과 바꿀 수 없는 입지를 가진 토지가 되기 때문입니다. 예를 들어 스타벅스가 입점할 위치의 땅을 샀다면 지금 당장 스타벅스가 들어올 수 없는 주변 환경이라고 해도 주변이 개발되기 시작하고 상권이 형성되고 대로가 만들어질 때 그 땅의 위력이 발휘됩니다. 그런 땅은 가지고만 있어도 땅을 사려는 사람들의 문의가 수시로 옵니다. 즐거운 비명을 지를 수 있는 시기입니다. 그럴 때 이런 땅은 직접 개발해서 건물을 세우고, 스타벅스나 버거킹 또는 맥도날드 같은 프랜차이즈 업체들을 유치시키면 평생 임대 수입만으로도 살 수 있는 부자가 될 수 있습니다. 이런 입지의 땅이 장기간 투자해도 좋은 땅입니다.

사실 스타벅스가 입점한 땅들 중 일부는 시간을 거슬러 올라가보면 풀이 수북했던 원형지 땅이었습니다. 지금의 강남도 예전에는 뽕밭이었고, 배밭이었습니다. 도시개발이 이루어지기 전에는 대부분의 사람들이 스타벅스가 입점할 수 있는 토지인지 알지 못합니다. 누구나 예측할 수 있는 시기가 되면 토지의 가격은 상상하기 힘들 정도로 올라갑니다. 이러한 과정을 볼 때 아직 개발하지 않은, 스타벅스가 들어올 수 있는 입지의 땅이라고 판단되면 절대 팔지 말고 장기적으로 투자해야 합니다. 그리고 시간이 지날수록 도시의 형태가 만들어지는 과정을 지켜보며 언제 개발해서 건축해야 할지 결정하면 됩니다. 그러나 이런 입지의 땅을 구입하려면 미래를 볼 수 있는 혜안이 있어야 합니다.

그리고 이런 위치의 땅은 원형지라고 할지라도 이미 중요한 입지 형태가 갖추어져 있습니다. 대로변을 벗어난 골목의 토지가 시간이 지나 개발이 된다고 해도 스타벅스의 입지가 될 수는 없습니다. 향후 스타벅스가 입점할 위치의 원형지 땅은 도시가 개발되는 메인 도로에 위치해 있고, 미성숙된 도시지역의 작은 2차선 도로에서 시작합니다. 이런 2차선 도로가 향후 4차선 이상으로 확대되고, 주변 배후로 아파트가 들어서며, 메인 도로를 따라 차량의 유동성이 많아지면서 고속도로 IC가 만들어지는 주변의 토지들이 미래의 스타벅스가 들어설 입지의 토지인 것입니다.

실제 예를 들면, 평택에 소사벌에서 원곡으로 가는 '만세로'라는 도로가 있습니다. 이곳은 몇 년 전만 해도 2차선 도로였는데, 원곡에 물류회사가 많아지면서 출퇴근하는 차량들이 증가해 현재는 6차선으로 확장되었고, 이런 6차선 대로변에 붙어 있는 입지의 땅에 스타벅스와 버거킹이 입점했습니다. 몇 년 전만 해도 이 땅 주변은 모두 배밭이었고, 상권이 형성되지 않았으며, 차량의 유동성도 많지 않은 평범한 2차선이었습니다. 결국 개발의 압력으로 유동성이 풍부한 입지의 땅이 되었고, 지금은 스타벅스와 버거킹이 입점한 평당 1,000만 원이 넘는 땅이 되었습니다.

　장기간 투자를 계획하고 있는 사람이라면 가격이 오르는 토지에 대한 메커니즘만 잘 이해한다면 스타벅스가 위치할 원형지 땅을 선점할 수 있습니다. 반복해서 말씀드리지만 장기간 가져갈 수 있는 투자자라면 땅을 고를 때 이런 입지의 땅을 찾아야 합니다. 미래를 통찰하는 눈으로 향후 도시가 개발되는 곳에서 얼마나 떨어져 있는지, 신도시에서 나오는 차량의 유동성은 얼마나 될 것인지 가늠할 수 있는 잣대가 필요합니다. 원형지 토지에서 개발되는 토지까지 전체적인 흐름을 파악하고, 도시계획 또는 개발계획이 잡혀 있는 지역의 특성을 파악한 후에 핵심적인 위치를 찾아내야 하고, 오르기로 결정되어 있는 땅을 발굴하는 여러 가지 공법들을 배우려는 노력이 필요합니다. 실력을 쌓지 않고 단번에 성공을 기대하는 것은 과욕입니다. 천천히 가더라도 수많은 경험을 쌓는 것이 당신을 실력자로 만들 것이고, 어려움이 닥쳤을 때 이제껏 쌓아온 경험들이 어려움을 극복할 수 있는 동력이 되기 때문입니다.

오르는 땅의
투자 타이밍

강남에서 토지 교육을 하던 중 수강생 한 분이 질문하셨습니다.

"대표님의 유튜브 영상을 몇 년 전부터 구독하고 열심히 보았는데, 유독 입지분석하는 지역이 평택시 고덕국제신도시, 용인시 처인구 원삼면, 안성시 보개면, 화성시 송산그린시티라는 아주 특정한 지역을 콕 집어서 설명하는 특징이 있던데, 이유를 설명해주실 수 있는지요?"

그래서 수강생께 말씀드렸습니다.

"제가 현재 입지분석을 하고 있는 지역만 보더라도 투자할 곳이 널려 있는데, 굳이 불확실한 다른 지방 땅을 할 이유가 있을까요? 제가 이렇게 특정한 지역에 대해서만 입지분석을 하는 이유는 오르는 땅은 이미 정해져 있기 때문입니다. 반드시 땅값이 오르는 지역이기에 다른 곳에 신경을 쏠 이유가 없습니다. 간혹 지방에 땅을 가지고 계신 지주들께서 땅을 팔아달라는 요청이 오기도 합니다. 그럴 때는 제가 알지 못하는 땅이기 때문에 사기도 어렵고, 소개해드리기도 어렵다고 정중히 거절합니다. 사실 지방 땅은 오를 것이라는 확신이 없기에 리스크가 있을 수도 있고, 수요와 공급의 법칙에서 지방에 땅은 많이 있지만 투자에 대한 수요는 수도권으로 몰리기에 결국 수도권 땅값이 지방보다 훨씬 빨리 올라가는 경향이 강합니다. 서울 땅값이 평당 몇 천만 원 하더라도 결코 떨어지지 않고 계속 오르는 이유는 땅은 특정한 지역에 한정된 면적밖에 없기에 수요가 풍부한 서울의 땅값이 떨어지지 않고 계속 상승하는 것입니다. 특히 수도권은 신도시 개발과 산업단지라는 이슈와 함께 일자리가 풍부하고, 특히 SRT나 GTX 같은 광역철도망에 대한 계획과 인구의 이동이 새롭게 만들어지는 호재가 있는 지역 중심으로 성장되기에 투자자들은 수도권으로 집중되고 있습니다. 수도권 중심으로 땅값은 반드시 오르지만 제가 말씀드리는 오르는 지역은 단기간 급등하는 지역입니다."

아주 단기간에 땅값이 급등하는 지역에는 특징이 있습니다. 이런 땅은 단 1년 만에 10년 동안 오른 땅값보다 더 많이 오르기도 합니다. 과연 어떤 이유 때문에 10년 동안 오르지 않던 가격이 1~2년 사이에 급등할까요? 차분하게 곰곰이 생각해보면 정답을 찾을 수 있습니다. 평택 고덕국제신도시와 화성 송산그린시티를 예로 들어 설명해보겠습니다.

평택 고덕국제신도시나 화성 송산그린시티는 이미 10여 년 전에 개발이 발표되었던 도시들입니다. 처음 신도시 개발이 발표된 후 주변 지가가 호재로 인해 상당히 올랐습니다. 하지만 도시계획이라는 것이 계획이 수립된다고 해서 바로 공사를 시작할 수는 없고, 다양한 악재와 풀어나가야 하는 숙제들이 있습니다. 이러한 과정을 거치다 보면 발표 시점에는 땅값이 오르지만, 시간이 지나갈수록 열기는 사라지게 되어 있습니다. 올랐던 땅값도 여러 악재에 부딪혀 하락하거나 답보 상태로 유지되는 경우도 많습니다. 아마도 10년 이상 개발이 미루어지면 처음 투자했던 사람들은 자금이 묶이는 사태가 발생하고, 결국 나중에는 기다리지 못하고 별 소득 없이 매도하는 분들이 많습니다. 그래서 토지는 장기간 봐야 하는 투자라고 사람들은 말합니다. 모든 신도시 개발 계획들이 대동소이합니다. 아주 단기간에 완성되는 것을 거의 보지 못했습니다.

땅값은 크게 보면 발표 때 오르고, 공사가 시작되면 오르고, 준공이 되어 도시가 완성되어가면 한 번 더 오르는 특징이 있습니다. 그 후 서서히 우상향의 그래프로 조금씩 오르는 메커니즘을 가지고 있습니다. 이런 원리를 이해할 수 있다면 투자의 타이밍을 짧게 가져가는 것도 좋은 방법입니다. 토지 투자에 대한 이해도가 높지 않은 사람들은 향후 일어날 일들을 예측할 수는 없기에 땅을 매입한 후에는 그냥 장기적으로 가져가는 것이 일반적입니다. 그러나 생각을 다르게 해볼 수 있습니다. 만약 발표 초기에 사서 초기에 매도하고 나오면 투자로서 아주 단기간에 2~3배 수익을 달성하고 나올 수도 있습니다. 기다림의 미학은 필요 없이 수익 실현을 하고, 그다음 투자를 생각할 수 있습니다. 그리고 가장 핵심적인 공사가 시작되는 시점에 또 한 번 오르기에 공사시점에 다시 그 주변 땅을 매입할 수 있다면 금상첨화입니다. 공사가 시작되면 땅값은 반드시 다시 오르게 되어 있습니다. 처음 발표 때 사놓은 땅을 공사 시점까지 가져가기에는 너무 긴 시간 묶어둬야 하는 아쉬움이 있기에 초기에 수익실현을 하고 빠진 후에 다시 들어가는 것도 나쁘지 않습니다. 단, 들어갈 때와 나갈 때, 그리고 다시 들어갈 때의 투자 타이밍이 정말 중요한데, 그 타이밍을 찾는 것이 투자의 핵심이라고 보면 됩니다. 현장에서 공부를 지속적으로 하다 보면 그 투자 타이밍을 찾을 수 있습니다.

투자 타이밍의 전조 증상을 알면 남들보다 한발 빠른 투자로 낮은 가격에 토지를 매입할 수 있고, 긴 시간 돈이 묶일 일이 없습니다. 투자 타이밍의 전조 증상은 지역의 토목측량회사가 가장 빨리 알고 있습니다. 개발에 대한 이슈가 있으면 실제 개발하기 전 토목측량회사에 의뢰해서 가분할도를 그린다든지 하고, 실제 공사가 진행되면 지역 토목측량회사를 통해 이루어집니다. 실제로 지역 토목측량회사 대표님들과 만나서 대화해보면 상당한 정보와 지식을 갖고 있어 깜짝깜짝 놀라기도 합니다. 이분들은 실제로 시청 담당자들과 수시로 통화하고, 개발 시작부터 변경 부분까지 아주 정확하게 알아야 일을 할 수 있기에 알짜 정보들을 알고 있습니다. 그래서 토목측량회사에서 정보를 찾으면 쉽게 알 수도 있습니다.

급등하는 지역에 투자 시 확인해야 할 사항

첫째, 토목측량회사에 가서 수시로 개발지 공사 시점을 확인한다.

둘째, 관보를 수시로 체크해서 공시자료를 찾아보고 공사 발주 정보를 파악한다.

셋째, 실제 공사가 시작되는 곳 주변의 도로 개설이나 도시계획의 진행상황을 시청에 확인해본다.

이 정도만 수시로 확인해도 실제 개발 공사가 언제쯤 시작되는지 대략 알 수 있습니다. 결국 땅값은 수요자들이 올려줍니다. 실제로 공사가 들어가야 이런 수요자들이 들어옵니다. 땅은 내놓는 사람이 적고, 살려고 하는 사람이 많을 때 수요와 공급의 언밸런스가 발생하고, 땅값은 매도자와 매수자의 균형이 깨집니다. 땅은 수요자들이 몰려들기 전에 사야 합니다. 진행 상황을 예의주시하고 있다가 개발이 시작되기 전에 사서 수요자가 몰려올 때 팔고 나가야 최상의 수익률을 거둘 수 있습니다. 그래서 신도시가 계획되어 있고, 대형 산업단지가 계획되어 만들어지는 곳에서의 토지 투자는 타이밍이 굉장히 중요합니다. 그 타이밍에 따라 장시간 묶이기도 하고, 단시간에 매도하고 나올 수도 있는 황금시장이기도 합니다.

이 투자 타이밍이 지나고 나면 신도시나 대규모 산업단지의 실제 공사가 진행되고, 신문이나 뉴스에서 개발 상황이 알려지면 수요자들로 넘쳐납니다. 순식간에 땅값은 고공 행진합니다. 팔려고 하는 사람보다 사려고 하는 사람들이 많다 보니 나오는 땅들이 거의 팔려 나갑니다. 이런 좋은 소식들은 매물을 더욱 잠기게 만듭니다. 나와 있던 매물들을 거두어들이면서 땅값은 한 번 더 상승합니다. 그러면 신도시 주변이나 산업단지 주변으로 실수요자 즉, 건축업자나 상가를 지으려고 하는 사람들이 땅을 매입하기 시작합니다. 도로가 잘되어 있는 땅은 부르는 게 값이 되어버립니다. 이렇게 한 번 거래가 되고 나면 거래된 가격이 기준가가 됩니다. 오르는 땅은 누구든지 땅을 비싸게 팔려고 하지 싸게 내놓지 않습니다. 그렇기 때문에 주변 땅이 한 번 거래되면 기준가가 형성되고, 가격이 떨어지지 않고 서서히 오르기만 하는 것입니다.

가격이 오르는 것을 부채질하는 것이 사실 실수요자 즉, 다가구나 다세대를 지어야 하는 업자들인데, 이들로 인해 개발되는 인근 땅은 비싸질 수밖에 없습니다. 공장이 만들어지면 곧 산업단지에 사람들이 몰려오게 되고, 사람들이 살 수 있는 곳이 부족하기 때문에 가장 먼저 오르는 곳이 주거 지역으로 개발 가능한 땅입니다. 어차피 건축업자들은 약간은 높은 가격으로 땅을 사더라도 건축해서 통매매를 통해 수익을 가져가기 때문에 현 시세보다 약간 높은 가격의 땅을 사도 문제가 없습니다. 건축업자들은 땅을 비싸게 사더라도 분양할 수 있고, 공실이 나지 않는다면 아무런 문제가 없습니다. 반대로 땅을 아무리 싸게 사더라도 공실이 나거나 통매매를 했을 때 거래가 이루어지지 않는 지역이라면 땅값이 싸더라도 큰 문제가 되는 것입니다. 이처럼 개발지 주변은 투자 타이밍에 따라 급격하게 반응하고, 속도감 있게 땅값 상승을 이끌어가는 주체가 됩니다. 이런 곳이 오르는 땅으로 이미 정해져 있다는 사실을 기억해야 합니다. 평택 고덕국제신도시나 1,700만 평에 걸쳐 개발되는 화성 송산그린시티도 이러한 과정을 겪었습니다. 신도시 개발 발표 후 정말 오랜 시간 동안 기다렸던 분들이 지쳐갈 때 즈음, 투자 타이밍을 잘 분석해서 실제 개발이 시작되기 직전 투자한 사람들은 아주 단기간에 몇 배의 지가 상승을 경험했습니다. 이런 분들이 투자 타이밍이 딱 맞아떨어지는 곳을 찾아다니는 이유가 여기에 있습니다.

개발되는 땅의 가격이
오르는 속도

    2015년 5월 7일, 평택 삼성전자 반도체공장이 120만 평, 100조 원 투자로 축구장 400개 크기 부지에 만들어지는 기공식이 있어 참석했습니다. 현재 기흥에 있는 삼성전자 사업장과 화성에 있는 삼성전자 사업장을 모두 합한 것보다 더 큰 규모로 지어지는 세계 최대의 반도체공장이라는 이슈에 부동산 투자자의 관심은 평택으로 집중되었습니다. 당시 박근혜 대통령과 이재용 삼성그룹 부회장이 기공식에 참석했고, 정치인부터 지자체 단체장, 산업에 관계된 기업인들이 대거 참석해 성대하게 막이 오르면서 평택의 발전이 시작된 것 같습니다. 저도 당시 기공식에 참석해서 기념품을 받았고, 평택의 성장을 기대하며 공부를 시작한 때도 이때부터였습니다.

    삼성전자가 평택 고덕국제신도시가 접경된 곳에 들어와 공사를 시작하자 제일 먼저 땅값이 올라가기 시작했습니다. 당시 저는 토지를 보는

▲ 평택 삼성전자 반도체공장 착공 전 　　　　　　　　　　　　　　　　　출처 : 삼성전자

▲ 평택 삼성전자 반도체공장 공사 중 　　　　　　　　　　　　　　　　　출처 : 삼성전자

안목이 부족해 토지의 기준가를 알지 못했고, 도대체 토지의 가격은 어떻게 형성되고, 용도지역마다 얼마의 가격대로 움직이는지에 대한 데이터가 전혀 없었습니다. 그러다 보니, 경험과 지식이 없어 좋은 물건

을 받아도 싼 가격인지, 비싼 가격인지 구별할 수 없어서 대부분 계약하지 못했습니다. 당시 가격이 말도 안 되는 가격이었다는 사실을 도시가 성장하고, 주변이 개발되고 나서야 알았습니다.

당시 삼성전자 반도체공장 남측 게이트 아래 지제동 쪽으로 나가는 대로변 땅이 평당 250~300만 원 했을 때, 평택에 삼성전자가 들어온다는 것이 어떤 의미인지 전혀 알지 못했기에 삼성으로 인한 도시와 산업의 성장이 가져올 미래와 땅값이 어디까지 올라갈지 전혀 예측할 수 없었습니다. 지금까지 평택에 이런 대형 반도체공장이 세워진 역사가 없었기에 반도체공장 주변 지가가 어떻게 움직이고, 대로변의 상가나 창고, 제조장이 들어갈 수 있는 땅들의 미래가치를 전혀 알 수 없었던 것입니다. 결국 땅이 나와도 계약하지 못했고, 갈등의 시간만 보내다 결국 땅은 외지인들의 손으로 모두 넘어갔습니다.

2015년쯤 평당 350만 원 정도였던 지제동 대로변의 토지들이 2년 만인 2017년에 평당 1,000만 원 넘는 가격에 팔리는 것을 보고 그때서야 현실을 직시했던 것 같습니다. 특히, 삼성전자 주변인 방축리의 개발 가능한 땅들이 평당 80~150만 원에서 현재 평당 400~500만 원으로 껑충 뛰어버렸고, 당시 4m 도로에 붙어 있는 땅들이 올라봤자 얼마나 오를까 하는 의심은 무지의 산물이었다는 것을 알게 되었습니다.

특히, 반도체 팹공장을 만든다는 것은 일반 산업단지를 만드는 것과는 비교할 수 없는 사이즈이고, 동시다발적으로 공사가 진행되기에 공사장 인력만 3만 명이 투입되다 보니, 외지에서 온 3만 명 인력의 숙식이 해결되어야 하는 문제가 발생했습니다. 이는 곧바로 토지 가격과 직결되었습니다. 반도체공장 주변에는 다가구 원룸들이 즐비하게 건축되었고, 함바식당부터 각종 편의시설과 밴더업체의 현장사무실까지, 땅이 있는 곳이라면 모두 개발해 실거주용으로 건축해야 했기에 땅값은 부르는 게 값이 되어버렸습니다. 평택 고덕국제신도시 개발과 맞물려 건축업자들이 평택으로 몰려왔고, 건축업자들은 비어 있는 땅만 있으면 일단 계약부터 하는 기현상까지 생겨났습니다. 이렇게 실사용자들이 늘어가니 땅값은 1~2년새 급등했고, 가격이 오른 상태에서는 토지를 매입하기 너무 어려웠습니다.

향후 토지의 가격이 더 올라갈 것을 알더라도 1년 전 가격을 아는 상태에서 현재 오른 가격으로 매수하기란 정말 어렵습니다. 차라리 모르면 당장이라도 살 수 있는데, 그 지역에 살면서 과거의 가격을 아는 원주민은 절대 오른 가격에서 추격 매수하지 못합니다. 오히려 전혀 모르는 외지인들은 오른 가격이라고 해도 더 올라갈 것이라고 확신하며 계약하는 것을 자주 볼 수 있었고, 신기하게도 오른 가격에 샀는데도 더 올라가는 가격을 보며 지가 상승의 원인을 분석하는 데 큰 도움이 되었습니다.

오르기 전에 땅을 샀다면 더할 나위 없지만, 땅값이 언제 오르는지, 얼마나 오르는지 경험과 실력이 없었기에 지나간 시간이 너무나 아쉽습니다. 하지만 이런 소중한 시간 덕분에 토지를 볼 수 있는 안목이 생겼고, 또 한 번 기회가 찾아오면 다시는 놓치지 않으리라고 다짐하면서 토지 투자에서는 늘 이런 기회가 있다는 사실에 집중 또 집중할 수 있었습니다.

개발되는 지역의 땅값이 올라가는 사이클을 연구하고 경험했던 3년의 시간들이 향후 안성, 용인, 화성의 개발 지역에 투자하는 데 있어 투자의 지표가 되었고, 입지와 권리의 분석에도 상당한 도움이 되었습니다. 특히, 2019년 3월에 용인 SK하이닉스가 용인시 처인구 원삼면 일

원에 135만 평 규모, 120조 원을 투자한다는 소식은 제가 평택에서의 충분한 경험을 살려 망설임 없이 토지 투자를 결정하게 했습니다. 평택 삼성전자 반도체공장 주변의 토지 개발 경험들이 용인 SK하이닉스가 들어설 주변 지역 분석에 도움을 준 것은 물론, 향후 일어날 일에 대한 예상 지표가 되어 용인 SK하이닉스가 들어설 주변 토지에 대한 평가를 어렵지 않게 할 수 있었습니다.

지나온 시간들이 아쉬운 부분은 많지만 이런 시간들로 인해 실력이 쌓이고, 땅을 볼 수 있는 안목이 넓어지고, 수많은 임장의 시간들이 각종 지가의 데이터를 예상할 수 있게 만들었다고 생각합니다.

"실패만큼 좋은 경험이 없고, 경험만큼 좋은 스승이 없습니다."

실패했던 시간과 경험이 저를 더 성숙한 토지 투자의 실력자로 만드는 과정이었다고 생각하니, 앞으로 더 많이 실패한다면 더 많이 성숙하게 되는 것이고, 더 높은 수준의 실력자가 되는 것이기에 그 경험이 결코 실패가 아니라는 것을 깨닫게 됩니다. 이런 실패와 경험을 하다 보면 어느새 실력 있는 토지 권리분석가가 되어 있을 것입니다. 좋은 경험치는 더 좋은 결과를 만드는 정직한 데이터입니다. 개발되는 도시에는 충분히 좋은 토지가 있습니다. 물론 공사 전에 매입해야 가장 좋은 투자 효과를 볼 수 있습니다. 개발되는 지역에서 공사가 시작되기 직전 땅값의 움직임을 꼭 확인해보시길 바랍니다.

오르는 땅은 경기의 영향을
거의 받지 않는다

요즘 우리는 모든 물가가 상승하는 인플레이션 시대에 살고 있습니다. 정부에서는 인플레이션을 잡으려고 금리를 계속 높이고 있습니다. 금리가 높아지니 대출을 받아서 집을 사거나 투자를 한 사람들의 이자 부담이 높아졌습니다. 앞으로 몇 년간 이런 상태가 이어질 것으로 전문가들은 예측하고 있습니다. 그러다 보니 투자 심리가 많이 위축되어 주식이나 코인은 위험하고, 더구나 아파트까지 거래절벽으로 이어지고 있습니다. 그야말로 공포 수준으로 실수요자까지 얼어붙고 있는 형국입니다. 아파트가 고점으로부터 몇 억 원씩 하락하고 있는데도 매수자가 거의 없고, 청약만 하면 완판되던 것이 불과 1년 전인데 지금은 미분양되는 것이 현실입니다. 이렇게 공포 수준으로 부동산 투자가 하락하는 가운데, 토지 투자는 조금 다른 양상을 보입니다.

토지 투자도 거래는 많이 줄었지만 매입 시보다 손해를 보고 파는 사람은 거의 없습니다. 그 이유가 토지는 많은 사람이 장기 투자라고 생각하고 매입하기에 경기가 좋을 때나 좋지 않을 때나 일희일비하지 않는 특징이 있습니다. 일단 사놓으면 나라에서 공시지가를 공식적으로 올려주고, 개발지 주변의 땅을 매입했다면 경기에 상관없이 계획 잡혀 있던 공사가 멈추지 않고 진행됩니다. 더불어 주변의 개발압력이 커지면 실수요자들이 풍부해져서 경기에 상관없이 지가 상승이 계속되는 것을 현장에서 직접 경험하고 있습니다.

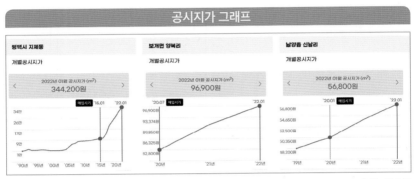

출처 : 디스코

제가 사놓은 평택시 지제동 임야도 공시지가가 수직상승하고 있고, 안성시 양복리의 종합운동장 부근에 사놓은 땅도, 화성시 신남리에 사놓은 땅도 모두 수직상승 중입니다. 100곳의 땅을 사면 100곳 거의 모두의 가격이 수직상승하는 이유는 과연 무엇일까요?

아파트는 실거주를 하다가 대출 만기가 돌아오거나 집값이 하락하면 대출을 갚아야 하고, 금리가 올라 이자 부담이 가중되어 다른 곳으로 이사를 가야 할 때 울며 겨자 먹기로 손해를 보고 팔기도 합니다. 그렇지만 토지는 실거주를 할 필요도 없고, 그냥 사놓고 장기간 기다리면 된다는 인식으로 샀기에 경기가 좋든 안 좋든 기다리면 되는 장점이 있습니다. 특히, 개발지 주변 땅을 사놓았다면 개발압력으로 인해 내가 사놓은 땅 주변으로 도로가 나고, 창고나 상가가 만들어지고, 통행량이 증가되는 현상들이 일어나 토지 가격이 수직상승하는 놀라운 일을 경험할 수 있습니다.

주변 땅들을 조사하다 보면 10년 동안 오른 것보다 1년 만에 더 오른 땅들이 있습니다. 토지 투자는 사고 난 뒤 5~10년이 지나야 결과물이 나오는 것이 정석인데, 제가 산 땅들은 거의 1년 안에 대부분 두 배 가까이 오르는 것이 보통입니다. 앞서 말했듯 100곳의 땅을 사면 100곳이 모두 오르는 땅이 되어버립니다. 제가 운이 좋아서 그런 걸까요?

그 답은 아주 특별한 시대를 볼 수 있는 통찰력에 있습니다. 어쩌다가 운이 좋아서 한두 번 성공할 수 있을지 몰라도 한번 잘못 산 땅은 10년 이상 팔지 못할 수도 있기에 신중해야 합니다. 개발지 주변의 땅 중에서 결국 오르는 땅은 이미 정해져 있고, 오르기로 결정되어 있는 땅을 찾아서 투자 타이밍을 잡는 것이 핵심입니다. 이론적인 것은 배제합니다. 실제로 발로 뛰면서 땅값이 언제부터 시작해서 어떤 과정을 통해 올라가는지에 대한 절차와 해박한 지식, 경험을 쌓아야 합니다. 이러한 토지의 고급 정보와 개발 정보, 투자 지역의 개발 호재를 발로 뛰면서 찾고 또 찾아야 합니다.

특히, 평택 고덕국제신도시, 서울-세종고속도로의 최대 수혜지인 안성, 화성의 1,700만 평이 개발되는 송산그린시티, 용인 SK하이닉스가 들어오는 처인구 원삼면 일대는 이미 오르기로 결정되어 있는 지역입니다. 이 지역들은 대규모 신도시나 산업단지가 들어온다는 특징이 있고, 산업단지가 분양되면 기업이 들어오고, 기업이 들어오면 고용이 증가되고, 고용 증가는 곧 인구 증가로 이어지고, 인구 증가는 주거시설의 필요성을 높입니다. 주거시설의 필요성은 곧 토지 개발의 압력을 발생시키고, 토지 개발은 신도시나 산업단지 주변 토지들의 활발한 거래로 이어집니다. 개발지 주변의 땅은 한정적이기 때문에 개발지 주변의 토지를 찾는 사람들이 많으면 많을수록 지가는 지속적으로 상승하게 되어 있습니다. 그래서 일반적인 토지보다 개발지 주변의 원형지 토지가 단 1년 만에 10년 동안 오른 것보다 더 많이 오를 수 있고, 시대적인 경기에 크게 영향을 받지 않고 투자할 수 있는 이유입니다.

국가적으로 경기 불황이 장기화되면 공동주택의 가격이 떨어지고, 상가가 공실이 나서 임대 수입으로 사시는 분들의 수입이 줄어들고, 시간이 흐를수록 건물의 노후화로 건물 가격도 하락합니다. 그러나 개발지 주변의 토지는 건물이 아니기에 시간이 지날수록 주변의 개발압력으로 인해 공시지가가 상승하고, 주변 시세가 올라가는 특징이 있습니다. 또한 언제나 변함없이 그 위치에 존재하기에 잃어버릴 염려도 없고, 안정감을 주며, 도시가 발달되면 용도지역이 상향되어 아주 특별한 상업지가 될 수도 있는, 그야말로 신분 상승의 기회가 될 수도 있는 것이 바로 토지입니다.

잘생긴 땅,
못생긴 땅의 기준

땅을 보러 다니면서 흔히 "땅이 참 잘생겼다" 하는 이야기를 종종 합니다. 그리고 "이건 땅 모양이 영 안 좋아" 하는 땅들도 있습니다.

그렇다면 잘생긴 땅은 어떤 모양을 하고 있고, 못생긴 땅은 어떤 모양을 하고 있을까요? 제가 땅 모양을 판단하는 기준은 다음과 같습니다.

첫째, 건축했을 때 건물 모양이 잘 나올 수 있는 땅이 잘생긴 땅이라고 할 것입니다.

보통 일반인들이 땅을 살 때, 반듯한 모양의 땅을 선호합니다. 당연합니다. 그런 땅이 사실 잘 매매되기도 합니다. 건축했을 때 건물 모양이 잘 빠지고, 제외지가 발생하지 않고, 건폐율과 용적률을 다 활용할 수 있는 땅이 잘생긴 땅이라는 것입니다. 그러나 모양이 네모 반듯해야 무조건 잘생긴 땅이라고 하지는 않습니다. 아무리 네모 반듯한 모양이라도 수요가 없다면 겉만 번지르르하고 실속은 없는 땅이 되어 결국 못생긴 땅이 됩니다.

둘째, 원형지 땅을 사고 난 뒤 출구전략이 되어 있는 땅이 잘생긴 땅이라고 하겠습니다.

내가 땅을 매입한 뒤 누군가에 되팔 때 쉽게 팔릴 수 있는 땅이 잘생긴 땅이라고 할 수 있습니다. 보기 좋은 떡이 맛있듯 내 눈에 보기 좋은 땅은 남의 눈에도 보기 좋은 땅입니다. 주변에 각종 호재가 넘쳐나고, 수요가 풍부해서 개발행위허가를 통해 건축했을 때 상가나 주택으로 공실 없이 임대가 된다면 그 땅은 출구전략상 잘생긴 땅이 되는 것입니다. 반면에 내가 보기에 아무리 잘 산 땅이라도 남들이 봐주지 않는 땅이라면 출구전략상 상당히 문제가 될 수 있습니다. 사정상 급하게 매물로 내놓았을 때 아무도 사지 않는 땅이라면 결코 잘생긴 땅이라고 할 수 없습니다.

잘생긴 땅의 예시

잘생긴 땅의 모양을 보면서 설명하겠습니다. 이 그림에서 보다시피 2차선이나 4차선 도로에 길쭉하게 붙어 있는 A땅 2,000평은 아주 좋은 땅이라고 할 수 있습니다. A땅의 특징은 다음과 같습니다.

1. 2,000평의 넓은 땅입니다.
2. 평수가 넓으니 전체 토지 가격이 무겁다는 부담감이 있습니다.
3. 대신에 평수가 넓어서 평단가는 저렴할 수 있습니다.

4. 도로에 200미터나 길게 붙어 있어 출구 전략상 좋은 모양입니다.

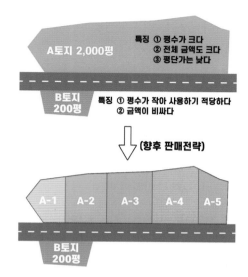

A토지 2,000평
특징 ① 평수가 크다
② 전체 금액도 크다
③ 평단가는 낮다

B토지 200평
특징 ① 평수가 작아 사용하기 적당하다
② 금액이 비싸다

⬇ (향후 판매전략)

A-1 A-2 A-3 A-4 A-5

B토지 200평

출처 : 저자 제공

보통 도로에 딱 붙어 있는 이런 땅을 사려면 호재가 있는 지역은 평당 300만 원 이상 됩니다. 평수가 작은 땅은 더 비싸게도 책정됩니다. 하지만 땅 평수가 넓으면 반값에 나오기도 합니다. 이런 특징을 잘 공략하면 아주 만족스러운 출구전략을 계획할 수도 있습니다. 가령 A땅이 평당 100만 원만 해도 총 2,000평이기에 20억 원이나 됩니다. 과연 20억 원을 주고 이 땅을 살 사람이 얼마나 될까요? 사실 저는 이런 땅을 매우 좋아합니다. 일반인들은 20억 원이라는 부담스러운 금액에 놀라기도 하지만, 사고 난 뒤 어떻게 팔지 걱정되어 선뜻 사지 못합니다. 20억 원에 사서 2배 이상 수익을 본다고 가정해도 20억 원에도 팔기 어려운 땅이 40억 원으로 덩치가 커지면 더욱 매도하기 어려워졌다는 사실에 절망합니다. 그래서 이것을 해결하기 위해 일반인들이 주로 사용하는 방법은 개발행위허가를 통해 토목공사를 하고, 합필과 분필을 통해 땅 모양을 예쁘게 만들어 분양하는 것입니다. 그렇게 되면 필수적으로 대규모 공사를 해야 하기에 예상하지 못한 추가 비용이 발생합니다. 분양이 잘 될지도 모르는 불투명한 상황에서 예상하지 못한 추가 비용까지 지출

하면서 공사를 하지만, 자금 사정이 어려워져 부도가 나는 경우도 많습니다.

제가 주로 사용하는 방법은 아주 간단합니다. 원형지로 사서 원형지로 파는 것입니다. 다시 앞의 그림을 보면서 설명해보겠습니다. 2,000평으로 되어 있는 A땅은 상당히 잘생긴 땅입니다. 출구전략에 너무 좋은 모양을 가지고 있습니다. 도로에 200미터 이상 붙어 있는 땅이기에 아무런 개발행위허가 없이 그냥 매매에 의한 분할로 A1, A2, A3, A4, A5 같이 순서대로 매매에 의한 분할로 잘라가면서 매매하면 됩니다. 그 이상 작업할 필요가 없습니다. 원형지 상태에서 잘라주기만 하면 됩니다. 이 방법으로 저는 큰 금액의 땅들을 작업했습니다. 이 방법은 살 사람이나 팔 사람 모두에게 이득을 줍니다.

2,000평 전체 토지를 매입한 사람은 평당 300만 원짜리 땅을 평당 100만 원에 사서 좋고, 이 땅을 다시 잘라서 개별적으로 매매할 때 다시 사는 사람도 시세가 평당 300만 원 하는 땅을 평당 200만 원에 살 수 있다면 시세보다 낮게 나온 이런 땅을 서로 사려고 할 것입니다. 그래서 땅은 살 때부터 전략적으로 계획해서 사야 하고, 팔릴 때 땅 모양을 미리 고려하는 등 여러 출구전략을 잘 세워야 합니다.

못생긴 땅 예시

이제 못생긴 땅을 보며 설명하겠습니다. 그림을 보면 2차선이나 4차선에 붙어 있는 땅이지만 그 형태는 필지마다 제각각입니다. A땅의 특징은 다음과 같습니다.

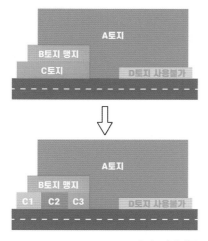

출처 : 저자 제공

1. 2,000평의 넓은 땅입니다.
2. 평수가 넓으니 전체 토지 가격이 무겁다는 부담감이 있습니다.
3. 대신에 평수가 넓어서 평단가는 저렴할 수 있습니다.
4. 도로에 10미터밖에 붙어 있지 않아 출구전략상 좋지 않은 모양입니다.
5. 이렇게 모양이 좋지 않은 땅은 무조건 개발해서 모양을 만들어 분양해 팔아야 하는 부담감이 있습니다.

아주 못생긴 A땅을 비롯해 주변에 붙어 있는 B땅, C땅, D땅까지 설명이 필요합니다. A땅은 면적이 커서 평단가를 낮출 수 있는 장점이 있지만 도로에 붙어 있는 길이가 10미터밖에 되지 않아 무조건 개발해야 합니다. 일단 단지 내 도로를 타고 들어와서 모양을 만들어 팔아야 하는 부담감이 있습니다. 그래서 이런 땅을 살 때는 가격도 저렴하게 사야 하지만, 토목공사비도 별도로 고려해야 합니다. 잘생긴 2,000평 토지는 메인 도로에 모두 길게 붙어 있어 도로에서 직접 들어올 수 있는 입지이기에 다양한 상가가 들어올 수 있지만, 못생긴 2,000평의 A땅은 메인 도로에 붙어 있지 않기에 업종에 제한을 받을 수밖에 없습니다. 즉, 땅값 상승에도 지대한 영향을 미친다는 말입니다. 잘생긴 토지의 메인 도로에 붙어 있는 땅은 향후 평당 500만 원 이상 갈 수도 있지만 못생긴 토지의 메인 도로 뒤쪽 토지는 고작 200만 원도 가기 어려운 땅이 될 가능성이 높습니다. 앞땅과 뒤땅의 차이는 하늘과 땅 차이라고 생각해야 합니다. 어느 누구라도 앞땅을 선호합니다. 스타벅스가 골목 뒤쪽에 만들어지는 것을 보셨나요? 스타벅스나 맥도날드는 항상 메인 도로에서 바로 접근할 수 있는 입지에 들어옵니다.

B땅은 도로가 접하지 않아 맹지가 되어 사용하기 어렵기 때문에 A땅이나 C땅이 필요합니다. 사실상 B땅에게는 C땅이 더욱 필요한 땅입니다. C땅은 도로에 당당하게 붙어 있기에 아주 잘생긴 땅이라고 봐야 합니다. 향후 매매에 의한 분할로 앞의 그림처럼 C1, C2, C3으로 분할해서 팔아도 됩니다. C땅은 파는 사람이나 사는 사람 모두를 만족시킬 수 있는 모양을 가지고 있습니다. 그러기에 C땅은 B땅을 가져오는 전략을 계속 수립해야 합니다. B땅의 맹지가 C땅과 합쳐지면 B땅은 C땅 가격이 되기에 C땅은 무조건 B땅을 확보하기 위해 다양한 노력을 해야 합니다.

D땅은 사용이 어렵습니다. 개발행위허가가 나오지 않는 땅이기 때문입니다. 도로에 길게 붙어 있기는 하지만, 사용할 수 있는 폭이 너무 좁기 때문에 건축허가를 받지 못합니다. D땅이 스스로 할 수 있는 것은 없지만 A땅과 협상할 수는 있습니다. 사실상 D땅은 쓸모 없는 토지이지만, A땅 입장에서 보면 너무 필요한 땅입니다. A땅 입장에서는 시세 10배를 주고서라도 확보해야 하는 상황입니다. A땅이 D땅을 살 수 있다면 A땅은 잘생긴 토지로 신분 상승할 수 있습니다. 도로에 붙어 있는 땅을 100미터 이상 확보할 수 있기에 출구전략상 값어치 있는 토지로 만들어가는 데 꼭 필요합니다.

D땅 입장에서 보면 A땅과 잘 협상해서 2가지의 협상안을 제시할 수

있습니다. D땅은 사용이 어렵지만 A땅에게는 너무나 필요한 땅이기에 A땅에게 아주 비싸게 팔든지, 아니면 D땅의 50%를 주고 A땅의 일부를 받아서 나머지 50%와 함께 도로에 붙어 있는 개발이 가능하며, 모양이 반듯한 땅으로 만들 수 있습니다. 이때 교환 비율은 50 : 50이 아닌 10(D땅) : 90(A땅)으로 해도 A땅은 수락할 가능성이 높습니다.

땅을 살 때는 이처럼 다양한 출구전략이 준비되어 있어야 합니다. 살 때부터 이미 팔 것을 고려해서 입지나 모양을 보고 매입하는 전략이 필요합니다. 땅은 알면 알수록 어렵게 느껴지지만, 하나하나 배워나가는 재미를 익힌다면 지루할 틈이 없는 매력이 있습니다.

신도시 절대농지의
새로운 시각

   도시가 발달하면 기존의 토지를 갈아엎고, 다양한 토지이용계획을 세우고, 다양한 용도지역으로 개발하면서 땅값이 상승합니다. 반대로 말하면 도시가 발달하지 않으면 기존 토지는 변함없는 그 용도대로 사용되어서 새로운 토지이용계획이 만들어지지 않고, 그 도시는 성장하고 발전하기 어렵습니다. 현재도 지방 도시를 보면 일자리가 줄어들고, 인구가 줄고, 학교가 폐교되고, 도심이 축소되고, 토지 가격은 올라갈 기미가 없고, 토지 거래량은 점점 줄어들고 있는 것이 현실입니다. 결국 토지 투자는 지방보다는 수도권에 해야 하고, 수도권 중에서도 일자리가 풍부하고, 도심이 확대되며, 인구가 증가하는 곳에 해야 물리지 않는 토지 투자를 할 수 있습니다. 성장하는 도시를 보면 산업단지들이 들어서고, 산업단지 내에는 기업들이 몰려들어 도시가 살아 있다고 표현될 만큼 생동감 있는 도시가 됩니다. 이런 도시 주변을 살펴보면 '절대농지'가 있습니다. 절대농지는 농업진흥지역에 있는 토지를 말합니다. 차를 타고 가다 보면 반듯반듯한 모양으로 경지 정리가 잘되어 있고, 초록색 벼들이 심겨 있어 푸른 들판처럼 시원함을 느끼게 해주는 곳이 바로 농업진흥지역의 토지인 절대농지입니다.

예전부터 농업진흥지역의 토지는 절대 투자로 사면 안 된다는 철칙이 있습니다. 농업진흥지역의 토지는 농사밖에 지을 수 없기 때문입니다. 눈으로 보기에는 네모 반듯한 모양이고, 도로나 농로가 있어서 차량의 접근도 쉽고, 도심도 가까워 그렇게 좋아 보일 수가 없습니다. 하지만 이런 땅은 일반 주택을 지을 수도, 상가를 지을 수도, 카페를 지을 수도 없는 등 여러 규제에 묶여 있기에 투자의 대상으로 삼지 말라는 이야기입니다. 저도 이 말에 전적으로 동의합니다. 이런 토지는 할 수 있는 게 농사밖에 없으니 투자보다는 농사를 위한 실사용자가 매입하는 것이 맞습니다. 농지에다 벼를 심거나 아니면 성토 후 밭으로 만들어 각종 작물이나 열매 맺는 나무를 심어 가치를 상승시키는 용도로 사용하는 것이 옳은 방법이라고 생각합니다. 그러나 제가 직접 경험한 신도시가 만들어지는 주변에 있는 절대농지(농업진흥지역)는 기존의 상식을 뒤엎고 있습니다. 농사만 지을 수 있는 농업진흥지역의 땅값은 위치에 따라 보통 평당 10~30만 원 정도로 생각할 수 있지만 신도시가 만들어지는 주변에 있는 농업진흥지역의 토지는 평당 100~300만 원까지 거래되고 있습니다.

직접 경험한 사례를 소개하겠습니다. 평택시 고덕면 좌교리 ○○번지는 평택 고덕국제신도시 3단계 경계선상에 붙어 있는 농업진흥지역의 '답'이기에 그렇게 비싸게 사지 않았습니다. 2015년경 평당 37만 원에 샀는데 현재는 호가가 평당 150만 원이 넘어가고 있습니다. 공시

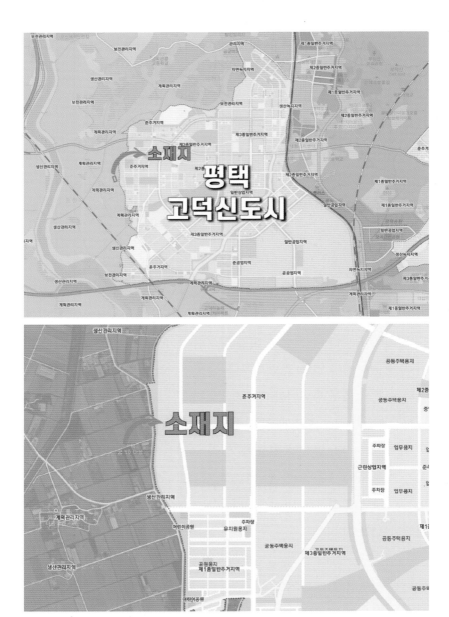

▲ 고덕국제신도시 바깥쪽 농업진흥지역의 땅

출처 : 카카오맵

지가도 매입할 때 가격 이상으로 올랐습니다. 신도시에 접경되어 있는 농업진흥지역의 토지는 여전히 농사밖에 지을 수 없는 토지임에도 불구하고 왜 가격이 오르는 것일까요? 다양한 이유를 유추해볼 수 있습니다.

첫째, 신도시 도심이 확대되었을 때 용도지역이 해제되어 근생이 가능한 토지로 용도변경될 수도 있다는 기대 심리가 있습니다. 실제로 도시가 만들어지고, 주변에 도로가 개설되고, 도심이 확대되는 과정에서 진흥지역의 토지들이 해제된 경우를 심심치 않게 볼 수 있습니다. 아마도 장기 투자를 통해 그런 기회가 올 것이라는 희망으로 투자하는 사람들이 있기에 이 땅을 찾는 사람도 많고 토지 가격도 상승한다고 생각됩니다.

둘째, 신도시에 가까운 농지여서 주말농장으로 가족과 보내는 시간을 만들 수 있고, 주거지와 가까우니 농사짓기도 편하고, 시간이 날 때마다 다양한 농작물을 재배할 토지로 사용할 수 있어서 찾는 사람들이 많습니다. 근생이 가능한 신도시 주변 토지들은 비싸지만 농업진흥지역에 있는 토지는 상대적으로 저렴하기에 구매자들이 선호합니다.

도시지역의 자연녹지 토지나, 관리지역의 계획관리 토지들은 일반적인 개발행위허가가 나고 개발하는 데 문제가 없기 때문에 평당 몇 백만 원씩 합니다. 그러나 정작 토지를 매입하고 개발을 하지 않는다면 자연녹지나, 계획관리나, 절대농지나, 농사를 짓는 데는 별 차이가 없습니다. 자연녹지의 농지에 심는 콩이 슈퍼콩이 되지 않고, 절대농지에 심은 콩이 슈퍼콩이 되지 않습니다. 농작물에는 별반 차이가 없습니다. 다만, 나라에서 규정해놓은 규제에 의해서 토지 가격이 차이 나는 것입니다. 상업지에도 토지가 있습니다. 상업지 토지에 콩을 심는다고 절대

슈퍼콩이 되지 않기에, 자신이 사려고 하는 땅의 용도가 농사만 지을 땅인지, 아니면 다른 용도에 필요한 땅인지 잘 구분해서 사야 합니다.

셋째, 신도시에 붙어 있는 농업진흥지역의 토지도 농업과 관련된 개발행위허가가 나오기에 찾는 사람들이 많습니다. 신도시에 붙어 있는 농업진흥지역 토지에는 농가 창고나 농가 주택이 허용됩니다. 까다롭기는 하지만 조건에 맞으면 허가가 가능하기에 시골과 도심이 공존하는 경계선상의 토지들은 신도시의 다양한 문화, 상업적인 혜택을 누릴수 있어 꾸준히 오르는 것이 정석입니다.

제가 사용하고 있는 체험학습장도 농업진흥지역에 있습니다. 고덕국제신도시에 접경해 있기에 찾는 사람도 많습니다. 곤충체험학습장으로 이용하기도 하고, 농업기술센터에서 귀농과 귀촌 교육도 진행했습니다. 농업과 관련된 시설이 있어서 농업진흥지역이지만 동식물과 관련된 창고도 짓고, 나무도 심고, 과실수도 심어서 신도시 접경에 붙어있는 아름다운 과수원을 만들었습니다. 제 거주지가 고덕국제신도시에 위치하고 있어 이곳은 5분 거리에 있습니다. 아주 가까운 거리에 있어서 1,000평 정도 되는 이곳을 앞마당처럼 사용하고 있습니다. 저와 같은 혜택을 누리려는 수요들이 많아지니 이 주변의 땅값이 놀랄 만큼 올라가고 있습니다.

농업진흥지역의 토지를 투자로는 절대 추천하지 않지만, 신도시가 만들어지는 경계선에 붙은 농업진흥지역의 토지를 저렴하게 매수할 수있다면 적극적으로 추천합니다. 이런 땅은 시간이 지나면 매입 당시 가격보다 몇 배는 올라가고, 공시지가까지 자동으로 상승합니다. 공시지가가 상승하면 좋은 점들이 있습니다. 매입 후 5년 이상, 자경 후 65세 이상이 되면 공시지가의 100%로 농지연금을 신청해서 받을 수 있는 장점이 있습니다.

더 중요한 사실은 신도시 주변 토지들이 도심의 확대로 인해 용도지역이 주거지 이상으로 변경되든지, 도시개발사업으로 환지로 개발될 경우, 이런 땅은 그야말로 로또가 됩니다. 이런 일은 신도시 바로 접경에 위치한 토지이기에 꿈꿀 수 있는 것입니다. 농업진흥지역의 땅을 산다면, 바로 이런 곳에 위치한 땅을 선점해서 사야 성공하는 투자가 되는 것입니다.

4장

오르는 땅
임장 이야기

초보자가 현장 임장 시 꼭 확인해야 할 사항

출처 : 프리픽

　땅을 살 때 현장을 확인하는 것을 임장이라고 합니다. 땅을 보지도 않고 산다는 사람들도 있는데 매우 위험한 발상입니다. 땅은 한번 사면 오랫동안 기다려야 하는 경우도 발생하기에 현장 임장은 하나의 불문

율로 생각하고 반드시 거쳐야 합니다. 이런 임장을 할 때 주의할 몇 가지 사항을 알려드리겠습니다.

첫째, 해당 지역의 주민과 나눌 대화를 예상하고, 공부해서 가시길 바랍니다.

임장 시 현지 주민을 만났을 때 당황하지 않고 자연스럽게 말을 걸어보는 것도 좋습니다. 이러한 경험이 부족한 사람들은 너무 솔직하게 자기 이야기를 해서 해당 물건을 놓칠 수도 있습니다. 첫 방문 때는 현지인에게 굳이 해당 물건에 대한 이야기를 하지 않는 것이 좋습니다. 어느 정도 익숙해지면, 몇 번 만나면서 친해진 마을 주민에게 상황을 봐서 물건에 대해 직접 이야기를 나누다 보면, 생각지 못했던 정보들을 찾을 수도 있습니다. 또한 이 땅이 왜 지금까지 팔리지 않았는지, 어떤 내부적인 문제가 있는지 등 여러 소중한 정보를 얻을 수도 있습니다. 처음부터 너무 적극적이면 의심의 눈빛과 함께 주민들의 마음이 닫히는 경우도 있기에 신중, 또 신중해야 합니다.

가령 어떤 땅이 물건으로 나와서 조사하러 왔다고 직접적으로 이야기하면 주민들은 그렇게 좋아하지 않습니다. 오히려 경계의 눈빛으로 정보를 차단하려고 합니다. 이럴 때 저는 이런 화법을 사용합니다.

"안녕하세요? 지나가다 들렀습니다. 이 동네가 너무 조용하고 좋아 보여 집 짓고 살 수 있는 땅을 찾고 있는데, 이곳이 딱 좋아 보여서요. 그런데 제가 땅을 잘 몰라서 어디가 좋은지 나쁜지 알 수가 없네요. 아버님 이 마을이 제가 보기에는 조용하고 살기 좋은 것 같은데, 어떤가요?"

이렇게 너무 지나치지 않은 선에서 말을 트고 주변에 대한 조사를 하면 됩니다.

"여기 동네 가구수가 대략 얼마나 되나요? 제가 돈이 많지 않아서 그러는데 혹시 이 마을에 집 짓고 살 수 있는 땅은 평당 얼마면 살 수가 있을까요? 혹시 앞쪽에 공사하는 도로는 언제 개통이 되며, 무슨 이유로 도로를 넓히는 것일까요?"

이런 식으로 10분 이상 대화하다 보면 필요한 정보들을 수집할 수 있습니다. 이때 땅을 전문적으로 사는 투자자라는 인상을 상대에게 심어주지 않는 것이 중요합니다. 전문가라고 생각이 되면 오히려 나왔던 물건도 들어가게 되어 있습니다. 긁어서 부스럼을 만드는 꼴이 되는 것입니다.

땅을 파는 사람도 현지 주민들에게 알려지는 것을 좋아하지 않습니다. 땅이 팔렸다는 사실이 알려지면 주변 사람들에게 이야깃거리가 된다는 사실을 알고 있기에 비밀스럽게 팔려고 하는 사람들이 많습니다. 어떤 땅이 매물로 나온 것을 알게 되기라도 하면 사람들은 이렇게 이야기합니다.

"김씨네, 땅을 왜 팔려고 해? 큰아들이 서울에서 사업한다고 하더니 문제가 생겼나봐. 그래서 사업 밑천 마련하느라 땅을 내놓았다지. 아랫집 이씨네도 작은아들이 식당 하다 망해서 땅을 내놓았다잖아."

이런 가십거리가 되기 십상이기에 시골 사람들은 땅을 내놓았다는 이야기를 잘 하지 않습니다. 그러기에 임장 가서 땅을 사러 왔다는 정보를 흘리다 보면 자칫 땅 가격이 올라갈 수도 있기에 내 패를 먼저 보여주면 안 됩니다. 그냥 주변을 둘러보려고 왔다는 가벼운 이야기로 시작해서 알고 싶은 내용의 수위를 점점 높여가야 합니다.

둘째, 임장하는 땅의 특성을 정확하게 파악해야 합니다.

임장은 놀러가는 것이 아닙니다. 물건을 정확하게 보고 특징적인 것을 반드시 잡아내야 합니다. 임야를 임장한다면 임장하는 땅의 모양을 정확하게 확인해야 합니다. 저도 큰 땅을 매입할 때는 카카오맵 지도를 켜서 인공위성 GPS 신호를 따라 매입할 땅의 경계선을 따라 밟고 다니면서 땅의 전체적인 모양에 대해 한 바퀴 돌아보며 자세히 확인합니다. 땅이 패이거나 솟아난 곳이 있는지, 돌이나 바위가 있는지, 묘지가 있는지, 나무는 잡목인지 소나무가 많은지 알아보아야 하고, 소나무가 많아 임목도가 150%가 넘을 경우에는 개발이 어렵고, 특히 보호수가 있는지도 체크해야 합니다. 저는 임야를 임장할 때 평수가 큰 땅은 땅 모양을 신경 써서 봅니다. 개발했을 때 땅 모양이 제대로 나와야 하고, 분필하는 데 어렵지 않은 모양이 되어야 하며, 또한 제외지가 발생하지 않는 임야가 제일 좋습니다. 평수가 큰 땅을 사다 보면 사용하지 못하는 제외지가 꼭 발생합니다. 그렇게 되면 사용하지 못하는 제외지만큼 손해를 보는 것이기에 땅을 보는 눈이 익숙해질 때까지 보고 또 보아야 합니다. 특히, 제외지가 많이 발생하는 땅은 토목비용도 상당히 많이 들어간다고 보아야 합니다. 이런 땅은 경사도가 심한 경우가 많으며, 땅값보다 공사비가 더 많이 들어갈 수도 있어서 그만큼 신경 써서 체크해야 합니다.

셋째, 개발행위허가가 가능한지 도로나 배수로를 꼭 확인해야 합니다.

시골 땅을 임장하다 보면 해당 물건 주변에 도로가 붙어 있더라도 사용할 수 없는 경우도 있습니다. 다른 사람이 만들어놓은 사도의 경우가 그렇습니다. 이럴 때는 도로 지분을 반드시 확보하든지 아니면 사용승낙서를 받을 수 있는지까지 체크해야 합니다. 사용승낙이 되지 않거나 도로 지분을 확보하지 못한다면 개발을 할 수 없기에 맹지나 마찬가지입니다. 초보자들이 가장 많이 실수하는 대목이기도 합니다. 그래서 개발해야 하는 땅 주변에 사는 이웃들과는 절대적으로 친하게 지내야 합니다. 내 땅이 인접한 이웃과 분쟁이 있어서는 안됩니다. 나중에 돈을 주고 사용승낙을 받을 때 감정이 상하면 도장을 찍어주지 않는 사람들도 있습니다. 이렇게 되면 난감해지는 경우가 발생합니다.

　도로와 함께 살펴볼 부분은 바로 배수로입니다. 해당 물건 주변에 구거나 하천이 있는지 꼭 확인해야 합니다. 개발행위허가를 신청할 때는 도로와 필수적으로 따라붙는 것이 배수로입니다. 배수로가 확보되지 않으면 개발행위허가, 건축준공허가가 날 수 없습니다. 도로가 잘 정비되어 있는 곳 같으면 도로 가장자리 부분을 찾아보면 오수관이나 우수관 같은 맨홀이 있어 그곳으로 배수로를 연결하면 허가에 문제가 없습니다. 연결시키면 가능합니다. 하지만 이 또한 배수관을 개설한 곳이 국가의 소유이면 문제가 없지만, 개인이 만든 배수로이면 돈을 주고서라도 사용승낙을 받아야 합니다. 이 또한 승낙을 받지 못하면 개발할 수가 없습니다. 결론적으로 도로와 배수로를 정확하게 체크해야 하고, 개발행위허가를 받을 수 있는지 토목회사, 지자체 담당자와 미팅해서 반드시 확인해야 한다는 사실을 잊지 마세요. 이점은 절대로 간과해서는 안 됩니다.

　이렇게 임장은 매우 중요합니다. 처음에는 현장에 가서 무엇을 조사할지 체크리스트를 만들어서 하나하나 확인하는 것이 중요합니다. 토지이용계획확인원을 확인해야 합니다. 현장에서 문제가 될 수 있는 부분들을 다양한 시각으로 확인해야 합니다. 물건 주변을 탐문하며 현지 공인중개사의 도움을 받는 것도 좋은 방법이지만, 임장하는 땅의 주소를 현지 공인중개사에게는 공개하지 않는 것이 좋습니다. 해당 물건의 정보가 나도 모르게 공개되어 땅값이 올라가거나 또 다른 경쟁자가 생길 수 있고, 매입이 어려워지는 경우가 발생되기도 하기 때문입니다.

이처럼 땅을 매입할 때는 임장이 필수적이고, 이렇게 다양한 정보들을 파악하고 대처하는 유연성이 필요합니다. 반복적으로 하다 보면 임장이 즐거워지고, 다양한 정보를 얻게 되고, 현장에서 물건을 확보하는 일도 생기며, 시간이 지날수록 실력이 향상된 자신의 모습을 보게 될 것이고, 머지않아 임장의 달인이 된 자신을 발견할 수 있습니다.

안성 신기리
물류단지 주변 임장기

주소 : 안성시 서운면 신기리 ○○번지

용도지역 / 지목 : 도시지역 자연녹지 / 임야

면적: 494평

▲ 안성시 서운면 신기리 주변 땅　　　　　　　　　출처 : 네이버 지도

▲ 안성시 서운면 신기리 주변 땅　　　　　　　　　　　　　　　　　출처 : 네이버 지도

　어느 날 잘 아는 공인중개업소의 박 대표님으로부터 다급한 목소리의 전화가 왔습니다.

　"김 대표님, 오늘 대표님과 상의할 일이 있어서 지금 사무실로 가고 있는데, 꼭 좀 시간을 내주세요."

　"아, 네…. 근데 무슨 일 생기셨나요?"

　"다름이 아니라 요즘 부동산 시장이 좋지 않아서 거래가 되지도 않고 물건을 찾는 사람이 전혀 없네요. 그래서 이 문제에 대해 상의 좀 드리려고요."

　갑자기 금리가 상승되고, 경제 상황이 좋지 않다는 소식들이 들려오니 은근히 걱정이 되었나 봅니다. 더구나 이런 가운데 러시아와 우크라이나의 전쟁까지 겹치면서 세계적인 경기침체 소식에 투자 심리가 꽁꽁 얼어붙기 시작했고, 부동산 실거래가 전혀 이루어지지 않아 심각한 상태가 되었습니다. 그러다 보니 이자 부담이 상대적으로 심해져 아주 좋은 물건이지만 아쉬움을 뒤로하고 급매로 내놓을 계획이었습니다.

소유자께서는 전반적으로 경제가 어려우니 물건이 나쁘면 거래가 안될 것이라고 생각하셨고, 가지고 있는 물건 중 제일 좋은 물건부터 내놓고 정리할 계획이라고 말씀하셨습니다.

다양한 물건에 대한 브리핑을 듣다가 유독 신리기에 있는 토지가 눈에 들어왔습니다. 시세보다 한참 낮은 가격에 여러 가지 호재가 겹쳐 있는 지역이라 이 물건은 곧바로 정리할 수 있는 물건임을 직감했습니다.

"박 대표님, 신기리 물건은 투자자를 소개해드릴 수 있을 것 같습니다. 며칠 내로 정리할 수 있도록 소개해드리겠습니다."

박 대표님은 안도의 한숨을 쉬며 연신 고맙다고 말씀하시고 돌아가셨습니다. 제가 이 땅을 자신 있게 정리할 수 있다고 말씀드린 이유는 입지분석을 이미 해서 아주 잘 알고 있는 지역이고, 충분히 학습한 상태라 자신이 있었기 때문입니다.

이 땅의 특징은 다음과 같습니다.

첫째, 2차선에 딱 붙어 있어 누구나 탐낼 수 있는 출구전략이 좋은 땅입니다.

둘째, 도로에서 전면 90미터나 붙어 있고, 땅 모양 중 최고인 직사각형 땅입니다.

셋째, 붙어 있는 도로도 사도가 아닌 공도이고, 배수로도 길 건너 구거나 땅 뒤쪽으로 하천 부지가 있어서 허가를 받고 건축하는 데 전혀 문제가 없습니다.

넷째, 안성제5산업단지가 현재 보상을 마쳤고 곧장 한 달 뒤부터 공사가 진행된다고 시청 담당자로부터 직접 확인한 상태이고, 특히 제5산업단지와 150미터 떨어진 최적의 접근성을 자랑하는 입지 조건을 가지고 있습니다.

다섯째, 이 땅 바로 길 건너에 대규모 물류단지가 들어온다는 정보를 알고 있는 상태였고, 다음 달이면 허가가 떨어진다는 진행사항을 알고 있었습니다.

여섯째, 평당 120만 원에 물건을 내놓았다가 급매로 평당 80만 원으로 내린 상태이기에 이만한 토지를 이렇게 저렴하게 매입한다는 것은 분명히 엄청난 기회라는 생각이 들어 충분히 소개해줄 수 있는 물건이라는 판단이 들었습니다. 사실 이런 물건은 누굴 소개해주는 것보다 내가 매입하는 것이 제일 좋습니다. 사놓고 기다리면 올라가는 땅이기에 남 주는 것이 아깝습니다.

이 땅 주변 입지를 파악해보면, 2024년 서울-세종고속도로 서운입장IC가 개통하는 근교에 위치해 있어 곧 고속도로가 개통하면 다양한 수요처들이 필요한 땅이 될 것이고, 그런 호재에 힘입어 지가는 당연히 상승할 것입니다. 그리고 위쪽으로는 평택부발선과 동탄에서 청주로 이어지는 수도권 내륙철도가 만나는 환승역이 개통되기에 안성 철도역과 고속도로가 만들어지는 좋은 호재들이 겹겹이 쌓여 있는 위치입니다. 특히, 전체 4억 원 중 3억 원이 대출이 나오기에 현금 1억 원만 있으면 4억 원의 땅을 내 것으로 만들 수 있는 절호의 기회인 것입니다.

하지만 이렇게 좋은 땅을 꼭 소개해주고 싶은 분이 있었습니다. 매수 물건을 기다리는 간절한 고객이 있어서 이분께 좋은 물건을 드리고 싶어 바로 연락을 드렸습니다.

"이 선생님, 안성에 정말 좋은 물건이 있어서 소개해드리려고 합니다."

"정말요? 저를 잊지 않고 생각해주셔서 진심으로 감사드립니다. 대표님이 충분히 알아보셨을 테니 믿고 바로 하겠습니다."

"이런 땅은 정확하게 분석할 줄 아는 사람이라면 오래 기다려주지 않기에 가계약금부터 입금하시고, 정식 계약을 주중에 바로 오셔서 작성하시지요!"

저는 매입할 물건 주소와 물건에 대한 자세한 내용을 30분가량 전화로 설명드렸습니다. 그리고 곧장 가계약금 천만 원을 매도자 계좌로 입금했습니다. 그리고 이틀 후 정식 계약일자를 잡고 기다리는 중 소개해드린 매수자에게 문자가 왔습니다.

"대표님, 이 땅 도로가 혹시 사도 아닌가요? 그리고 배수로가 없는 것 같은데요….”

제가 충분히 입지분석을 한 땅이었고, 이 땅에 붙어 있는 뒤쪽이 하천부지이고, 길 건너에 구거가 있어서 점용허가를 받으면 배수로 문제는 해결되었습니다. 주변 시세나 토목건축허가에 대한 것도 충분히 알아봤고, 허가가 나는 데 전혀 문제가 없다는 것을 알려드렸는데도 믿지 못하시니 도로나 배수로에 대한 문제가 없다는 자료를 추가로 보내주었습니다. 그렇게 당장 내일 계약일자가 되었는데 문자가 다시 왔습니다.

"대표님, 여러모로 애써주신 점은 감사합니다. 하지만 이번 계약은 못할 듯합니다. 다소 분쟁의 소지가 있는 것 말고, 다른 토지로 만나뵙고 싶습니다. 다시 한번 죄송합니다.”

저는 이럴 때가 가장 마음이 어려워집니다. 매도자나 매수자나 얼굴 보기가 민망해집니다. 매도자에게는 충분히 설명해서 해결하겠다고 장담했는데 좋지 않은 결과가 나와서 미안하고, 매수자에게는 나름대로 좋은 땅을 소개해드렸는데 당사자께서 좋지 않다고 판단해버리면 결국 좋지 않은 땅을 소개했다는 결론으로 이어지기에 다시 얼굴 보기가 정말 민망해집니다. 그래서 땅을 소개해드리는 일을 얼마나 신중하게 해야 하는지를 다시 생각해보게 합니다.

매수자 입장에서 생각해보면 4억 원 이상의 땅을 사는데 믿고 사야 하는 것이 맞고, 걱정이 되어 주변 다른 전문가나 사람들에게 물어볼 수도 있습니다. 충분히 이해합니다. 하지만 제가 이 분야에서는 다양한 경험이 있었고, 토지에 대한 남다른 열정과 정확한 입지분석을 할 수 있는 전문가라고 충분히 설명을 드렸는데도 불구하고 믿지 못하고 계약을 파기했다는 것은 또 다른 요인이 있었을 것으로 예상됩니다.

사실 이 땅에 대한 정보는 다른 지역의 공인중개사나 전문가도 알 수 없습니다. 이 땅에 대한 내막을, 이 땅에 대한 호재를, 단 하루 만에 어떻게 알 수 있을까요? 아마 그들이 알 수 있는 것이라고는 토지이용계획확인원을 보며 땅에 대한 특징과 안성의 전체 도시개발계획 같은 누구나 알 수 있는 정보일 것입니다. 이곳의 숨겨진 특징과 호재를 과연 외지 전문가가 알 수 있을까요? 절대로 그 짧은 시간에 알 수가 없습니다. 저도 마찬가지입니다. 제가 잘 알고 있는 지역과 지점 외에는 함부로 평가하지 않습니다. 제가 분석도 하지 않았던 타 지역의 땅을 분석해달라고 한다면 토지이용계획확인원을 보며 이 땅의 용도지역, 지목, 평수, 공시지가, 개발행위제한 같은 서류에 나와 있는 내용만 이야기할 수 있습니다. 그래서 저는 그 지역의 전문가를 존중합니다. 저보다 많이 알고 있기에 신뢰합니다. 제가 처음 가보는 지역에서 권리분석, 입지분석을 할 때 그 지역의 정보를 가장 많이 알고 있는 공인중개사를 찾는 이유도 타지에서 온 내가 원주민인 공인중개사보다 절대로 많이 알지 못하기 때문입니다. 부동산 초보자 분들에게 알려드립니다. 관심 있는 부동산을 찾았다면 그 지역에 있는 여러 공인중개업소에 들러서 확인해보는 것이 정답입니다. 절대 여러분 가까이에 있는 사람들이나 주변에 있는 공인중개사들에게 물어봐도 정확하게 알 수 없습니다. 그래서 저는 제가 분석하지 않는 지역의 땅을 절대 함부로 평가하지 않습니다. 꼭 기억하세요! 스스로를 믿고, 투자에 대해 가르쳐주는 사람을 100% 신뢰했다면 그 믿음을 끝까지 갖고 가세요. 그 믿음이 당신을 더욱 신뢰하게 만드는 기초가 됩니다.

계약을 취소한 이 땅은 어떻게 되었을까요? 이 땅은 제가 곧장 계약했습니다. 좋은 분께 선물로 드리려고 했던 땅인데, 제가 믿음을 드리지 못한 것 같기도 하고 남 주기가 아깝기도 해서 제가 곧장 매입했습니다. 결국 이 땅은 2022년 11월 21일에 등기 매수해서 이 땅의 가치를 알아본 투자자에게 2022년 12월 21일, 정확하게 한 달 만에 매도 계약서를 작성했습니다. 4억 원에 매입해서 한 달 만에 6억 원으로 곧장 매도한 실사례입니다. 한 달 만에 2억 원의 수익을 본 또 하나의 사례로 기억될 수 있었습니다. 매수할 때도 실제로는 4억 원 중 2억 9,000만 원을 대출로 진행했고, 실제 투자 금액 1억 1,000만 원과 레버리지를 활용해 한 달만에 2억 원의 수익을 기록한 대표적인 사례라고 할 수 있습니다.

이렇게 빨리 매도할 수 있었던 이유는 이 땅은 이미 오르기로 결정되어 있는 확실한 입지를 가진 땅이기 때문입니다. 다시 한번 더 빨리 매도될 수 있었던 이유를 정리해보겠습니다.

첫째, 안성 제5산업단지에서 150미터 떨어진 최고의 위치입니다.

둘째, 입지로 보면 2차선 도로 전면 90미터에 붙어 있고, 길 건너에는 대규모 물류단지가 만들어지고 있습니다.

셋째, 가격은 시세의 반 가격입니다.

넷째, 도로에 붙어 있는 직사각형 모양이기에 분할해서 팔 수 있는 최고의 땅으로 출구전략으로 보면 최상의 토지입니다.

결국, 결국 토지를 보는 안목과 입지분석 능력은 수익을 결정하는 확실한 실력이라고 말씀드릴 수 있습니다.

용인 백암면
캠핑장 임장기

주소 : 용인시 처인구 백암면 석천리 ○○번지

용도지역, 지목 : 계획관리, 잡종지

면적 : 1,238평

한가한 오후에 직원인 소 이사가 말했습니다.

"대표님 가을인데 산으로 놀러 가실래요?"

"응, 좋지! 단풍이 한참 물들어가고 있는데 올 가을을 이렇게 보내기 아깝네."

"백암으로 가시지요. 캠핑장 물건이 나왔는데 대표님의 입지분석이 필요한 것 같습니다. 물건이 나쁘지 않고, 실사용자가 손만 조금 보면 상당한 수익을 낼 수 있는 물건입니다."

우리 회사 사훈이 '놀면서 일하자'입니다. 열심히 현장을 돌아다니며 일하는 것이 남들 눈으로 보면 놀고 있다는 오해를 받기도 합니다. 사

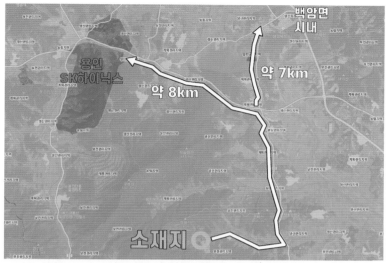

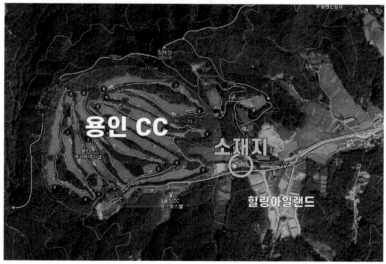

▲ 용인시 처인구 백암면 석천리 캠핑장   출처 : 카카오맵

실 임장 활동이라는 것이 현장에서 답사 형식으로 이루어지기에 임야
를 찾아 돌아다니며 동네 사람들에게 인사하고, 음료수를 대접하고, 현
지 공인중개사분들을 만나 이야기하고, 정보를 주고받고 커피 대접받

고, 때가 되어 배가 고프면 최고의 맛집을 찾아 식사한 후 카페에 들러서 커피를 마시면서 임장한 내용에 대한 이야기를 나누다 보면 하루가 금방 지나갑니다. 가끔씩 교육생 중에 몇 명씩 함께 임장을 가기도 하는데, 이런 일정을 겪어보지 않은 사람들은 상당히 신기해합니다. 임장이 끝나면 한결같이 하는 이야기들이 있습니다.

"이런 임장은 처음 겪어봅니다. 역시 현장에 답이 있네요."

책으로 공부하고, 말로만 듣던 내용들을 임장 현장에서 직접 겪어보면 상당한 지식들을 채워나갈 수 있습니다. 임장은 현장에서 살아 있는 목소리를 직접 들을 수 있는 기회입니다. 이런 경험들이 많을수록 실수가 줄어듭니다. 다양한 현장 경험이야말로 물건을 보는 안목을 넓힐 수 있는 시간이고, 실력을 쌓아가는 과정이 됩니다.

소 이사와 함께 평택에서 40분 거리에 위치해 있는 용인시 처인구 백암면 석천리로 향했습니다. 붉게 물들어가는 나뭇잎을 보며 가을을 즐기고 싶은 마음도 있어 발걸음이 가벼웠습니다. 더구나 이곳은 산으로 향하는 산자락에 위치해 있어 즐거운 임장이 될 수 있었습니다.

이곳의 지리적인 입지를 살펴보면 용인 원삼면까지 8킬로미터, 용인 백암면까지 7킬로미터 떨어진 곳에 위치해 있어 시내에서 접근성도 용이합니다. 용인 SK하이닉스가 들어오는 곳까지 15분, 백암까지도 같은 15분 거리이기에 향후 캠핑 인구가 늘면 경쟁력을 갖출 수 있는 지리적인 위치라고 할 수 있습니다. 더구나 이곳 주변을 살펴보면 캠핑장에서 용인CC 정문까지 100미터 떨어진 곳이라 오가는 사람들의 눈에 띌 수 있는 곳으로 홍보 효과가 아주 좋은 곳이고, 또한 길 건너에는 힐링아일랜드라는 대규모 관광농원이 공사 중에 있어 1년 내 오픈할 계획이 있습니다. 이런 곳이 개발되고, 사람들이 찾아오기 시작하면 저절로 홍보가 되기에 캠핑장을 운영하는 데 큰 도움이 될 수 있습니다. 위성지도로 자세히 살펴보니 10분 거리에 용인 대장금파크 세트장이 있어 캠핑을 즐기면서 가족과 세트장 관광까지 할 수 있는 즐거움도 있습니다. 캠핑장과 50미터 떨어진 길가에 붙어 있는 두부집에서 식사를 했는데, 점심시간이 훌쩍 지났는데도 사람들이 많았습니다. 골프장이 바로 앞에 있어 라운딩을 마친 사람들이 식사를 하고 가는 맛집이었기 때문입니다. 이처럼 캠핑장을 둘러싼 다양한 소재들이 풍부한 곳이기에 입지 조건에서는 최고의 점수를 주고 싶은 곳이었습니다.

이제 캠핑장 내부를 둘러볼 차례입니다. 장박(장기로 숙박하는 캠핑)을 하고 있는 분들이 있어서 텐트와 캠핑카가 여러 대 있었습니다. 심어놓은 느티나무들이 30년 이상 된 나무들이라 그늘을 제공해주었고, 각종 단풍나무와 은행나무가 캠핑장 주변을 둘러싸고 있어서 특별히 조경을 하지 않아도 너무 아름다운 곳이었습니다. 캠핑장 가장자리로 가보니 널찍한 개울물이 흐르는 도랑이 있어서 여름에 손님들이 오면 흐르는 물에 발을 담그고 담소를 나누기 좋은 장소가 될 것 같았습니다. 겨울이 다가오는 지금도 많지는 않지만 물이 흐르는 것을 볼 때, 여름에 계곡에서 내려오는 물이 도랑에 충분히 흐른다면 한번 다녀간 고객들은 단골고객이 될 수 있는 천혜의 자연조건이 갖추어진 캠핑장이라고 할 수 있습니다. 특히 수영장이 있다는 것이 캠핑장 운영에 있어 점수를 줄 수 있는 부분입니다. 조그만 캠핑장에 이렇게 큰 수영장을 만들기 쉽지 않을 텐데, 수영장까지 딸려 있는 이런 곳은 향후 캠핑장을 새롭게 운영하는 입장에서는 경쟁력을 갖춘 시설로 충분히 만들 수 있다는 생각이 듭니다.

지리적으로 용인 시내와 가깝고, 용인 SK하이닉스가 들어설 원삼과의 거리는 8킬로미터 떨어진 15분 거리이자, 이미 용도지역상 계획관리지역이며 지목이 잡종지로 되어 있어서 전용비를 낼 필요도 없습니다. 캠핑장 내부는 고즈넉한 분위기에 다 만들어져 있어 손볼 필요도 없는 아주 좋은 조건입니다. 캠핑장 내부에 허름한 관리동이 있어서 건축물대장을 확인해보니 무허가 건물이어서 철거 조건으로 계약하면 된다는 확인을 받았습니다. 종합적으로 정리해보면 요즘 캠핑 인구가 지속적으로 늘고 있고, 수요는 충분할 것으로 생각합니다. 더구나 이곳 주변 환경이 너무 잘되어 있어서 자연스럽게 홍보가 되고, 시설을 재정비해서 깨끗하게 만들고, 글램핑장으로 개조한다면 1,238평이기에 20개 이상의 글램핑 숙소를 만들 수 있을 것으로 생각됩니다. 주변 글램핑장의 수익이 1일 15만 원 이상이기에 어림잡아 하루 300만 원은 충분히 수익이 나올 수 있는 구조입니다. 금요일, 토요일, 일요일만 운영해도 일주일에 900만 원, 한 달이면 3,600만 원의 매출이 가능하다는 이야기입니다. 주중에는 문을 닫고 주말만 운영하는 시스템으로 한달 3,000만 원 이상의 매출이 가능하다면 충분히 해볼 만한 사업이라는 결론이 나왔습니다.

이 땅은 평당 100만 원이고 1,238평이기에 12억 원에 거래할 수 있습니다. 감정가가 매우 높게 나와서 대출은 8억 원까지 가능하다고 합니다. 결국 현금 4억 원만 있으면 1,238평의 완벽하게 갖춰진 캠핑장의 주인이 될 수 있는 기회입니다. 인수 후 시설은 관리동 작은 것을 하나 짓고, 곧장 허가를 받아 운영하면 바로 수익을 낼 수 있는 아주 좋은 물건이었습니다.

이런 땅은 정말 남 주기 아까운 땅입니다. 시간만 허락되면 직접 운영하면서 사람들과 소통하는 자리로 만들고, 즐거운 대화를 나눌 수 있는 사랑방 같은 캠핑장으로 만들고 싶은 소망을 꿈꾸어봅니다. 여러분들의 생각은 어떠신가요? 직장을 탈출해 새로운 삶에 도전해보고 싶은 욕구가 들지 않나요? 망설이지 마세요. 시간과 기회는 절대로 기다려주지 않습니다.

임장을 자주 다니다 보면 이렇게 아주 좋은 물건들이 수시로 나오고, 사업의 기회 또한 수시로 찾아옵니다. 그만큼 기회가 노출되어 있는 환경에서 활동하면 기회는 인생에서 3번이 아니라 수시로 찾아온다는 것을 실감하며 살아가고 있습니다. 기회에 노출되는 환경을 스스로 만들어야 합니다. 그래야 기회가 수시로 찾아옵니다.

용인 원삼면
80억 원 임야 임장기

주소 : 용인시 처인구 원삼면 문촌리 ○○번지

용도지역, 지목 : 보전관리, 임야

면적 : 약 7,000평

용인 SK하이닉스가 용인시 원삼에 들어선다고 발표가 난 지 4년 되었습니다. 오랜 시간 지주들과 토지 보상 문제로 사업이 지연되어 피로감이 이루 말할 수 없습니다. 2019년 토지거래허가지역으로 지정된 후 3년 동안 묶였고, 1년이 추가되어 오랫동안 거래는 절벽이었습니다. 물건을 찾는 사람도 내놓는 사람도 거의 없습니다. 그러나 사실은 이때가 가장 중요한 매수 타임이라고도 할 수 있습니다. 토지 보상이 95% 이상 이루어졌고, 공사가 이미 시작되었기 때문입니다. 며칠 전 수용이 되는 용인 SK하이닉스 내부로 들어가보니 축구센터가 철거작업을 시작했고, 죽능리 아래쪽 보건소 건물이 이미 해체되었으며, 오폐수 처리

▲ 용인시 처인구 원삼면 문촌리 임야   출처 : 카카오맵

시설 부지 공사가 한창 진행 중에 있어 산으로 둘러싸여 있는 단지 내 나무의 벌목작업을 시작했습니다. 이제 곧 토목작업이 이어지고, 작업자들로 채워질 생각을 하니 마음이 급해졌습니다. 몇 년 동안 기다렸는데, 사실 지금이 매수 타임입니다. 4년 동안 오른 것보다 단 6개월 만에 더 오를 수 있는 것이 지금입니다. 좋은 땅이 매물로 나오지 않는 것이 답답할 뿐입니다.

잘 아는 지인을 통해 80억 원 정도 되는 물건을 소개받았습니다. 7,000평이 넘는 큰 땅이라 금액적으로 무거운 물건이지만, 용인 SK하이닉스에서 아주 가깝고, 평단가로 따져 평당 120만 원이면 아주 저렴한 물건에 속하기에 정확한 물건 확인을 위해서 임장을 갔습니다.

제가 임장 시 주로 확인하는 포인트는 다음과 같습니다.

1. 목적물에서의 거리

2. 입지

3. 도로 폭과 배수로

4. 땅 모양

5. 목적지 내의 형질 및 주변 축사, 고압선, 공사 시 민원 발생 환경 등

이곳의 지리적인 위치는 용인 SK하이닉스에서 직선거리 2킬로미터이고, 이 정도 거리면 차량으로 5분이면 도착합니다. 거리는 아주 만족스러웠습니다. 이 정도 거리라면 용인 SK하이닉스에서 쏟아져 나오는 사람들의 주거환경을 만들 수 있는 사업성이 있습니다. 현재 2차선 도로에서 바로 들어올 수 있는 입지인데다, 이 땅과 경계선을 이루고 있는 저수지가 있어 전원주택이나, 다세대, 다가구 주택이 들어와도 입주민들이 좋아할 수 있는 주변 환경이었습니다. 도착해서 주변을 살펴보니 이미 전원주택이 수십 채 이상 들어와 있어서 더욱 아늑한 분위기의 산자락 아래 있는 임야였습니다.

도로는 차량이 교행할 수 있어서 향후 이 땅이 개발되더라도 차량 통행에 방해받지 않겠다는 것을 확인했고, 배수로 또한 주변에 이미 주거단지가 있어서 도로 아래 묻혀 있는 것을 찾았고, 건축하는 데 전혀 문제가 없다는 것을 확인했습니다. 땅 모양은 도로에 340미터나 붙어 있는 땅이라 향후 매매하거나 개발허가 목적으로 필지분할을 할 수 있어 최적의 형태로 만들어 출구전략을 세울 수 있는 땅이었습니다. 지목이 농지가 아닌 임야이기에 향후 일반 투자자들이 농지 매입에 대한 부담을 줄일 수 있는 부분도 더욱 마음에 들었습니다.

마지막으로 임야이기에 현장으로 직접 올라가서 여러 가지를 체크

했습니다. 먼저 입목도를 보니 소나무는 거의 없고 도토리나무 같은 잡목들이 듬성듬성 있어 입목도나 울폐도(숲의 우거진 정도)에서는 문제가 없었습니다. 경사도는 15도 이하라서 문제가 없었고, 7,000평 이상 되는 높이가 낮은 임야이지만 그래도 꼼꼼하게 살펴보아야 했습니다. 이런 넓은 임야에는 위성으로 확인되지 않는 무연고 묘지가 있을 가능성이 매우 높기 때문에 7,000평 전체를 다 둘러보아야 했고, 땀을 흥건히 흘리면서 등산을 했습니다. 30분 이상 돌아다니면서 주변을 탐문하던 중 양지 바른 곳에 역시나 묘지가 하나 있었습니다. 무연고 묘지가 아니라 잘 정리되어 있는 묘지였습니다. 이렇게 임장하면서 발견되는 문제들은 꼭 메모해놓고 매입 시 특약사항에 묘지 이장에 대한 시기와 불이행 시 위약금 사항을 포함시켜 계약해야 합니다. 임야 곳곳을 확인해보니 다른 특이사항은 없었고, 마지막으로 이 땅 주변으로 축사가 있는지, 고압선이 지나가는지 확인하기 위해 산에서 내려와 주변을 살펴봤는데, 다행히도 축사나 고압선은 없었습니다.

전체적인 임장을 하고 나니 대략적인 매수 전략이 세워졌습니다. 정리를 해보면 용인 SK하이닉스에서 2킬로미터 떨어진 거리에 저수지와 경계를 이루는 아늑한 위치이고, 주변이 전원주택 단지로 되어 있는 최상의 입지이며, 도로와 배수로는 건축하는 데 전혀 문제가 없었습니다. 또한 도로에 340미터나 붙어 있어 원형지 상태로 필지분할을 하기 아주 좋은 모양을 가지고 있습니다. 주변을 둘러보니 축사나 고압선이 없고, 개발 시 민원을 제기할 특이사항을 발견하지 못했으며, 경사도, 임목도, 울폐도 같은 허가사항에 문제가 되는 부분이 없었습니다. 단 한 가지 유연고 묘지를 어떻게 해야 할지는 숙제로 남았습니다.

이렇게 임장을 하고 나면 과연 이 땅을 어떻게 처리해야 할까 고민하게 됩니다. 현재 시세의 반값으로 나왔지만 80억 원 이상 하는 땅을 사서 어떤 출구전략을 세워야 할지 고민이 깊어집니다. 사실 80억 원도 무거운 금액인데, 2배 이상 수익을 남긴다고 가정했을 때 160억 원 이상으로 팔아야 기분 좋은 수익이 될 텐데 과연 어떻게 해야 기분 좋은 수익으로 만들어갈 수 있을까요?

이제 이 땅을 소개한 지인을 만나러 가야 할 시간입니다. 이 땅이 매물로 나오게 된 배경이나 다른 어떤 문제가 있는지 등 비하인드 스토리도 들어야 합니다. 보통 이런 큰 땅은 여러 지주가 함께 소유하고 있습니다. 전체 지주의 동의를 다 받았는지, 잔금 기간은 1년 이상 줄 수 있는지, 아니면 개발허가가 떨어진 이후에 잔금을 치르는 게 가능한지 등 조건을 따져보아야 합니다. 이렇게 큰 땅을 사면서 쉽게 살 수는 없습니다. 누구라도 쉽게 살 수 없는 이런 경우에는 매수하는 사람 우위로 계약을 이끌어야 합니다. 협상이 매우 중요한데, 마냥 끌려다닐 필요가 없습니다. 조건에 맞지 않으면 안 사면 됩니다. 사는 사람보다 파는 사람이 더 애가 타게 되어 있습니다. 이렇게 큰 계약은 끝까지 가보면 결국 매수하는 사람의 조건으로 계약이 이루어지게 됩니다. 그렇기 때문에 너무 서두를 필요가 없습니다. 사실 이렇게 시세의 반값으로 나온 땅은 출구전략상 문제가 없다면 사는 것이 정답입니다.

하지만 일반인이 이렇게 큰 땅을 산다는 것이 무리입니다. 권리분석이나 입지분석을 하지 못하면 아무리 시세의 반값에 나와도 쉽게 결정할 수 없습니다. 금리가 지속적으로 상승하는 시대적인 상황도 읽어야 하고, 수요와 공급의 법칙 또한 이해해야 합니다. 사실 이런 큰 땅은 다양한 경험이 있는 사람들이 주로 매입합니다. 개발행위허가를 통해 땅을 작게 분할할 수 있는 실력이 있어야 매입이 가능하고, 출구전략상 작게 만들어진 필지들을 분양까지 처리할 수 있는 실력을 갖추어야 수익을 만들고, 자산가로 나아갈 수 있습니다.

이런 임야는
돈 주고도 못 산다

주소 : 안성시 삼죽면 율곡리 ○○번지

용도지역, 지목 : 보전관리, 임야

면적 : 5,160평

2022년 가을이 저물어가는 어느 날, 평소 좋은 물건을 잘 구해주시는 형님으로부터 전화가 왔습니다.

"김 대표님, 진짜 저렴하고 좋은 물건이 나왔는데 한번 볼래요?"

"네, 형님. 형님이 보신 물건이라면 보증수표 아닌가요?"

형님은 약간 망설이며 이야기했습니다. "그런데…, 이 물건의 값이 시세의 반 이하로 나와서 좋기는 한데, 김 대표가 원하는 지역은 아니에요. 안성시 삼죽면인데…. 가서 보고 마음에 들면 하고, 그렇지 않으면 안 해도 됩니다!"

제가 원하는 지역이 아니면 어떤 좋은 조건이어도 투자하지 않는다

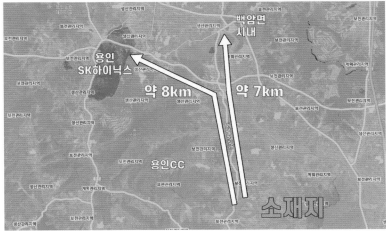

▲ 안성시 삼죽면 율곡리 임야   출처 : 카카오맵

는 원칙을 잘 알고 있는 형님이기에 적극적으로 권하지는 않았습니다.
저는 주로 화성 송산그린시티, 평택 고덕국제신도시 주변, 서울-세종
고속도로의 안성, 용인 SK하이닉스 원삼, 백암면 주변으로만 주로 매입
했기에 그다지 큰 관심을 가지지는 않았습니다. 그래도 평당 단가가 워
낙 낮아서 혹시나 하는 마음에 소풍 가는 기분으로 임장을 갔습니다.

평택에서 가다 보면 안성 고삼저수지를 지나 보개면 북가현리를 따라 천주교 추모공원을 고개 넘어 덕산저수지를 지나면 바로 삼죽면입니다. 삼죽면에서 백암쪽 325번 도로를 따라 5분 정도 올라가면 해당 물건지가 나옵니다. 가끔씩 지나갔기에 그렇게 낯설지는 않았습니다. 325번 도로를 따라 올라가면 곧장 백암면입니다. 백암면은 용인 SK하이닉스와 직접적으로 관련 있는 지역이기에 정확하게 지리적인 위치를 재점검했습니다. 순간 저도 모르게 감탄사가 흘러나왔습니다. 이 물건에서부터 백암까지 7킬로미터이고, 원삼까지 8킬로미터입니다. 그렇다면 시간으로 따져봐도 15분이면 용인 백암면과 용인 원삼면까지 갈 수 있는 거리였습니다. 지금까지 메인 도로인 안성에서 용인 원삼으로 올라가는 57번 도로를 통해서만 갔지, 용인 SK하이닉스 뒤편으로 가는 길은 생각지도 못했습니다. 안성 삼죽면을 너무 간과했던 것입니다. 거리상이나 시간상으로 봐도 멀지 않기에 충분히 용인 SK하이닉스의 영향을 받을 것임을 직감했습니다. 이 정도면 충분히 경쟁력 있는 지리적 위치임을 확인한 시간이었습니다.

곧장 해당 물건 주변 상황부터 파악했습니다. 중점적으로 보고 있는 용인 SK하이닉스가 들어오는 원삼면, 백암면으로부터 7킬로미터에 위치해서 향후 용인 SK하이닉스가 정상적으로 운영되기 시작하면 충분히 주거지역으로 사용될 수 있는 거리라는 것을 직감할 수 있었습니다. 입지는 신도시처럼 마을 전체가 전원주택 단지로 되어 있는 깨끗하고 잘 조성된 곳이었습니다. 약 80여 채가 넘는, 새로 짓고 있는 전원주택 마을이기에 향후 용인 SK하이닉스 직원들이 거주해도 좋을 것 같았습니다. 325번 도로에서 마을로 이어지는 4미터 도로가 지난 달 2차선 도로 확장공사를 마쳐서 차량 통행이 수월해졌고, 주변에 MBC 드라마

세트장이 있으며, 용인CC 골프장도 가까이 있어 아주 살기 좋은 마을이었습니다. 자연보전권역이라서 산업단지가 거의 없고, 아주 조용한 전원마을이라고 표현해도 될 만큼 주거환경이 좋은 곳이었습니다.

개발행위허가가 가능한지 알아보기 위해 토목회사에 문의했더니, 6m 도로에 접해 있어 도로는 문제가 없지만 배수로는 사용 동의를 받아야 한다는 것을 확인했습니다. 이 정도면 개발하는 데는 큰 문제가 되지 않기에 기분 좋게 해당 물건지를 둘러보았습니다. 마침 물건지와 붙어 있는 곳에서 배추를 뽑고 있는 주민과 대화도 나누었습니다.

"안녕하세요? 궁금한 것이 있어서 몇 가지 여쭈어보겠습니다. 지나가다가 이 전원마을이 너무 예뻐서 집을 지을 땅이 있나 둘러보는 중인데요. 여기가 살기 좋은지 어떤지 잘 몰라서요."

앞서 이야기했듯, 이렇게 임장왔을 때는 땅을 사기 위해 왔다고 하면 절대 안 됩니다. 분명히 주변 사람들이 경계하게 되어 있고, 투기꾼으로 오해받기도 해서 이렇게 가벼운 대화로 풀어가야 합니다.

일하시던 아저씨께서 말씀하셨습니다.

"우리도 이곳에 10년 전부터 땅을 사놓고 매주 주말마다 내려와서 무도 심고, 배추도 심고 하는 주말농장을 하고 있습니다. 10년 전에 땅을 사놓았는데, 2배 이상 올랐지만 아직도 시골이라서 그렇게 비싸지는 않을 거예요. 바로 맞은편에 잘 지어놓은 전원주택의 주인이 이곳 전체를 개발한 사장입니다. 그곳에 가보시면 땅을 찾을 수 있을 겁니다."

임장을 하다 보면 다양한 사람들을 만나기도 하고 보러 온 물건에 대해 잘 알고 있는 마을 사람도 있기에 지혜롭게 대처해야 합니다. 마을 주민을 만나거나 인근 공인중개업소에 들러서도 바로 물건지에 대한 정보를 말하거나 그 땅을 사러 왔다고 이야기하면 나왔던 물건이 순식간에 들어가기도 하고, 좋은 마음으로 사람들에게 알려준 것이 화근이 되어 물건의 값이 상승하는 일이 발생하기도 합니다.

이렇게 시세보다 반값 이하로 나온 물건은 다른 사람의 귀에 들어가면 곧장 지주에게 찾아가 그 가격보다 더 높은 값으로 팔아주겠다고 선수를 치는 사람들 때문에 가격이 올라가고, 실제로 팔지도 못하면서 가격만 올려놓는 꼴이 되곤 합니다. 그래서 임장 시에는 필요한 말만 하고 임장지 물건에 대한 이야기는 가급적 하지 않는 것이 유리합니다. 물건지 주변의 시세나 주변 환경, 호재, 그리고 향후 발전 가능성 같은 동네 주민만 알고 있는 정보들을 파악하는 것이 임장의 주목적이 되어야 합니다.

일단 이 주변 땅의 시세를 탐문하면서 알아냈습니다. 전원주택 부지가 대략 평당 70~80만 원 정도로 물건이 나와 있었습니다. 제가 보러온 땅은 평당 20만 원이었기에 깜짝 놀랄 정도로 낮은 가격에 나왔다는 사실을 임장을 통해 알게 되었습니다. 이런 입지에 이 정도 가격이면 충분히 경쟁력이 있었습니다. 이때, 만약 제가 현지 이웃들과 대화를 하다가 실수해서 주변 시세가 평당 70~80만 원인데 제가 본 물건은 평당 20만 원에 나왔다고 하면 어떻게 될까요? 아마도 이 분야에서 선수이면 당장 지주를 찾아서 협상에 들어갔을 것이고, 이 땅은 상승된 가격에 다시 매물로 나왔을 것입니다. 그래서 가격 경쟁력이 있는 좋은 물건은 임장 시 절대로 물건에 대한 정보를 노출시키지 말라는 것입니다.

아주 좋은 땅 모양은 아니지만, 이곳이 상가를 짓는 입지가 아니라 전원주택으로 개발해야 하는 지역이라 어차피 땅 모양이 그렇게 좋지 않아도 개발을 통해 내부길을 만들고, 반듯한 모양으로 만들어가면 큰 문제가 되지 않습니다.

주변 환경을 둘러보면서 축사가 있는지, 고압선이 지나가지는 않는지 확인해보니 다행히 문제되는 것이 없었습니다. 5,160평의 큰 물건이라 꼼꼼하게 카카오맵을 활용해서 구석구석 인공위성 GPS 좌표를 따라가며 땅의 형질을 파악하고, 입목도, 울폐도, 경사도를 확인해보니 이처럼 좋은 물건을 다시 만날 수 없다는 확신이 들었습니다. 묘지가 이 땅 경계선에 두 개 있었지만, 땅 끝자락에 붙어 있어 충분히 감내할 수 있는 위치라 큰 문제가 되지 않습니다. 만약 유연고 묘지가 땅 정중앙에 있다면 반드시 먼저 해결해야 하지만 5,160평 중 맨 끝 경계선에 붙어 있는 이런 정도라면 해결이 안 되는 경우 묘지를 제외시키고 개발해도 충분히 남는 장사인 땅이 되는 것입니다.

이 임야는 경사도가 거의 없는 평지로 되어 있어서 토목공사비도 다른 임야에 비해 줄어들 수 있는 형질인 게 더욱 마음에 들었습니다. 임장 후 곧장 소개해준 형님께 전화를 했습니다.

"형님 이 땅을 매입 후에 개발하면 충분히 경쟁력이 있습니다. 계약일을 잡아주세요."

이렇게 부탁드리고 일주일 후 정식으로 10억 3,000만 원에 계약했습니다. 계약 후 은행에 이 땅에 대한 감정평가를 의뢰했고, 그다음 날 은행으로부터 대출이 8억 3,000만 원까지 나올 수 있다는 말에 깜짝 놀랐습니다. 원래 임야가 감정평가금액이 제일 낮게 나오고, 개발 전 임야는 그렇게 많은 평가금액을 받을 수 없습니다. 그래서 임야는 감정평가금액을 높게 받기 위해 개발행위허가를 내놓고 계약하기도 합니다. 이렇게 개발행위허가가 떨어지면 감정평가금액이 상당히 높아집니다. 하지만 이 땅은 개발행위허가를 내놓지 않은 원형지 땅인데 80% 이상 대출이 나온다는 말에 이 땅의 가격이 상당히 저평가되어 있다는 사실을 알게 되었고, 혹시 계약이 파기될지도 몰라서 잔금일자를 앞당겨 일찍 등기할 계획을 세웠습니다.

이 땅은 사실 제가 권리분석, 입지분석상 놓치고 있었던 지역이었습니다. 그러나 대형 호재인 용인 SK하이닉스를 기준으로 15분 거리의 모든 땅들은 집중해서 살펴볼 필요가 있음을 다시 한번 생각해보는 계기가 되었습니다. 향후 용인 SK하이닉스가 개발되기 시작하면 이곳 땅들은 또 한 번 가격 상승이 시작될 것입니다. 보통 주변 호재가 있는 전원주택단지 토지들은 토목공사 후 평당 120~150만 원까지 지속적으로 올라갑니다.

현재 이곳 율곡리 땅들은 토목공사 후 80만 원 정도에 거래되고 있습니다. 시골이라서 수요가 많지 않아 지금은 이렇게 저렴하지만 물량이 다 빠지고 나면 자연스럽게 가격은 상승합니다. 다시 돌아보면 전원주택단지와 경계선을 이루고 있는 임야를 평당 20만 원에 산 것은 정말이지 행운이었다고 말해야 할 것 같습니다.

5장

투자 마인드

긍정으로부터 시작된
기적 이야기

　살다 보면 누구나 여러가지 어려움에 처할 때가 있습니다. 이런 어려움과 마주할 때 대처하는 방법은 제각기 다릅니다. 어려움이 오면 많은 사람들은 남 탓을 하며, 모든 핑계를 외부에서 찾고 합리화시키려고 하는 본능이 있습니다. 하지만 긍정적인 사람은 심리학적으로 보면 긍정적 재평가라고 하는데, 동일한 어떤 일이 발생되더라도 문제를 풀어가는 방식부터 차이가 납니다. 나를 돌아보기도 하고, '내가 무슨 잘못을 했을까?', '이 어려움을 어떻게 극복할 수 있을까?' 하는 고민 속에서 '이 어려움이 끝나면 분명히 좋은 일이 있을 거야', '어떻게든 잘될 거야', '여기에도 의미가 있을 거야', '그래도 이것을 통해 배우는 게 있을 거야', '분명히 성공할 수 있을 거야', '이만하기에 다행이야'라는 생각을 한다고 합니다.

　직장 상사가 이유 없이 스트레스를 줄 때 부정적인 사람들은 '왜 저래?', '짜증나', '미친 것 아냐?', '성격 더럽네' 이렇게 반응합니다. 그러나 긍정적인 사람은 "부장님 왜 그러세요? 무슨 일 있으세요? 이렇게 화내실 분이 아닌데 평소답지 않아서요" 이렇게 말한다고 합니다. 그럼 부장님도 화를 내고 짜증을 냈던 일들이 부끄러워지고, 오히려 이런 긍정적인 사람을 통해서 성격이 변해간다고 합니다. 긍정적인 사고는 직장생활에서나 사회생활에서나 또는 사업하는 과정 속에서도 매우 중요합니다. 같은 사안도 긍정적 사고를 통해 다른 결과를 만들어내기 때문입니다.

저는 사실 위로받는 것을 매우 좋아합니다. 남들이 나에게 잘했다고 칭찬하면 에너지가 폭포수같이 솟아오릅니다. 제 아내가 즐겨하는 말이 있습니다. 사업이 잘 진행되지 않아 힘이 들어 아내에게 이야기하면 "그래도 당신은 분명히 잘 해결할 거잖아. 당신은 아무리 어려워도 이겨내잖아"라는 이 말이 의기소침했던 저를 새롭게 일으켜 세워줍니다. 힘이 빠졌다가도 인정해주는 아내가 있어서 다시 힘을 냅니다.

저희 교회 담임목사님이 자주 하시는 말씀이 있습니다. "장로님 일은 요즘 어떠세요?"라고 물어보셔서 "요즘 경기가 어려워 모두들 힘들어 하네요"라고 답을 하면, "그 일에 대해서는 장로님이 최고잖아요. 장로님 따라갈 사람이 있어요? 그 일은 장로님이 제일 잘 하잖아요"라며 격려해주십니다. 이런 말을 듣고 어찌 감격하지 않을 수 있을까요. 더 열심히 할 수밖에 없는 저를 일으켜 세워주는 말입니다.

저희 직원들이 저에게 하는 말도 있습니다.

"우리는 못해도 대표님은 가능하시잖아요."

저희 교회 청년들이 저에게 하는 말도 있습니다.

"청년 부장님이 하시면 뭐든지 해결되잖아요."

저희 아이들이 저에게 하는 말도 있습니다.

"뭐든지 아빠에게 물어보면 해결이 돼."

나의 친구들이 저에게 하는 말도 있습니다.

"네가 내 친구라는 것이 정말 자랑스럽다."

이런 말을 듣고 어떻게 포기할 수 있을까요?

이런 말을 듣고 어떻게 열심히 안 할 수가 있을까요?

이런 말을 듣고 어떻게 지쳤다고 포기할 수 있을까요?

이런 말을 듣고 어떻게 새로운 꿈에 도전하지 않을 수 있을까요?

이런 동기부여를 해주는 사람들이 제 주변에 있기에 제가 더 힘을 내고, 더 책임감을 가지며, 더 끝없는 노력을 할 수 있는 것 같습니다.

아침 일찍, 조기축구에 나가면 동순 형님이라는 분이 있습니다. 이분을 자세히 관찰해보았는데, 몇 년 동안 화를 내는 것을 본 적이 없습니다. 이분의 말하는 특징이 있는데, 바로 긍정의 말입니다. 약간의 실수를 해도 "괜찮아. 잘했어", "다음에 잘하면 돼"라고 합니다. 좋은 패스나 골을 넣게 되면 "진짜 멋진 패스였어. 역시 기대했던 대로야", "오늘 컨디션이 아주 좋아 보여!"라고 합니다. 잘할 땐 축하의 말을 해주고, 잘못할 땐 용기의 말을 해주는 동순 형님이라는 분은 주변 사람들로부터 존경받고, 또한 주변 사람이 동순 형님께 함부로 대하지도 않습니다. 자신이 사람들을 존중하면 주변 사람도 그 사람을 존중해주기 때문입니다. 단 한 번도 부정적인 이야기를 입밖으로 내보내지 않는 동순 형님을 통해 인생을 배우며, 좋은 영향을 얻습니다. 진심으로 감사하다는 말씀을 드리고 싶습니다.

긍정적인 생각은 기적을 만들기도 합니다. 평택 고덕국제신도시 중

심상업지구 앞에 있는 신동아 파밀리에 34평 아파트는 10년 공공임대 아파트입니다. 10년 공공임대 아파트는 요즘 5년 만에 조기분양으로 가닥을 잡아가고 있기에 매우 인기가 좋습니다. 3년이 지났기에 2년만 있으면 입주자가 최우선으로 분양받을 수 있습니다. 입지가 워낙 좋아서 당첨되면 말 그대로 로또입니다. 얼마 전 입주자가 이사로 인해 빠져나가고 빈 자리 20가구를 공고를 통해 모집했는데, 20가구 모집에 880명이 청약신청을 했습니다. 경쟁률이 워낙 치열할 것을 예상하고 많은 사람들이 이렇게 이야기합니다.

"20가구 모집하는데, 내가 되겠어? 아마도 수천 명이 청약할 텐데 헛고생일 거야. 괜히 힘만 빠지니까 안 하는 게 좋을 거야."

말 그대로 신청도 안 하면 100% 안 됩니다. 그러나 일단 청약신청이라도 하면 1%라도 가능성이 있습니다. 하고 안 하고의 차이는 하늘과 땅 차이입니다. 제가 그것을 증명했습니다.

처음에는 저도 할까 말까 고민했습니다. 그러나 일단 하고 기다려보자는 마음과 기대가 있었기에 하루하루 기대감으로 기다려졌습니다. 그런데 이상하게 좋은 느낌이 오는 것이었습니다. 이번에 분명히 될 것 같은 확신이 들었습니다. 요즘 저에게 좋은 일이 너무 많이 생겨서 하는 일마다 모두 성공하는 기적 같은 일들이 벌어지고 있기에 이번에도 분명히 될 것 같은 생각에 교육 시간에 여러 사람들에게 이 이야기를 했습니다. 그리고 분명 당첨될 것 같다고 했고, "진짜 되면 이건 초대박이다!"라고 발표 전부터 이야기했습니다.

소망이 깊으면 반드시 이루어진다고 했던가요? 간절한 소망은 저에게 기적을 선물했습니다. 20명 모집에 880명이 신청했는데, 제가 10번째로 당첨되었습니다. 주변에서 청약한 사람들의 이름을 다 찾아봐도 아무도 없었고, 저 혼자만 당첨이 된 것입니다. 간절함은 기적도 만들 어낸다는 사실 앞에 할 말을 잃었습니다.

사람들이 하나님께 로또 복권에 당첨되게 해달라고 기도했더니 하나 님이 "로또 복권이나 사놓고 말해라"라고 말씀하셨다고 합니다. 생각 하는 것과 실행하는 것은 천지차이입니다. 생각하는 것은 생각에서 머 물 수 있지만, 실행하는 것은 곧 결과로 이어진다는 사실을 잊지 마세 요. 긍정적인 마인드로, 반드시 이루어진다는 믿음으로 기대와 소망을 가지고 살다 보면 분명히 기회는 오고, 그 기회가 당신을 변화시킬 찬 스가 되는 것입니다.

긍정적인 생각이 만들어낸 기적과 같은 실제 이야기가 또 하나 있습 니다. 탁구장에서 시합할 때 일어난 기적 같은 일입니다. 탁구는 11점 을 먼저 득점하면 1세트를 이기게 되어 있는 게임입니다. 보통 3세트 나 5세트까지 합니다. 군포에서 탁구 3부 선수가 평택탁구클럽으로 경 기를 하러 왔습니다. 저는 평택의 1부에서 치고 있습니다. 보통 1부가 3부 선수보다 실력이 높아서 같이 경기할 때는 3부 선수에게 3점을 주 고 시작합니다. 그런데 그날따라 웬일인지 계속 실점을 하다보니 제가 0 : 10까지 지고 있었습니다. 자존심도 상해서 1점만 따자라는 생각으 로 집중해서 시합에 임했습니다. 한 점, 한 점 추격해서 5 : 10까지 따 라붙었습니다. 상대방도 설마 0 : 10에서 잡힐까 하고 방심하고 있었 고, 저는 정말 집중해서 한 점만 따라붙자라는 마음으로 한 점씩 계속 몰아붙였습니다. 결국 9 : 10까지 따라붙었습니다. 상대방도 당황했습 니다. 10점 차에서 1점 차까지 따라붙었기 때문입니다. 그래도 상대방 이 1점만 따도 게임이 끝나기에 집중해서 결국 10 : 10을 만들었고, 결국 2점을 연속해서 득점해서 12 : 10으로 이길 수 있었습니다. 긍정적인 마인드로 포기하지 않고 끝까지 따라붙었던 것이 유효해서 연속해서 12점을 득점하고 승리했던 사례입니다.

이렇게 역전을 시킬 수 있었던 것은 실력도 있었지만 운도 있었습니다. 만약 열심히 쫓아가다가 상대방이 친 공이 네트에 맞고 넘어오거나 모서리에 맞아 엣지가 되면 탁구의 신도 이길 수 없습니다. 다행히 그런 행운이 상대방에게 일어나지 않았고, 제가 단 한 번의 실수를 해도 지는 게임이었는데, 한 번의 실수도 없었기에 승리할 수 있었습니다.

투자나 사업도 마찬가지입니다. 절망 속에 있더라도 반드시 기회가 오고, 그 기회가 올 때 분명 위험도 같이 따라올 것입니다. 그 위험 속에서도 이겨낼 수 있는 정신력이 중요한 것 같습니다. 초인적인 힘으로 임하다 보면 운도 따르고, 더욱 집중하면 결국 목표한 것을 이룰 수 있습니다. 이처럼 정말 집중하고, 간절하게 원하면 어떤 일도 이루어질 수 있고, 반드시 승리할 수 있다는 긍정적인 마인드가 기적과 같은 일을 만들어낸 재미있는 일화였습니다.

김유정 씨의
열정 이야기

서울에 사는 꿈이 선명하고, 열정이 넘치는 한 여성의 이야기입니다.

"안녕하세요? 서울에 살고 있는 김유정이라고 합니다. 오픈마인드 선생님의 토지에 관한 방송을 보고 꼭 뵙고 싶어 연락드렸습니다."

전화를 건 김유정 씨는 현재 자신이 땅을 사서 토목공사를 하고 있고, 디벨로퍼가 되기 위해 열심히 노력 중이라고 했습니다. 이렇게 수시로 개인 면담을 요청하는 분들이 많아지다 보니, 정작 저의 스케줄 관리가 어려워져서 저는 정중하게 거절했지만, 대화 중 간절하고 절실한 목소리가 수화기 너머로 들려와서 거절하기 어려웠고, 결국 미팅 약속을 잡았습니다.

사무실로 찾아온 김유정 씨는 제가 생각했던 모습과는 사뭇 달랐습니다. 나이도 어려 보이는 여성이고, 이제 사회생활을 시작한 학생 같아 보였습니다. 이렇게 어린 나이에 토지 투자에 관심을 가지고 도전한다는 것만으로도 격려해주고 싶었습니다.

김유정 씨는 울산에서 고등학교까지 다니고, 서울교대를 졸업해서 초등학교 선생님으로 그동안 살았던 이야기를 해주었습니다. 사실 지방에서 서울의 교대에 들어갈 정도면 공부를 정말 잘했다고 볼 수 있습니다. 모두가 부러워하는 초등학교 선생님은 정년이 보장된 안정된 삶을 살 수 있는 대표적인 직업입니다. 그런데 김유정 씨는 이런 안정된 교사직을 포기하고 8년 동안 열심히 일한 학교를 나와서 새로운 꿈을 꾸며 세상을 향한 도전을 시작했습니다. 가족을 포함한 많은 분들이 말렸지만 부와 시간의 자유를 향한 꿈을 학교에서는 도저히 이룰 수 없다는 결론을 짓고 학교를 나왔다고 합니다.

사회에 나와 경매를 공부하고 처음 했던 것이 임대사업이었습니다. 허름한 빌라를 사서 인테리어를 하고 월세를 놓고 하는 방식으로 자산을 키워갔습니다. 8년간의 교사 생활로 모은 종자돈으로 본격적으로 부동산 투자를 했는데 종자돈이 많지 않아서 소형 빌라들을 사서 수리해서 임대하는 형식으로 최대한 대출을 많이 받아 레버리지를 활용하는 형태로 그동안 수십채의 빌라들을 사서 거래했다고 합니다. 정말 발에 땀이 날 정도로 열심히 뛰어다녔지만 실제로 돈이 그렇게 많이 모이지는 않았다고 합니다. 종자돈이 많지 않아서 가격이 저렴한 것들만 하다 보니 월세를 많이 받을 수도 없고, 매수해서 수리하고 팔아도 구축이다 보니 몇 백만 원 정도의 차익 실현을 할 수밖에 없었습니다. 또한 금리가 올라 대출받은 이자가 상승해 결국 임대료를 받아도 그렇게 높은 수익을 얻을 수 없었고, 세입자들과의 분쟁으로 인한 스트레스로 힘들 때 우연히 부동산 중에서도 어렵다고 하는 토지 투자에 대한 공부를 시작했다고 합니다. 토지에 관련된 학원도 다니고 카페 활동도 열심히 해보았지만 직접 사서 해보지 않는 이상 실력이 늘 수 없다고 생각해

곧바로 화성시에 있는 토지를 사서 직접 토목공사를 추진하고 있고, 나중에 건축까지 하려는 계획을 하고 있었습니다.

한참 동안 이야기를 듣고 있던 저는 김유정 씨에 대한 생각을 다시 해보게 되었습니다. '내가 만약 김유정 씨 같은 나이와 환경이었다면 안정된 학교를 버리고 저렇게 결단을 내릴 수 있었을까?' 하는 생각을 했습니다. 학창 시절 꿈이라고 여겼던 교사가 되기 위해 하루 4시간씩 잠자고, 열심히 공부해서 교사라는 꿈을 이루었지만 정작 자신이 생각했던 교사의 삶이 자신의 꿈과 멀어진다고 판단되어 새로운 도전을 한다는 것이 쉽게 결정할 수 있는 문제는 아닙니다. 그럼에도 불구하고 아무것도 보장되어 있지 않지만, 자신의 꿈을 위해 용기 있게 세상을 향해, 또 자신을 향해 도전하는 모습에 응원해주고 박수를 쳐주고 싶었습니다.

김유정 씨는 처음 만날 때 행색이 남달랐습니다. 한눈에 봐도 특이했던 점이 젊은 여성이 벤츠를 타고, 고급시계를 차고, 토지 투자를 한다고 찾아온 것만 봐도 궁금해지는 인물이었습니다. 그런데 현재 그녀가 지금 하고 있는 일과 그동안의 일을 들으면서 '도대체 이 여성은 어떤 사람이지?' 하는 생각이 들었습니다. 그렇게 그녀의 이야기를 세 시간 넘게 들어보니 이분이 가지고 있는 열정에 놀랐습니다. 항상 긍정적인 생각과 상대방의 말을 경청하는 자세, 타오르는 열정뿐만 아니라 생각한 것을 곧바로 실행하는 능력에 감탄했습니다.

또한 그녀는 현재 농업회사법인회사를 설립했고, 부동산법인 한 개도 설립해 운영한다고 말했습니다. 서른 네 살에 결혼도 안 한 젊은 여성이 다양한 법인까지 설립하고, 저를 찾아온 것이었습니다. 지금까지 수많은 사람들을 상담해보았지만 이렇게 젊은 여성이 농업법인과 일반 부동산법인을 만들어 운영한다는 것은 처음 들었습니다. 보통 투자에 관심이 있는 사람은 일반 부동산법인을 만들어 부동산을 사고 파는 형태로 운영하는 사람이 많은데, 농업법인까지 만들어 운영하는 젊은이가 바로 제 앞에서 당당하게 자신의 이야기를 소신 있게 말하는 모습에 감동을 받았습니다.

하지만 이렇게 자신감 있게 사업을 준비하고 시작하는 사람들이 잊고 있는 한 가지가 있습니다. 바로 투자나 사업에 대한 경험 부족으로 실수할 수 있다는 것입니다. 처음 하는 일들이기에 낯설고, 두렵고, 방향을 잡기가 어렵기도 하기에 투자나 사업은 한번 잘못하면 곧바로 삶이 무너지는 엄청난 리스크를 경험하기도 하기에 김유정 씨에게 조용히 조언했습니다. 지금하고 있는 일이 얼마나 자신에게 있어서 중요한 일인지 알고, 토지 투자라는 것이 광범위하고 위험이 커서 잘못되면 모든 자산들이 묶여버릴 수도 있기에 신중, 또 신중을 기하라고 말씀드렸습니다.

제가 초보 시절일 때, 땅을 보는 눈이 없어 결정적인 순간에 결단을 내리지 못하고 많이 망설였던 기억이 있습니다. 그래서 눈에 보이는 땅을 사야 할지 말아야 할지 도무지 결정할 수가 없을 때의 답답함을 이해합니다. 정확한 토지에 대한 지식 없이 잘못 샀다가 건축을 할 수 없는 땅이어서 장기간 팔지도 못하는 일을 주변에서 목격하고, 저도 수없이 망설였던 기억이 떠오릅니다. 지금은 한눈에 파악이 되지만 그 당시에는 누군가 나를 이끌어줄 수 있는 사람이 있다면 얼마나 좋을까 하는 생각이 간절했습니다.

사실 김유정 씨는 굉장히 위험한 도박을 하고 있다고 말하고 싶습니다. 토지를 너무 가볍게 본 것 같았습니다. 원룸이나 빌라처럼 쉽게 생각할 수도 있지만, 토지라는 것이 몇 천만 원 짜리가 아니라 보통 쓸 만한 땅은 몇 억 원씩 하는데, 혹 잘못 사게 되면 다시 누군가에게 팔아야할 때 어려움이 있을 수 있습니다. 특히, 호재가 없고 개발이 되지 않는 지역의 땅은 더욱 그렇습니다. 시골에 있는 전원주택 부지는 더욱 빠져나오기 어렵습니다. 김유정 씨가 디벨로퍼가 되기 위해 땅을 사서 개발하는 것까지는 좋았지만, 그 땅이 다른 사람이 쉽게 살 수 있는 입지의 땅이 아니었습니다. 특히 땅값에다 토목, 건축비까지 합치면 원가 가격이 상당히 올라가고, 3~4억 원 정도 묶일 수 있는 상황이 될 수도 있었습니다. 열정과 패기도 좋지만 신중하게 판단하고, 경제 상황이 좋지 않기에 토목공사까지만 해서 매도할 수 있다면 그것이 최선이라고 말해주었습니다. 그리고 정말 성공을 원한다면 그 분야에서 최고로 성공한 사람을 찾아가서 만나보고, 그 사람의 모든 것을 따라해보고, 더 간절하다면 진심으로 도와달라고 부탁드려보라고 이야기해주었습니다.

촉망받는 젊은 청년이고, 지나간 시절 저의 모습을 보는 것 같아서 도와주고 싶은 마음에 몇 가지 장기적으로 성장할 수 있는 방법을 설명해주고, 그것을 실천하면 분명히 엄청난 성장을 할 수 있다고 알려주었습니다. 먼저, 지금 당장 유튜브 방송을 개설해서 채널을 키워가라는 조언을 했고, 1년 안에 책을 꼭 집필해보면 당신의 숨겨진 재능이 발견될 수도 있다고 말해주었습니다.

얼마 후 김유정 씨를 다시 만나게 되었습니다. 김유정 씨는 저를 또 한 번 놀라게 했습니다. "선생님께서 유튜브를 하라고 해서, 그날 당장 유튜브를 시작했고 부동산에 관한 영상도 2개를 올렸습니다"라며 자랑했습니다.

사실 많은 사람들이 유튜브를 하겠다고 생각만 하고, 실제 다양한 이유를 들어 실행하지는 않습니다. 부끄러워서, 목소리가 예쁘지 않아서, 얼굴이 나오면 안 될 것 같아서, 아직 영상기술을 배우지 않아서 등등 다양한 이유로 차일피일 미루다 몇 년이 지나도 시작하지 못하는 사람이 대부분입니다. 그러나 김유정 씨는 어디에서 배운 것도 아닌데 바로 시작했다는 것이 정말 놀라웠고 칭찬할 만했습니다. 조금 어설퍼도 괜찮습니다. 처음부터 잘하는 사람이 어디 있을까요? 태어난 아기도 처음부터 걸어 다니지는 못합니다. 기어 다니다 수도 없이 넘어지고 일어서는 반복된 과정 속에서 어느 순간 다리에 힘이 붙어 일어설 수 있습니다. 처음은 어렵지만 지속적으로 하다 보면 어느 순간 잘하게 되는 것입니다. 완벽하지 않아도 괜찮습니다. 하려고 하는 의지가 중요합니다. 그리고 또 한마디를 덧붙입니다.

"책은 내년에 반드시 출간하겠습니다!"

지금까지 이 정도의 실행력과 열정을 가진 사람을 보지 못했습니다. 정말 도전적이고, 긍정적인 마인드가 이 사람이 성공할 수밖에 없는 이유라는 생각이 들었습니다. 교대를 나와 교사라는 안정된 직업을 꿈을 이루기 위해 과감하게 그만두고, 그 어렵다는 경매와 임대사업에 경험도 없이 뛰어들고, 그리고 토지 투자를 위해 농업법인과 부동산법인을 세워 운영하고 있습니다. 거기에서 멈추지 않고, 땅을 사서 직접 개발해보고, 유튜브 방송을 해보라는 조언을 듣고는 즉각 유튜브 방송을 개설해서 영상을 올리고, 책을 집필할 것을 목표로 준비하는 이런 열정 가득한 청년에게 어떻게 도움을 주지 않을 수 있을까요?

이런 에너지가 풍부한 청년은 곧 성공의 자리에 우뚝 설 것입니다. 선명한 꿈이 있고, 꿈을 향해 전진해가는 사람에게 시련은 있을 수 있지만 절대 포기만 하지 않는다면 분명히 목표한 꿈을 이루리라고 확신합니다. 그런 성공을 가로막는 유일한 장애물은 자기 자신입니다. 자신에 관대하지 말고, 혹독하며, 게을러지는 모든 습관에 족쇄를 채우고, 정말 간절히 원하고 바라고 성공에 대한 강한 확신으로, 열망이 가득한 생각으로 머리를 채우고 달려간다면 당신은 성공으로 가는 열차에 이미 올라탄 것입니다.

노동 시간의 종말

출처 : 프리픽

제가 개인 유튜브 방송을 하다 보니, 방송을 보고 많이들 찾아오십니다. 좋은 투자처인 땅을 소개받기 위해서입니다. 부자들도 많이 찾아오십니다. 자산이 30억 원 이상 되는 분들도 굉장히 많이 찾아오시고, 50

억 원, 100억 원대 자산가들도 찾아오십니다. 자산가들은 자신이 가진 정도로 충분하다고 생각할 것 같지만 전혀 아닙니다. 더 많은 자산을 만들고자 일반인들보다 더 많이 노력하고, 더 많은 시간을 투자에 쏟아붓습니다. 전문 직업인인 의사나 회계사들도 오십니다. 1인 기업가도 오십니다. 이런 분들의 특징이 두 가지가 있습니다.

첫째, 시간이 없어서 절대 놀지 못합니다. 자신이 일을 하지 않으면 회사 또는 병원 문을 닫아야 하기에 아프지 않는 이상 일을 해야 합니다.

둘째, 혼자 일을 하는 전문직인 경우가 많다 보니 신상에 문제가 생기면 수입이 끊긴다는 특징이 있습니다. 건강할 때는 전혀 문제가 없지만 건강에 이상이 생기면 하는 일을 중단해야 하고, 그렇게 되면 지속적인 수입이 없어진다는 불안감에 투자의 방법을 찾습니다. 특히 땅을 사서 노후를 준비하는 대책으로 생각해 많이들 오셔서 상담합니다.

다시 말씀드리지만 진짜 부자가 되려면 노동을 통해 시간과 돈을 맞바꾸는 일을 해서는 답을 찾을 수가 없습니다. 노동 시간의 값이 누군가는 최저시급 9,160원이 될 수 있고, 누군가는 시간당 5만 원, 누군가는 시간당 10만 원이 될 수 있겠지요. 하지만 노동을 할 수 있는 시간이 끝나면 그 수입도 중단되는 것입니다. 시간당 10만 원을 받는다고 해도 결국 내가 일하지 않으면 수입을 창출할 수 없고 이것이 두려운 분들이 이제 투자로 눈을 돌리고 있습니다. 노동과 시간을 맞바꾸는 시스템 속에서는 당연히 시간당 페이가 높은 직업이 최고일 것입니다. 그래서 우리는 지금껏 더 좋은 대학을 나와서 더 좋은 직장에 들어가야 했고, 흔히 말하는 '사'자 들어가는 의사, 변호사, 회계사, 검사, 판사가 되려고 노력했습니다. 그렇지 않은가요? 좋은 대학 나와서 좋은 직장에 들어가 일했던 우리의 모습을 보세요. "사업하면 망한다", "주식 투자

하면 패가망신한다", "안정된 직장에서 월급 받는 것이 최고다", "공무원 하면 평생 연금은 준다" 등의 이야기를 들으며, 우리는 획일적인 교육으로 인해 부자가 되는 방법을 배울 수 있는 기회가 없었습니다.

미국회사 텍사스 인스트루먼트를 뛰쳐나와 반도체회사를 만든 대만의 TSMC 모리스 창(Morris Chang) 회장, 야후 제리 양(Jerry Yang) 회장의 여행가이드를 해주다 알리바바를 만든 마윈 회장, 대표직까지 하던 네이버를 나와 카카오톡을 만든 카카오의 창업자 김범수 회장, 하버드대학을 다니다 자기 길이 아니라고 중퇴한 마이크로소프트의 빌 게이츠(Bill Gates) 회장까지. 모두가 안정적인 직장이 아닌 도전을 선택했고, 도전의 결과물이 오늘의 그 자리를 만든 것입니다.

저는 20여 년 전 보험세일즈로 연봉 1억 원 이상을 받았습니다. 20년 전에 월 소득 1,000만 원이었으니 부자가 되었어야 하는데, 보험세일즈로 부자가 되지는 못했습니다. 정말 신기한 것은 월 200만 원을 받아도 살았고, 월급이 높아져서 300만 원으로도 살았고, 월 1,000만 원을 벌어도 똑같이 살아가는 데 지장이 없습니다. 좀 적게 받으면 거기에 맞추어 살게 되고, 월 1,000만 원을 받으면 또 그 수준에 맞추어 살게 됩니다. 중요한 것은 월 200만 원 받든 월 1,000만 원을 받든 부자는 절대 될 수 없다는 사실입니다. 10년을 억대 연봉으로 살아도 전혀 바뀌는 것이 없습니다. 다만 200만 원 받을 때보다 생활이 조금 윤택해진다는 차이는 있습니다. 좋은 차로 바꾸고, 집도 조금 더 큰 평수로 높이고, 아이들 유학을 보내거나 학원비와 과외비에 쓰면 1,000만 원을 벌어도 200만 원을 받고 생활할 때와 별 차이가 없습니다. 먹고 쓰고 교육시키고 생활하다 보면 결국 저축하는 돈이 거의 없습니다. 너무 신기하지요. 어떻게 옛날에 200만 원으로 살았을까 하는 의문이 듭니다.

하지만 사람은 적응하게 되어 있어서 지출 규모를 줄이면 200만 원으로 살 수도 있습니다.

그렇게 회사를 열심히 다니면서 억대 연봉을 벌면 부자가 될 줄 알았습니다. 절대! 절대 그렇게 부자가 되지 않습니다. 많이 벌 때 아끼고 저축해서 시드머니를 만드는 작업을 하지 않는 이상 부자는 요원합니다. 대부분의 사람들은 입사 때 가슴 뜨거웠던 열정들이 식고 나면 현실로 돌아오게 됩니다. 열정이 10년 내내 유지될 수는 없기 때문이지요. 현실을 받아들여야 합니다. 그렇다면 이렇게 말하고 있는 지금의 제 삶은 어떨까요?

현재 저는 투자자의 삶을 살고 있습니다. 사람들을 도와주는 의미 있는 일을 하고 있고, 유튜브 방송을 하고 있으며, 법인 4개를 운영하는 대표이사이자 1년에 세금만 수억 원을 납부하는 자산가가 되었습니다. 직장인은 몸이 아파도 출근해야 하고 하기 싫은 일도 해야 하지만 지금 투자자의 삶으로 전환한 저는 하기 싫은 일은 안 할 수 있고, 출근하기 싫으면 안 하기도 하고, 여행하고 싶으면 언제든 시간을 낼 수 있습니다. 제가 한 달 동안 일하지 않더라도, 아니 1년 내내 일하지 않더라도 투자해놓은 제 자산이 일합니다. 굳이 노동과 시간을 맞바꾸는 일은 절대 하지 않습니다.

제가 잠잘 때도 커피를 마실 때도 해외여행을 할 때도 제가 사놓은 땅은 계속 가치가 상승하고 사놓은 땅 주변이 개발되고, 도로가 생겨나고, 상가가 지어지는 그런 토지 투자가 참 재미있습니다. 정확한 권리 분석으로 임장을 다니는 것도 재미있고, 토목과 건축 인허가에 대한 내용을 배워가는 과정도 재미도 있으며, 지가가 상승하는 것을 보고 환호할 수 있고, 제가 알고 있는 정보들을 배우려고 하는 많은 사람들에게 호의를 베풀 수 있어서 이런 투자 일을 할 수 있는 것이 행운이고 다행이라 생각합니다.

결국 부자 또는 성공은 누구를 만나느냐에 따라 결정된다고 해도 과언이 아닙니다. 만남만큼 중요한 것이 또 있을까요! 만남의 축복을 가져보는 것은 운이 아니라 보이지 않는 신의 축복입니다. 사기를 치려는 사람을 만나면 사기꾼이 되고, 술을 좋아하는 사람들과 어울리다 보면 술꾼이 되고, 주식을 하는 사람을 만나면 주식 투자를 하게 되고, 성공한 사업가를 만나면 성공한 사업가가 되고, 성공한 투자자를 만나면 성공한 투자자가 되는 원리인 것 같습니다. 결국 성공은 성공으로 이끌 수 있는 좋은 멘토가 있어야 가능한 것 같습니다.

몇 년 전 저는 어깨 회전근계 수술을 한 적이 있습니다. 이런 정밀한 수술은 최소한 몇 천 번 이상 수술해본 의사분을 찾아가야 합니다. 그런 분은 절대 실수하지 않습니다. 눈 감고 수술하라고 해도 정확하게 집도하실 수 있는 최고의 전문가이기 때문입니다. 아마도 수천 번의 수술을 하다 보면 다양한 경험을 했기 때문에 위급상황이 발생해도 환자의 상태에 따라 적절하게 조치할 수 있는 의료기술도 가지고 있을 것입니다. 그래서 저는 경험치가 아주 많은 병원에서 수술을 받았습니다. 조금이라도 실패할 확률이 있는 곳에 제 몸을 맡기고 싶지 않기 때문입니다. 투자도 마찬가지입니다. 이 분야에서 수천 번 성공했던 이 시대 최고의 멘토를 찾아 투자해야 합니다. 조금이라도 실패할 확률이 있는 곳에 여러분의 투자를 맡겨서는 안 되기 때문입니다.

다양한 투자 환경과 위험 속에서도 안전하게 내 자산을 성장시킬 수 있는 멘토가 필요합니다. 내가 아직 충분한 경험과 실력을 갖추지 못했다면 성공하기 위해서 무언가를 혼자 시도하는 것보다 전문가의 도움을 받는 것이 더 현명합니다. 내가 보는 안목과 멘토가 보는 안목에 차이가 있듯이 결국 내가 실력이 없다면 좋은 멘토를 찾아 의뢰하는 것도 하나의 방법입니다. 내가 토지의 전문가보다 지식이 많지 않고, 경험이 많지 않으며, 지역에 대한 정보도 부족하고, 개발 호재에 대한 검증도 부족합니다. 또한, 땅의 지리적 특징을 정확하게 알지 못하고, 향후 어떤 변화가 생길지 정확하게 전망할 수 없다면 나의 고집과 욕심을 내려놓고 관찰자 시점에서 멘토를 찾아 맡기는 것이 훨씬 성공 확률이 높습니다. 성공한 투자자를 가까이하다 보면 점차 변해가는 자신을 발견할 수 있으리라고 생각합니다.

이제 투자자로서 부자가 될 것을 확신하고, 과거의 실패를 거울삼아 가난을 답습하지 말고, 가난해지는 방법을 아이들에게 가르치지 말고, 부동산 투자자로서 성공이 습관화된 부자가 되시길 바랍니다.

부자는 노동 시간으로
돈을 바꾸지 않는다

　많은 사람들이 부자의 삶을 동경하고 또한 그렇게 살고 싶어 합니다. 태어날 때부터 부자로 태어났으면 이런 고생을 하지 않고 살아갈 수 있을 텐데 하는 생각도 합니다. 아무것도 가진 것 없는 사람이 부자가 되는 유일한 길은 로또 1등에 당첨되는 것 말고는 없다고 생각하기도 합니다. 그만큼 부자가 되는 길은 너무나 힘든 길이고, 내 인생에서는 아니 내 자손대에서도 절대 부자가 나올 수 없다고 단정 지으며 살아가고 있습니다. 과연 부자되기가 그렇게 어려울까요? 세상에 수많은 부자들이 있는데, 그 사람들은 도대체 어떻게 부자가 되었을까요? 도둑질하고 사기를 쳐서 부자가 되지는 않았을 텐데 말입니다.

　현재 우리와 동시대를 살아가는 사람들 중에도 엄청난 부자가 곳곳에 존재하는 것을 보면 분명히 남다른 이유가 있을 것입니다. 제가 만났던 부자로 성공한 사람들의 공통된 특징 중 한 가지는 바로 시간과 돈을 맞바꾸는 직장인은 거의 없었다는 것입니다. 대부분 사업소득, 금융소득, 부동산 투자 소득으로 부자가 되었습니다. 안정적으로 매월 가족들이 생활할 수 있는 만큼 주어지는 직장 월급 또는 공무원 월급으로는 우리가 알고 있는 부자의 반열로 절대 갈 수 없다는 확실한 사실을 알아냈습니다. 다시 말해, 지금까지 우리가 거쳐온 교육 과정을 돌아보면 부자가 되는 방법을 가르쳐주지는 않았다는 사실을 알게 됩니다. 학원을 가서 영어, 수학 과외를 받고, 입시 준비했던 모든 것들이 좋은 대학교를 가기 위해서이고, 대학교를 졸업하면 대기업이나 공기업, 공무원이 되어 안정된 길을 간다고 자부하면서 살아가고 있습니다. 그러나 이 길은 결코 부자가 될 수 없는 길입니다. 월급을 받아서 먹고, 쓰고, 남는 돈으로 저축해서는 부자가 될 수 없습니다. 특히 요즘 같은 시대에는 인플레이션으로 인해 저축하는 돈으로는 올라가는 물가를 절대로 따라갈 수 없습니다.

얼마 전에 만났던 고객 이지영 씨 이야기를 해보겠습니다. 경기도의 지방법원 공무원으로 일하고 있다고 했습니다. 그녀는 고등학교 때부터 공부를 정말 잘했고, 좋은 대학교를 졸업하고 남들이 부러워할 만한 법원에서 근무하고 있다고 했습니다. 15년 이상 근무하고 있지만 집 한 채 마련하지 못하고 전세로 살고 있다고 했습니다. 지금이라도 투자해서 자산을 만들고 싶어 찾아온 것입니다. 아파트 투자를 할 기회도 있었지만 금융위기가 터지고 아파트값의 폭등으로 투자 타이밍을 계속 놓쳐서 지금까지 전세로 살고 있다고 합니다. 대출해서 아파트를 사면 빚을 진다는 압박감에 잠을 잘 이루지 못하는 보수적인 성향을 가진 분이고, 대출 이자가 너무 아깝다는 생각에 미루다 투자 기회를 놓친 분입니다. 그저 직장에서 성실하게 열심히 일한 죄밖에 없는데, 5억 원으로 분양했던 아파트가 어느새 10억 원이 되고, 몇 년이 지나니 15

억 원이 되어버린 현실을 보며 월급으로는 도저히 아파트값이 올라가는 속도를 절대 따라잡을 수 없다는 사실에 좌절하고 상대적 박탈감이 든다고 했습니다. 반면, 같은 고등학교를 졸업한 이지영 씨의 친구들은 자신보다 공부를 잘하지 못했고, 좋은 대학에 들어가지도 못했고, 그저 그런 직장에 다녔는데, 어느 날 만났더니 유명 신도시에 본인 명의 아파트에 살고, 오피스텔도 보유하고, 투자용 아파트와 재건축 분양권도 가진, 흔히 말하는 남부럽지 않은 삶을 살고 있는 것을 보았다고 합니다. 자신은 지금도 열심히 법원에 출근해 일하지만 친구들은 매일 카페에서 차 마시고, 수다 떨고, 맘카페 같은 곳에서 좋은 투자 정보를 얻고, 임장을 다니면서 지금보다 더 큰 자산을 만들어가고 있다고 했습니다. 그런 친구들을 보며 학교 때 공부를 잘했다고 다 잘되는 것이 아니라 투자할 때는 과감하게 해야 하는데 그렇게 하지 못한 자신을 원망했습니다. 그래서 자신도 여기에 안주해서는 안 되겠다고 생각해서 유튜브를 찾아보고, 투자에 대한 관심을 가지고 상담을 왔습니다.

이런 이야기를 들으면, 절대 행복은 성적순이 아니고, 우리는 지금까지 가난해지는 방법을 교육받아온 것 같습니다. 영어 단어, 수학 공식, 암기에 열을 올리고 좋은 대학 가서 좋은 직장을 다니는 것만 강조해온 우리의 교육 방식이 어쩌면 가난의 정석을 가르친 것은 아닌가 하는 생각을 해봅니다. 부모가 자식들이 가난해지길 바라는 마음으로 이런 교육과정을 겪게 하지는 않았지만, 요즘 세상에서는 절대 부자가 되는 방법은 아닌 것 같습니다. 차라리 중학교 때부터 여행을 많이 다니고, 금융 지식, 경제 흐름과 부동산, 주식, 투자에 대한 공부를 어렸을 때부터 했다면 좀 더 나은 선택을 할 수 있는 기회가 있지 않았을까 하는 생각도 해봅니다.

그래서 우리는 다시 한번 세상의 변화에 능동적으로 대처해야 하고, 세상이 어떻게 돌아가는지, 4차산업혁명이 일어나는 시대에 투자의 방향은 어디로 정해야 하고, 새로운 개발 소식과 호재가 넘쳐나는 곳은 어디인지, 향후 새로운 도시가 어디에 만들어지고, 도로의 개통과 확장 철도의 개통이 어디에서 이루어지는지 알아야 합니다. 또한 사람들이 어디에 집중적으로 모이는지 정보를 얻고, 이를 분석하는 노력들이 자신을 전문가로 만드는 과정이 될 수 있으리라고 생각해봅니다.

절대 돈과 시간을 맞바꾸는 노력에 모든 것을 걸지 마시길 바랍니다. 우리의 시간은 한정되어 있기에 한정된 시간에 노동 수입을 대입시키는 오류를 범하지 않기를 진심으로 바랍니다. 부자가 된 사람들은 노동 수입을 기반으로 한 시드머니를 잘 준비해서 오르는 땅에, 오르는 아파트에, 오르는 투자처에 가지고 있는 자산을 적절하게 투입해서 큰 자산을 이루었다는 사실을 꼭 기억하시길 바랍니다.

기회는 항상 준비된 사람에게만 찾아옵니다. 당신은 당신에게 찾아온 기회를 살릴 어떤 준비가 되어 있나요? 기회가 와도 준비되어 있지 않으면 놓칠 수밖에 없고, 그 기회는 다시 오지 않기 때문에 잘 준비해서 성공의 밑거름으로 삼길 바랍니다.

도전적인 삶을
살아야 하는 이유

사람들은 어떻게 하면 좀더 풍요로운 삶을 살수 있을지 생각하면서 경제적인 고달픔에서 벗어나 자유를 얻고 싶어 합니다. 그리고 노동에서 벗어나 마음껏 해보고 싶은 일들을 해보고 싶지만, 현실을 돌아보면 그렇게 할 수 없다는 것에 절망하기도 합니다. 경제적인 자유, 시간적인 자유를 꿈꾸는 것은 정말 불가능할까요? 저는 결코 그렇지는 않다는 말씀을 드리고 싶습니다. 부정적인 생각에서는 절대로 좋은 아이디어가 나올 수 없고, 새로운 꿈을 꿀 수 없습니다. 긍정적인 생각을 하세요. 생각을 많이 하다 보면 방법이 생각이 나고, 그 방법은 새로운 사업구상으로 이어지기도 합니다. 그리고 미친듯이 생각을 현실화시키기 위해 움직인다면 다양한 결과들과 마주할 수 있고, 당신을 돕는 많은 사람들도 생겨납니다. 중요한 것은 많은 사람들이 생각에만 머물고 결코 행동하지 않는다는 사실입니다.

저는 요즘 일과를 마친 후에 운동을 합니다. 이어폰을 끼고 걷거나 뛰면서 항상 유튜브로 성공한 사람들의 이야기를 즐겨 듣곤 합니다. 이런 성공한 사람들의 이야기를 반복해서 듣다 보면 가슴이 뜨거워질 때가 있습니다. 그 뜨거움이 너무 강렬해서 그 주인공이 바로 나 자신처럼 느껴지기도 하고, 그 주인공처럼 행동하고 싶은 열망이 머릿속을 가득 채우기도 합니다. 또한 구체적인 사업계획들이 생각나기도 하고, 좋은 아이디어가 떠오르기도 하면서 구체적인 계획들이 상상으로 이어집니다.

이처럼 남의 성공을 내 것으로 받아들일 수 있는 마음이 중요한 것 같습니다. 자신이 지금 하고 있는 것이 무엇이든지 그것이 다른 사람들과 차이를 만들어낼 수 있는 것처럼 행동해야 합니다. 아주 특별하게 행동하다 보면, 실제로 이루어지기 때문입니다. 지금 하고 있는 것에 스스로 큰 의미를 부여하고, 열심히 노력한다면 자신의 삶이 조금씩 바뀔 것입니다. 물론 몇 가지 일만으로 그 모든 것이 가능하지는 않겠지만, 적어도 하나의 중요한 시작점이 될 수 있습니다. 절대로 누가 대신해주지 않습니다. 모든 것은 자신의 결정에서부터 시작합니다. 아무것도 안 하면 아무 일도 일어나지 않습니다.

평소 운이 좋지 않다고 생각한다면 남들보다 더 철저하게 준비해야 합니다. 다른 사람들이 나를 어떻게 생각하는지는 중요하지 않습니다. 남들이 비판하고 한심하게 생각할지라도 나 스스로를 믿고 "나는 반드시 승리할 것이다"라는 확신이 중요합니다. 스스로 떳떳하다면 마음을 굳건히 먹고 내가 가고자 하는 길을 당당히 걸어가면 됩니다.

사람들을 만날 때 미소를 지으면 친구가 생기고, 얼굴을 찌푸리면 주름살이 생긴다고 합니다. 찡그리고 있으면 강하게 보인다고 생각할 수도 있는데 이는 자신에게 호의를 가진 사람들의 관심을 멀어지게 함으로써 외로워지는 지름길이 됩니다. 반면에 미소를 지으면 주위 사람들의 기분을 좋게 하면서 자신 역시 밝아질 수 있기 때문에 매사에 긍정적인 사람이 될 수 있습니다. 항상 밝게 웃고 진심을 담아 자신 있는 태도로 다가가면 사람들은 분명 이렇게 이야기할 것입니다.

"오늘 무슨 좋은 일 있어?"

표정 하나만 바꿔도 주위 사람은 알아봅니다. 더 중요한 것은 이런 밝고 긍정적인 태도가 당신을 새롭게 변화시킨다는 사실입니다.

진정한 변화는 열정에서부터 시작됩니다. 지금의 모습대로는 살 수 없다는 자각에서 출발해 자신을 변화시킬 열정의 도구들을 찾아 구체적으로 시각화하고, 반드시 이루고 말겠다는 사생결단의 태도로 한 번도 시도해보지 않았던 새로운 도전을 시작해보는 것입니다. 뜨거운 열정은 누구나 가슴 속에 존재하지만, 자신을 변화시킬 확실한 동기가 있어야 열정이 가슴을 뚫고 나오게 되어 있습니다. 하지만 아무리 가슴 뛰는 열정을 가지고 있어도 이를 통제하지 못한다면 그저 인생에서 하나의 추억으로만 남을 뿐입니다. 인내와 불굴의 정신만 있다면, 그리고 그것을 행하고자 하는 실천이 더해진다면 그 어떤 일도 이룰 수 있습니다. 게으름과 나약함과 타협하지 말고 스스로 정한 목표를 무슨 일이 있더라도 반드시 이루겠다는 굳은 의지가 중요합니다. 그렇게 어려움과 좌절에도 굴하지 않고 하루하루를 참고 견딘다면 오래 지나지 않아 자신의 변화된 모습, 성숙되고 성장된 모습에 깜짝 놀랄 것입니다.

세상과 절대 타협하지 말고 자신의 운명을 남에게 맡기지 마시길 바랍니다. 나는 재능은 많은데 성공하지 못한다고 한탄하거나, 또는 세상이 나를 제대로 알아보지 못한다고 원망할 수 있습니다. 그러나 그 전에 자신의 재능을 최선을 다해 행동으로 옮겼는지 뒤돌아보아야 합니다. 어떤 재능이 있든지 최선을 다해 그 재능을 세상에서 실현하지 않는다면 어떠한 바람직한 결과도 나올 수 없습니다. 세상에서 용기를 가장 크게 시험하는 것은 어떠한 패배에서도 견딜 수 있는가 하는 것입니다. 인생에서 계속 성공만 거둔다면 용기는 필요 없겠죠. 그러나 성공보다는 실패가 많을 수밖에 없는 것이 우리의 인생이며 이 때문에 무엇보다 용기가 필요합니다. 실패가 계속됨에도 불구하고 상심하지 않고 꿋꿋이 패배를 견디며 극복해낸다면 결국 성공은 찾아올 것입니다.

좋은 사람들, 성공한 사람들과 교제하는 것이 중요합니다. 우리의 사고와 행동은 가까운 사람의 영향을 받기 때문입니다. 좋은 사람들을 사귀면 자신도 모르게 그들의 말과 행동, 생활태도 및 습관에 영향을 받기 때문에 어느새 당신도 그들과 비슷한 사람이 될 것입니다.

자신의 앞에 펼쳐질 성공의 길에 대한 확신을 가지고, 미련과 후회를 접어두고 앞만 보며 열심히 일을 추진한다면 찬란한 미래가 기다리고 있을 것입니다. 꿈을 크게 가지는 것만으로도 삶은 변화될 수 있습니다. 무의미한 환상이나 로또에 당첨된다는 등의 소원이 아닌 진정 당신이 원하고 인생을 바칠 만하다고 생각하는 꿈을 가지시길 바랍니다.

위대한 사람은 목적이 있고, 그렇지 못한 사람은 소원이 있다고 합니다. 삶의 목적을 정하고 그 목적을 성취하는 데 매진하고 이루어야 합니다. 내가 내 인생의 참 주인이 될 때에만 불행이 엄습해도 결코 좌절하지 않고, 스스로 그 일을 넘어설 수 있음을 기억하시길 바랍니다. 인생에서 매 순간 승리할 수는 없습니다. 자신 있는 사람은 지는 것을 두려워하지 않습니다. 졌다는 사실 앞에서도 고개 숙이지 않고, 자존심 상해 하지 않으며, 오히려 좋은 경험이었다고 이야기합니다. 지면 진 것입니다. 그뿐입니다. 한 번 졌다고 해서 아주 진 것도 아니고, 평생 진 것은 더욱 아닙니다. 다른 복잡한 의미를 부여할 필요가 없습니다. 사실 누구나 한 번쯤은 지게 되어 있습니다. 질 줄 알아야 이기는 법도 알 수 있습니다. 천하무적의 챔피언도 언젠가는 쓰러지고, 세계 신기록도 깨어지기 위해서 있는 것입니다.

질 때가 있으면 이길 때도 있겠지요. 여기서 중요한 것은 졌더라도 도전해보았다는 것 자체에 의미를 두는 것입니다. 시도조차 해보지 않은 사람과 실패를 했어도 도전해본 사람과의 차이는 하늘과 땅 차이입니다. 실패라는 과정을 통해서 성공에 도달할 수 있는 것입니다.

여러분, 정말로 도전해보세요! 못할 것 같지만 생각 이상으로 당신은 잘할 수 있습니다. 미뤄놓은 취미생활이든, 삶의 중요한 목표든, 이제는 도전해야 할 때가 됐습니다. 삶을 향한 도전이 당신을 더욱 성장시킨다는 중요한 사실을 꼭 기억하시길 바랍니다.

문제를 대하는
우리의 자세

    어느 누구에게나 문제는 있습니다. 그런데 문제가 있으면 해답도 있다는 말입니다. 결국 문제는 해결된다는 이야기이기도 합니다. 하지만 사람들은 문제 자체를 싫어합니다. 어릴 적부터 어른이 되기까지 문제 속에서 살아와서 그런가 봅니다. 초등학생들도 시험문제를 싫어합니다. 중, 고등학교 학생들도 시험문제를 싫어합니다. 성인이 되어서도 각종 자격시험의 문제, 면접 문제, 인간관계에 관한 문제에 늘 부딪히며 살아가고 있습니다. 문제를 절대로 피할 수 없다면 문제에 맞서보면 어떨까요? 더 나아가 시험문제를 풀어가는 재미를 들여보면 아주 흥미가 있습니다. 면접에 대한 공포도 사실 경험하지 않았기에 어렵습니다. 면접에서 여러 번 낙방해보고 다시 철저히 준비하고 노력해서 문제를 풀어갔을 때의 희열을 맛보신 분들은 그 기쁨을 아실 것입니다. 인간관계에서도 상대방과의 갈등 속에서 스트레스를 받아가며 살다가 노력해서 갈등을 잘 풀면 오히려 그 사람을 내편으로 만들어 지원군을 둘 수 있기에 기쁨이 두 배가 됩니다.

이처럼 누구에게나 문제는 있을 수 있지만 그 문제를 대면하는 우리의 자세가 정말 중요합니다. 문제가 생겼을 때 문제 자체로만 바라보는 것이 아니라 내 자신을 업그레이드하는 과정으로 생각한다면 도움이 됩니다.

제가 보험 세일즈를 할 때의 이야기입니다. 사회 초년생으로 처음 보험을 할 때가 스물아홉 살 때였습니다. 사회생활을 그리 오래 해보지 않은 청년이었기에 사람들 앞에 나서서 이야기조차 제대로 하지 못했습니다. 그리고 세일즈를 한다는 것이 너무 창피하고, 자존심 상해서 거절하는 사람들을 만나면 쉽게 상처받는 때였습니다.

역시 세일즈는 너무나 어려웠고 거절을 당하면 번번이 상처를 받았습니다. 그러던 어느 날, 어떻게 하면 세일즈를 잘할 수 있을지, 어떻게 하면 거절을 잘할 수 있을지 고민하면서 고객과 커피숍에서 만나 커피를 마셨습니다. 고객과 한참 이야기를 하고 있는데 종업원이 다가와 "커피 리필을 좀 해드릴까요?" 하고 물었습니다. 그러자 앞에 앉은 고객이 "아니요, 그만 마셔도 될 것 같습니다" 하고 거절했는데 종업원은 "아, 그러시군요. 알겠습니다" 하면서 기쁜 얼굴로 돌아가는 것이었습니다. 어찌 보면 대수롭지 않은 일이었지만 세일즈를 하는 저는 그때 큰 깨달음을 얻었습니다. 분명히 커피에 대한 거절을 했는데 왜 종업원은 기분이 상하지 않고 기쁜 마음으로 돌아갈 수 있었을까? 하는 생각 속에 잠기다 저는 큰 교훈을 얻었습니다. 제 고객은 커피숍 종업원의 인격을 거절한 것이 아니라 커피를 거절한 것입니다. 그렇다면 제가 늘 보험 세일즈를 하려고 고객을 찾아 보험상품을 권했을 때, 고객은 나의 인격을 거절한 것이 아니라 보험상품에 대한 거절을 했다는 사실을 완전히 깨달았습니다. 그동안 보험을 하면서 수많은 거절을 당했을 때 상처받고 또 상처받은 이유는 내 자신을 거절했다는 잘못된 인식에 사로잡혀 있었기 때문이었습니다.

그날 이후로 저는 거절에 대한 문제를 완전 해결했습니다. 보험상품을 설명하다 거절당해도 아무렇지 않았습니다. 고객이 나의 인격을 거절한 것이 아니라 보험상품을 거절했다는 생각의 전환으로 더 이상 상처받지 않을 수 있어서 더 많은 상담을 하게 되었고, 더 많은 거절을 받았지만 또한 더 많은 계약도 성사시킬 수 있었습니다.

현대를 살아가는 우리에게는 더 많은 문제들이 놓여 있지만 그것이 과연 심각한 문제인지, 그 문제를 통해 내가 어떻게 성장하고 업그레이드될 수 있는지 거꾸로 생각해볼 수도 있습니다. 아무 문제없이 살아가는 것은 온실 속 화초와 같습니다. 온실을 벗어나면 곧바로 죽어버리는 화초가 되겠습니까? 비바람이 불어도 꺾이지 않고 차가운 눈을 맞아도 꿋꿋하게 서 있는 대나무가 되시겠습니까? 시련도 많이 당해보고 고난도 많이 겪어보면 어쭙잖은 문제와 고난은 쉽게 이겨낼 수 있습니다. 아무런 고난과 어려움을 겪어보지 못한 사람은 작은 문제만 생겨도 너무 힘들어 합니다. 문제를 즐기시길 바랍니다. 거절을 기쁨으로 맞이하시길 바랍니다. 이런 긍정적인 마음가짐이 당신을 위대한 사람으로 변화시킬 것이고, 생각을 바꾸는 작은 습관이 당신의 인생을 변화시킬 것입니다.

절대로 못할 것 같다고 생각하지만 사실 당신 속에는 위대한 잠재력이 숨겨져 있습니다. 지금까지 꺼내보지 못했을 뿐이고, 적절한 기회가 되면 당신의 꼭꼭 숨겨져 있는 잠재력은 폭발할 것입니다. 그때가 바로 지금입니다. 나중에 하는 것은 늦습니다. 기회가 왔을 때 해야 합니다. 이 책을 읽고 있는 바로 이 순간이 기회입니다.

결단하시길 바랍니다. 오늘부터 성공자의 삶을 살아보겠다고 다짐하시고, 아침 일찍 일어나고, 매일 운동하고, 매일 성공자들의 자기개발 서적을 읽고, 긍정적으로 생각하는 습관을 가지다 보면 굳어져 있는 당신의 생각과 몸이 반응할 것입니다. 처음에는 힘이 들 수 있겠지만 성공자의 마인드와 몸으로 변해가는 당신을 보며 주변 사람들이 먼저 당신을 다르게 볼 것입니다. 더 이상 능력 있는 당신을 시궁창에서 헤매도록 내버려두지 않길 간절히 바랍니다. 당신은 모든 것을 할 수 있는 정말 위대하고, 특별한 사람임을 잊지 않길 바랍니다. 기회는 다음부터가 아니라 바로 지금부터입니다.

실패를 거쳐야
성공한다

성공한 사람들의 삶의 방식과 더불어 성공에 관한 책들을 보면 성공보다는 '실패'에 초점을 두고 있는 경우가 많습니다. 빠르게 실패하기, 더 많이 실패하기, 실패를 두려워하지 않기 같은 실패에 관한 내용의 비중이 훨씬 더 큽니다.

우리가 잘 알고 있는 스티브 잡스는 사실 애플에서 퇴출당한 적이 있습니다. 애플을 탄생시킨 그가 자신의 회사에서 퇴출당했다는 것은 어떻게 보면 실패를 경험했다고 할 수가 있겠죠. 그때의 실패를 겪고 스티브 잡스는 이렇게 말했습니다.

"애플에서의 퇴출 경험은 정말 쓰디쓴 약이었지만 환자에게 꼭 필요한 약이었다."

누구나 인정하는 성공의 길을 달려온 스티브 잡스에게도 실패의 경험은 꼭 필요한 것이었다는 의미입니다. 물론 실패의 경험 그 자체가 곧 성공을 의미하는 것은 아닙니다. 그렇다면 우리가 어떠한 마음가짐으로 실패를 대해야 하는지, 그리고 어떻게 실패해야 성공으로 이어질 수 있는지 그 방법에 대해 하나씩 알아보도록 하겠습니다.

첫째, 세상에 나가 새로운 것을 시도하기

보통 사람들은 계획에 너무 많은 시간을 쏟고 정작 그것을 실행할 때가 되면 실패할까 걱정되어 시작도 하지 못할 때가 많습니다. 하지만 우리는 가능한 더 빨리 시작하고, 더 많이 실패해야 합니다. 자신이 계획만 세우고 실천하지 않고 있을 때 성공하는 사람들은 아주 작은 일부터 시작해서 실패를 맛보기도 하고, 그 가운데 예상하지 못한 경험과 기회를 얻고 있습니다. 저도 토지 투자를 할 때 부동산과 관련된 어플과 사이트를 이용해 땅을 찾아보기도 하고, 아는 공인중개업소 사장님들에게 소개받을 때도 있지만, 관심 있는 지역을 직접 방문해서 그 지역의 이장님과 원주민들을 만나 이야기를 나누며 예상치 못한 좋은 땅을 소개받을 때도 있습니다. 사무실에 가만히 앉아 좋은 땅이 나오는 것을 기다리는 것보다 직접 찾아 나설 때 더 좋은 땅을 얻게 되는 경우가 많습니다. 소개받는 모든 땅이 좋을 수는 없지만 문제가 있는 땅을 보는 것만으로도 어떤 땅을 사면 안 되는지 좋은 교훈으로 삼을 수 있기에 더욱 값진 경험이 됩니다.

둘째, 실험적으로 실패를 경험하기

실패를 경험해보지 않은 사람이 단번에 성공한 사례는 없습니다. 실패를 많이 하면 할수록 그 실패는 자신의 가장 큰 재산이 됩니다. 남들이 경험해보지 못한 아픈 실패의 경험이 나를 튼튼하게 만드는 것입니다. 사실 실패는 없는 것입니다. 아직 성공하지 않은 것 뿐입니다. 성공하기 전까지 실패가 아니라 계속 도전했던 것입니다. 많은 사람들이 실패를 두려워합니다. 하지만 정작 두려워해야 할 것은 한 번도 실패를 경험하지 않은 것입니다. 이렇게 실패해보지 않은 사람은 정말 중요할 때 실패할 수 있기 때문에 본선에 들어가기 전 더 많이 실패에 대한 경험을 해보아야 꼭 필요할 때 성공할 수 있는 것이고, 리스크를 줄일 수 있는 것입니다.

테슬라의 일론 머스크는 이렇게 말했습니다.

"실패는 하나의 옵션이다. 만약 무언가 실패하고 있지 않다면 충분히 혁신하고 있지 않은 것이다."

우리가 잘 알고 있는 청소기업체 다이슨도 5년간 5,126번 실패하고 5,127번째에 먼지봉투가 없는 진공청소기를 만들어 미국과 유럽 시장에서 점유율 1위를 기록하며 대성공을 이루었습니다. 다이슨 회장은 말했습니다.

"계속 실패하는 것이 성공에 이르는 길이다."

실패를 두려워하기보다 실패에서 더 이상 배우지 못할 것을 두려워하는 것이 올바른 생각입니다. 한 번도 실패하지 않으려고 시도조차 하지 않는 그런 비겁함을 두려워하십시오. 지금까지 성공자들의 경험을 보면 실패 후에 오히려 더 큰 성장이 있었습니다. 회사나 어떤 단체에서든 실패를 하면 다양한 실패에 대한 사례분석을 하고 실패의 원인을 찾는 과정에서 새로운 지식이나 기술이 축적됩니다. 반면 너무 쉽게 성공을 맛보는 경우 작은 실패들에 관대해짐으로써 학습할 기회를 잃게 됩니다. 끊임없이 도전하는 사람과 그렇지 못한 사람의 차이는 바로 실패에대한 인식과 반응의 차이입니다.

셋째, 절대로 포기하지 않기

어떤 일을 시작할 때 아무 경험이 없는 당신이 새로운 일을 완벽하게 해낼 수는 없습니다. 실수도 하고, 넘어지기도 하고, 판단력도 흐려지고, 갈등도 생기면서 겪어보지 못한 문제 앞에 '멘탈이 붕괴'될 수도 있습니다. 이 모든 것들이 당신을 당황스럽게 하겠지만 결코 두려워하거나 포기할 필요는 없습니다. 처음부터 잘하는 사람은 없고, 누구나 수많은 어려움과 고난 속에서 해답을 찾습니다. 구름 속에 태양이 가리워져 있지만 구름이 걷히고 나면 찬란한 태양이 수고한 당신을 비추어 줄 것입니다.

정말 상상하기 힘든 환경에 처해 있나요? 절대 포기하지 말고 끝까지 버티세요. 버티면 기회가 옵니다. 포기하면 기회조차 오지 않습니다. 시련을 통해 우리는 배우고 성장할 수 있고, 오히려 예상치 못한 기회와 경험을 만끽할 수 있습니다. 남들보다 잘나가려고 하거나 부자가 되려고 경쟁하는 마음보다는 도전 자체의 배움을 경험하는 것이 당신에게 엄청난 에너지를 만들어줍니다. 자신의 능력을 과시하려 하거나 남에게 자랑하는 것이 아니라 내 삶 안에서 도전하는 것과 포기하지 않는 것을 배움과 성장의 기회로 삼는다면 아주 강한 멘탈을 가진 사람으로 거듭날 것입니다.

성공한 사람들의 공통점은 자신의 일을 끊임없이 배우면서 요령을 터득해서 많은 교훈을 얻기까지 포기하지 않고 기꺼이 실패에 실패를 거듭하다 결국 성공한다는 것입니다. 우리가 어떠한 목표를 이루기 전을 생각해보면 수많은 실패와 잘못된 출발점, 물거품이 된 노력들로 가득 차 있다는 것을 알 수 있습니다. 보통 사람들은 이 실패를 겪고 주저앉아 포기하기 마련이지만, 성공하는 사람들은 실패하는 것을 두려워하거나 절대 포기하지 않습니다. 실수를 피하기 위해 공부하고 준비하며 즉시 행동으로 말합니다.

당신이 어떤 일을 꿈꾸고 있다면 실패를 기본적으로 거쳐가는 하나의 과정이라는 인식에서 출발해야 합니다. 이런 시련과 고난의 실패가 있기에 인생에서 강력한 태풍이 불어와도 견딜 수 있고, 버틸 수 있는 내성이 길러지는 것입니다. 편안한 현실에 안주하지 말고 최대한 많이 도전하고 실패하고 다양한 경험들을 쌓아갈 때 지금보다 더 강한 당신이 만들어집니다. 실패와 도전을 두려워하지 않고, 절대 포기하지 않고 맞서서 대항할 때 당신을 바라보는 모든 사람들이 그 가능성을 믿고 격려하며 박수칠 것입니다.

부동산 투자자들이
책을 꼭 읽어야 하는 이유

출처 : 프리픽

우리는 어릴 적부터 책을 많이 읽으라는 말을 들으며 살았습니다. 책을 읽으면 구체적으로 왜 좋은지, 실생활에서 어떤 영향이 있는지에 대해서 정확하게 알지 못한 상태에서 듣던 이야기입니다. 학교 다닐 때는 잘 몰랐지만 사회생활을 하면서 문제들에 직면했고, 심리적인 부분, 지식적인 부분, 대인 관계적인 모든 갈등이 노출되면서 누군가에게 도움을 받고 싶었지만 도와주는 사람이 없었습니다. 이런 어려움 속에서 책은 저의 해결사가 되어 주었습니다.

다양한 장르의 책들은 자신의 필요와 취약점을 보완해주거나, 때로는 마음의 안정을 주기도 하고, 몰랐던 지식을 알려주기도 하며, 생각하지 못했던 진리를 깨닫게 해줍니다. 뿐만 아니라 새로운 아이디어를 떠올리게 하고, 새로운 꿈에 도전할 수 있도록 동기부여를 해줍니다. 다양한 주제의 훌륭한 책들이 있기에 배우려는 의지에 따라 전문가 수준까지 될 수 있도록 책은 길잡이가 될 수 있습니다. 특히, 부동산은 전문적인 지식이 요구되기에 부자가 되려면 책을 꼭 읽어야 합니다. 구체적으로 그 이유를 알아보도록 하겠습니다.

첫째, 투자자는 책을 통해서 지식을 습득할 수 있기 때문입니다.

부동산 공부를 하려면 여러 가지 방법이 있습니다. 지식채널이나, 유튜브 방송 같은 곳에서 지식을 얻을 수 있지만 영상은 지나가버리면 반복해서 잘 보지 않습니다. 드라마도 재방송은 시청률이 떨어지는 이유입니다. 그러나 책을 통해서 공부하다 보면 활자로 되어 있는 글씨를 눈으로 익힐 수 있고, 영상처럼 머릿속에서 생각하면서 천천히 상상의 나래를 펼칠 수 있습니다. 읽다가 다시 지나간 페이지를 쉽게 찾아볼 수 있고, 몰랐던 지식들을 익혀가는 데 책만큼 좋은 것이 없습니다. 한 권의 책 속에 좋은 내용을 정리해서 2~3장으로 압축시키고 생각날 때마다 반복적으로 읽게 되면 지은이의 핵심 내용을 내 것으로 쉽게 만들 수 있습니다. 특별히 부동산 관련 지식은 매우 전문적인 지식이기에 한

번에 이해하기 힘들고, 책을 통해 미리 공부해야 나중에 전문가들의 강연이나 세미나에서 들었을 때 바로 이해됩니다. 미리 공부하지 않고 의욕만 앞서 부동산 투자 세미나 같은 곳에서 강연을 듣기만 하면 부동산에 관계된 용어나 절차를 이해할 수 없어 흥미를 잃을 수도 있고, 자신감도 떨어질 수 있기에 책을 통해 먼저 공부를 해야 합니다.

둘째, 투자자는 책을 통해서 간접경험을 할 수 있기 때문입니다.

일반 투자자들 중에 '묻지마 투자'라는 것을 하는 분들이 있습니다. 일명 운에 맡기는 것입니다. 남들이 좋은 투자라고 이야기하면 묻지도 따지지도 않고 계약부터 해버리는 것을 이야기합니다. 이런 투자는 천운으로 잘될 수도 있지만, 실패할 확률이 더 높습니다. 투자를 절대로 운에 맡겨서는 안 됩니다. 철저히 분석하고 경험하고 투자해야 하는데, 한 번도 투자해보지 않은 분들이 할 수 있는 최고의 방법은 투자를 많이 해본 사람들의 경험을 듣는 것입니다. 책은 경험자들의 이야기를 풀어놓은 보물창고입니다. 성공할지 실패할지 모르는 상황에서 책은 길잡이가 되어주고, 판단할 수 있는 능력을 끌어올릴 수 있도록 전문적인 지식뿐만 아니라 저자의 다양한 성공과 실패의 경험을 공유함으로써 간접경험을 쌓을 수 있게 도와줍니다. 사업이나 장사를 할 때도 시뮬레이션이라는 것을 합니다. 실제로 시작하기 전에 생각처럼 될 수 있을지 시험하는 방법입니다. 집을 지을 때 3차원 그래픽으로 시뮬레이션을 하기도 하고, 제품을 만들 때도 시뮬레이션을 먼저 하고 작업공정에 들어갑니다. 부동산 투자에서 투자 시뮬레이션은 바로 책을 통해 미리 해본 사람들의 사례를 간접 경험하는 것입니다. 반복적으로 투자와 관련된 여러 책들을 읽다 보면 간접경험이 많아지고 그러다 보면 전문적인 지식이 쌓입니다. 지식이 쌓이면 전문가와 대화할 수 있는 수준이 되고, 반복해서 대화하다 보면 지식의 커리어가 쌓이고 지식의 커리어가 쌓일수록 투자의 성공 확률은 높아집니다. 이것이 모두 책을 통해 간접 경험을 많이 해야 가능한 일입니다.

셋째, 투자자는 책을 통해 스스로에게 동기부여를 할 수 있기 때문입니다.

성공한 사람들의 이야기를 다룬 영화를 보면 감동을 받기도 하고 동기부여가 되기도 합니다. 사실은 미디어나 영화보다는 책이 동기부여에 더 도움이 될 수 있습니다. 미디어나 영화는 고작 2시간이지만 책은 정독하려면 5~10시간 정도 걸립니다. 그만큼 저자의 감정적이고 섬세한 부분까지 책에 담겨 있고, 저자가 의도한 것들이 구체적으로 기술되어 있어서 더 큰 동기를 얻을 수 있습니다. 책을 읽으면서 울기도 하고, 책을 읽으면서 진한 감동을 느끼며, 또한 힘을 잃고 절망하고 있을 때 책을 통해 다시 일어서고, 성공한 저자들의 스토리를 보며 나도 할 수 있다는 동기부여로 이어지기도 합니다. 프랭크 베트거(Frank Bettger)의 《실패에서 성공으로》라는 책은 영업하면서 힘이 들 때 저를 다시 일으켜 세워준 책입니다. 이 책을 반복적으로 수도 없이 읽고 중요한 것은 발췌해서 읽고 또 읽었습니다. 읽은 지 20년이 지났지만 다시 구입해서 또 읽고 있습니다. 그만큼 좋은 책은 한 사람의 인생에 중대한 영향을 미치고, 가치관을 변화시킬 수도 있을 만큼 큰 영향력을 끼칩니다. 극단적인 선택을 하려다가 성공한 사람들의 책을 읽고 '처음부터 다시 시작하자'라는 마음으로 다시 사업을 진행해서 성공한 스토리는 주변에서 흔하게 볼 수 있습니다. 책은 절망 속에서 헤어나오지 못하는 사람을 세워주기도 하고, 포기하고 싶을 때 새로운 방법을 제시해주기도 합니다. 책은 성공한 사람들이 더 자주 보는 사막의 갈증을 풀어주는 오아시스입니다.

넷째, 투자자는 책을 통해 아이디어를 얻을 수 있습니다.

혹시 이런 경험이 있는지요? 책을 읽다가 갑자기 지난 과거의 일들이 생각나고, 책을 읽다가 한동안 멍하니 생각하게 되고, 책을 읽다가 저자의 생각과 나의 생각이 달라 의문을 제기하고, 책을 읽다가 반성하기도 하고, 책을 읽다가 새로운 사업구상을 하기도 했던 경험 말입니다. 이처럼 책은 상상하게 만들고, 새로운 아이템을 구상하게 만들고, 새로운 사업을 계획하게 만듭니다. 또한 우리는 책을 통해 더 구체적인 자료를 수집할 수 있고, 여러 책의 저자들이 기술한 내용들을 바탕으로 새로운 아이디어를 창출할 수 있습니다. 책은 상상력 그 이상을 생각할 수 있게 하는 최고의 작품입니다. 이런 책들이 독자들을 더욱 튼튼하게 하고 가치 있게 만들고 교양 있게 만들며, 성공적인 삶을 살 수 있는 나침반의 역할을 하는 것입니다. 책은 이렇게 여러 방면에서 큰 유익을 주기에 투자자라면 더 나은 투자를 위해 반드시 책을 읽어야 합니다.

6장

오르는 땅을 가진
도시 이야기

- 화성, 평택, 용인, 안성

평택 삼성전자 이야기

　평택에 위치한 삼성전자에 대해서 이야기해보도록 하겠습니다. 삼성전자의 주식은 최근 주당 5~8만 원의 박스권에서 움직였는데, 사실 그 실적에 비해 엄청나게 저평가되었다고도 할 수 있습니다. 아마도 삼성전자가 미국에서 상장했다면 엄청난 주가가 형성되었을 것입니다. 글로벌 기업에다 세계 1위의 모바일과 반도체 같은 수익이 엄청나게 발생하는 종목이다 보니 주가가 오를 수밖에 없는 기업이지만 대한민국에 있다는 이유 때문인가요? 주가는 생각 이상으로 오르지 않고 있습니다.

　저는 평택에서 삼성반도체공장이 만들어지는 과정을 7년째 보고 있는데, 아마도 평택에 세계 최대의 반도체공장 6개가 만들어진다면 상황은 180도 바뀔 것이라고 생각합니다. 이 규모는 현재 기흥에 있는 공장과 화성에 있는 공장보다 더 큰 규모입니다. 선제적인 투자를 하고 있는 삼성은 향후 TSMC와의 경쟁에서도 완전히 이겨내리라 확신합니다.

▲ 평택 삼성반도체1공장　　　　　　　　　　　　출처 : 삼성전자

▲ 평택 삼성반도체4공장 공사 중　　　　　　　　　출처 : 저자 제공

　　삼성으로 인해 평택 지역사회가 살아나고 있습니다. 아파트도 분양
이 완판되고, 전월세 주택도 가격이 꾸준하게 오르고, 주변 상권과 인
구 증가로 활기를 띠고 있습니다. 34평 기준 3억 원이던 평택의 아파
트는 고덕국제신도시의 건설로 한때 최고 8~9억 원까지 올라갔습니다
(2023년 기준으로는 6~7억 원으로 떨어진 상태).

2022년 9월 기준 삼성반도체공장을 건설하기 위해 투입된 건설 인력이 6만 명을 넘었습니다. 주변 상인과 가족까지 합치면 10만 명이 넘는다고도 합니다. 지금은 반도체3기공장을 마무리하는 단계이고, 이미 4기공장의 토목공사가 시작되어 동시에 진행하다 보니 건설 인력들이 대규모로 투입된 것 같습니다. 그러다 보니 공장 주변으로 형성되어 있는 식당이나 주거시설이 현저히 부족한 상황입니다. 실제로 7평짜리 오피스텔이 90만 원에 임대가 나가고, 주변 원룸도 70만 원까지 올라갔습니다. 임대료가 상상 이상으로 비싸다는 것은 그만큼 수요가 많다는 이야기입니다.

노점상 하루 매출이 500만 원, 함바집은 하루 1,000만 원을 올리기도 합니다. 점심시간에 현장에 찾아가보면 평택사업장에서 쏟아져 나오는 수천 명의 인부로 출입구는 발 디딜 틈 없이 붐빕니다. 김밥이나 떡볶이, 라면을 파는 노점은 빈자리를 찾아보기 어렵고 줄지어 선 수백 대의 버스가 함바집으로 인부들을 태워 나르고 있습니다. 두 시간이면 2,000원짜리 김밥 1,000개가 나가기도 합니다.

평택 삼성반도체공장은 전국 건설 노동자들의 성지로 불립니다. 일당이 높고, 오래 일할 수 있으며 안전하기 때문에 수많은 사람들이 몰려들고 있습니다. 인구가 늘어나니 당연히 상가가 활성화되고, 권리금과 월세가 1년 새 두 배 이상 오르는 초호황을 맞이하고 있습니다.

인력은 넘쳐나는데 주거시설의 공급이 부족한 실정입니다. 저도 삼성에서 한참 떨어진 서정리역 부근에 실평수 8평 도시형생활주택을 분양받아 임대하는데, 8평짜리 임대를 몇 년 전에는 40만 원 받다가 현재는 70만 원에 받고 있기에 실감하고 있습니다. 특히, 공장 인근은 말할 수 없을 정도로 임대료가 올라가고 있습니다. 점포용 상가주택 4층을 보면 1층은 상가, 2층과 3층이 투룸으로 구성되어 있고, 4층이 주인 세대입니다. 1층 상가임대는 크게 변하지 않았는데, 2층 투룸의 임대료가 70만 원 했던 것이 현재 두 배인 140만 원으로 올랐습니다. 4층 주인 세대는 월세 130~140만 원 하던 것이 현재는 220~250만원까지 올랐습니다.

이렇게 임대료가 상승했다는 것은 많은 것을 시사하고 있습니다. 삼성반도체공장 주변 움직임이 심상치 않다는 뜻입니다. 삼성의 하청업체들이 들어오지도 않았는데 이 정도라면 향후 방축리에 46만 평 협력업체 산업단지가 만들어지고, 주변으로 1차, 2차 삼성의 협력업체들로 넘쳐난다면 고덕국제신도시 지제역 중심의 도시가 발전한다는 것은 불 보듯이 뻔한 것입니다. 그리고 이렇게 삼성이 20년 이상 선점할 선제적인 투자를 15년 동안 한다면 과연 어떤 회사가 삼성과 겨룰 수 있을까요? 반도체 산업은 초격차를 유지하기에 따라 할 수 없는 사업입니다. 신규 사업자가 나타나면 품질과 가격, 물량 공세를 퍼붓기 때문에 후발 주자가 절대로 따라 할 수 없는 산업입니다. 단순히 몇 천억 원, 몇 조 원을 가지고 할 수 있는 사업이 아닙니다. 삼성은 현재 200조 원 이상을 미래에 투자하고 있습니다. 과연 이러한 시장에 어떤 글로벌 업체가 도전장을 내밀 수 있을까요?

제가 평택에 살고 있다는 것이 이렇게 자랑스러울 수가 없습니다. 사실 삼성이 수원에 투자할 때 얼마나 부러웠는지 모릅니다. 수원역 부근에 가면 온통 파란 삼성의 출퇴근 버스를 보게 되고, 저런 곳에 근무하면 어떨까 하는 생각도 한 적이 있습니다. 삼성 직원들이 연말 보너스로 연봉의 50%를 받았다는 소식을 접하면 그렇게 부러울 수가 없었습니다. 그런 삼성이 평택에 왔고, 제가 살고 있는 고덕국제신도시 바로 앞에 있다는 것이 너무나 신기하고 자랑스럽습니다. 삼성은 곧 대한민국을 성장시키고, 발전시키고, 평택을 대한민국의 최고 도시로 만들 것입니다.

삼성으로 인해 기업들이 즐비하게 들어서고, 기업이 들어서면 고용이 증가되고, 고용 증가는 곧 고덕국제신도시 중심으로 인구를 증가시킬 것이고 그 인구 증가로 인해 상가가 형성되면 활발한 상가가 인구유입을 더 가속화시켜 평택의 상권까지 고덕국제신도시로 이전시키는 효과가 나타날 것입니다. 수도권 변방에 위치해 있었고, 논밭이 대부분이었던 화성시의 동탄이 삼성전자로 인해 지금 어떻게 변했나요? 수원시 영통지구가 삼성전자로 인해 천지개벽이 된 사실을 우리는 기억해야 할 것입니다.

이제 기흥, 동탄에 있는 삼성반도체 두 곳을 합친 것보다 더 크게 만들어지는 평택 삼성반도체공장을 상상해보세요. 삼성반도체 주변으로 고속도로가 뚫렸고, 평택 지제역이 생겨 SRT, GTX-A, GTX-C, KTX까지 정차하는 복합환승역으로 거듭나 서울까지 20~30분이면 갈 수 있는 수도권 남부의 최대 도시 평택 고덕국제신도시가 얼마나 성장할지 상상해보시길 바랍니다.

저는 2014년부터 평택의 삼성반도체공장이 세워지는 과정들을 쭉봐오면서 삼성에 대해서 연구하고 있고, 평택과 고덕국제신도시와 더불어 부동산적인 측면까지 분석하고 있습니다. 삼성전자는 세계 최대 파운드리업체 대만의 TSMC를 제치고 가장 먼저 3나노미터 파운드리 제품을 양산했습니다. 메모리 반도체에 이어 파운드리를 비롯한 시스템 반도체에서도 세계 1등을 목표로 하고 있습니다. 2019년 4월 30일 이재용 당시 부회장은 2030년까지 비메모리 파운드리 사업에서도

TSMC를 넘어 세계 1등을 하겠다고 대통령 앞에서 야심찬 포부를 밝혔던 것을 기억합니다. 시스템 반도체 비전2030을 내놓으며 메모리 반도체에 이어 확실히 1등을 하겠다고 선언한 것입니다.

그리고 2030년까지 시스템 반도체 생산, 연구개발에만 133조 원을 투자하기로 결정했습니다. 그 결과 세계 1위인 대만의 TSMC보다 3나노미터 파운드리 제품 개발에도 앞섰고, 2022년 6월 30일 세계 처음으로 3나노미터 파운드리 제품을 양산했습니다. 차세대 반도체 공정인 GAA(Gate-All-Around) 방식으로 만드는 3나노미터 파운드리 제품을 시작으로 조금씩 격차를 줄여나간다면 파운드리 분야에서도 세계 1등을 거머쥘 수 있지 않을까 기대해봅니다.

삼성의 반도체 역사를 보면 1974년 세계 석유파동으로 경영난을 겪을 때, 고 이건희 삼성그룹 회장은 부가가치가 높은 반도체 사업에 진출해야 한다고 하자 모두들 반대했다고 합니다. 반도체 사업은 워낙 두터운 장벽이라 삼성이 반도체 사업을 하다가 망한다고 할 정도로 주변에서 말렸다고 합니다. TV도 제대로 못 만드는데 무슨 반도체냐고 비웃음 당했습니다. 그러나 1983년 12월 국내 처음으로 64K D램 개발에 성공해 미국, 일본과 10년 넘게 벌어져 있던 반도체 격차를 4년으로 줄였고, 보통 2~3년 걸리는 반도체공장 건설을 6개월 만에 끝냈고, 1988년 세계 최초 복층구조로 4라인과 5라인을 건설했습니다. 1992년에는 64M D램을 개발해 D램 세계 1위를 달성하며 일본을 처음으로 넘어섰습니다. 1994년 256M D램, 1996년 1G D램을 세계 최초로 연달아 개발하면서 차세대 메모리 반도체 시장을 현재까지 주도하고 있습니다.

삼성전자 반도체의 미래는 평택에 있습니다. 예전에는 석유 전쟁이었다면 현재는 반도체 전쟁이라고 합니다. 석유파동이 일어났을 때 미국 대통령은 사우디를 방문해 안정적인 석유공급을 받아 왔습니다. 그러나 이제는 상황이 바뀌었습니다. 원유값이 올라가도 미국이 좀처럼 움직이지 않습니다. 자국에 있는 석유나 셰일오일이 있기에 예전보다는 훨씬 느긋해졌습니다. 그러나 최근 반도체 수급에 문제가 생기자 전 세계는 자동차에 들어가는 반도체 품귀 현상으로 1년씩 기다려야 차량을 인도받을 정도였습니다. 전 세계 반도체에 문제가 생기자 바이든 대통령이 삼성전자 평택 캠퍼스에 방한했습니다. 지금까지 단 한 번도 없었던 일입니다. 윤석열 대통령도 평택삼성전자로 찾아왔습니다. 윤석열 대통령과 바이든 대통령은 3나노 시제품에 서명했습니다. 이것이 시사하는 의미는 무엇일까요? 앞으로는 반도체 전쟁을 하게 된다는 것입니다. 석유는 전 세계에 매장되어 있지만, 반도체 메모리는 삼성과 SK하이닉스가 전 세계의 70%를 장악하고 있습니다.

파운드리 사업도 확장시키고 있습니다. 삼성은 200조 원 이상의 선제적 투자를 하기에 더욱 견고해지고, 한국에 있는 평택 반도체공장 증설과 미국 텍사스에 건설되는 반도체공장으로 인해 향후 더욱 입지가 튼튼해지는 글로벌 기업이 될 것입니다. 바로 이런 미래에 안정적인 반도체 공급을 확보하고자 미국 바이든 대통령이 날아온 것입니다.

삼성의 평택 캠퍼스 규모는 약 120만 평 정도 되고 이것은 축구장 400개를 합친 규모입니다. 공장 1개의 규모를 보면 3기라인은 길이 700미터, 높이 101미터, 폭 180미터 이상되는 규모입니다. 이렇게 큰 공장을 보셨습니까? 미국 트럼프 대통령도 헬기에서 내려다보며 놀랐다고 합니다.

삼성전자가 이렇게 메모리 분야에서는 확실한 1위이지만, 비메모리 파운드리 시장에서는 확실한 TSMC라는 절대 강자가 있기에 현재 추격하는 입장입니다. 올해 파운드리 시장 글로벌 점유율은 TSMC가 54%, 삼성전자가 18%로 1, 2위인 두 회사의 격차가 3배 이상 날 것으로 전망하고 있습니다. 하지만 이는 구공정까지 포함한 수치로, 구공정을 제외한 10나노미터 이하 미세공정 시장 점유율은 TSMC가 60%, 삼성전자가 40%로 격차가 훨씬 작습니다. 현재 글로벌 시장에서 7나노미터 이하 공정기술을 확보한 파운드리 업체가 TSMC와 삼성전자 두 곳뿐이라는 점도 주목해야 합니다. 미세공정의 전환이 빨라질수록 중장기적으로 양사의 점유율 상승이 지속할 가능성이 매우 높다는 이야기입니다.

대만의 TSMC에서 5나노미터 생산공정으로 만들어지는 제품의 약 80%가 애플과 퀄컴이 차지하고 있어서 최근 폭발적으로 쏟아지는 수요를 감당하기가 쉽지 않은 상황이라고 합니다. 이로 인해 삼성전자가 반사 이익을 누릴 수 있다는 것이 업계의 관측인데, 실제로 퀄컴은 모바일 애플리케이션 칩을 삼성전자 파운드리에 단독으로 맡기는 일이 일어났습니다. 퀄컴은 미세공정에서 삼성전자와 협력을 공고히 하고 있고, IBM, 인텔, 엔비디아 등의 업체들로부터 많은 수주를 했습니다. 이처럼 어떤 회사도 대체할 수 없는 기술을 보유한 반도체의 대표 기업으로 성장하는 삼성전자의 행보를 주목해볼 필요가 있습니다. 앞으로도 삼성전자가 우리나라를 대표하는 기업으로써 어떠한 호재 속에서, 어떤 행보를 보일지 기대됩니다. 특히, 평택에 지어지는 반도체공장의 제품생산이 세계 속의 평택을 꿈꿀 수 있는 희망의 발판이 되길 기대합니다.

용인 SK하이닉스 이야기

▲ 용인 SK하이닉스 조감도   출처 : 용인시

　용인시 처인구 원삼면 일대에 용인 SK하이닉스 공장이 만들어집니다. 그동안 용인 SK하이닉스가 만들어질 원삼면과 더불어 그 옆에 붙어 있는 백암면까지 토지거래허가지역으로 지정되어 거래량이 급격하

게 줄어들었고, 그 많던 공인중개업소도 썰물처럼 빠져나갔습니다. 다행히 지난 2022년 3월에 백암면이, 2023년 3월 22일에 원삼면이 토지거래허가지역에서 해제되었습니다. 토지거래허가지역으로 지정되면 장점보다는 단점이 훨씬 많습니다. 부동산 투자를 하는 사람들 입장에서 보면 여간 어려운 것이 아닙니다. 토지를 매수하기 위해서는 용인지역으로 이사해서 실거주를 해야 하고, 사업용 토지의 경우 실제 목적대로 사용할 사람들에게만 심의를 거쳐 허가를 내주기 때문에 거래량이 줄고 관심도가 떨어지는 것이 사실입니다. 앞으로 용인시 처인구 원삼면 일대에 펼쳐질 용인 SK하이닉스의 영향력을 생각한다면 상상 그 이상으로 전개될 일들이 누군가에게는 진한 아쉬움으로, 누군가에게는 안도의 한숨으로, 누군가에게는 감당할 수 없는 희열을 맛볼 수 있는 곳이 될 것이기에 더욱 기대가 된다고 말씀드리고 싶습니다.

사실 토지거래허가라는 것을 가만히 해석해보면, 지자체나 정부가 토지 가격이 급등할 것으로 예상되는 지역을 각종 규제나 심의를 통해 꼭 필요한 사람에게만 허가를 내주겠다는 것을 의미합니다. 그래서 토지거래허가지역은 정부가 보증한 급등할 지역이라고 광고하는 것과 마찬가지라고 생각해도 무리가 없습니다.

그렇다고 토지거래허가에 대해 너무 겁내지 마세요. 모르면 어렵지만 알면 너무 쉽습니다. 쉬운 것은 누구나 할 수 있기에 가치가 떨어지고, 어려운 것은 문제를 해결만 할 수 있다면 더 가치 있습니다. 여러분들은 가치 있는 것에 투자하시겠습니까? 아니면 쉽고 편한 곳에 투자하시겠습니까?

저는 용인 SK하이닉스라는 어렵지만 가치 있는 곳에 한 표를 던집니다. 지금의 선택이 5년 뒤 어떤 결과로 나타날지 모두 궁금해하지만,

저는 5년 뒤 하이닉스의 미래를 알고 있기에 궁금하지도 않고, 조급하지도 않고, 더 많은 가치 있는 땅을 찾을 수만 있다면 절대로 주저하지 않습니다. 과거를 통해 현재와 미래를 볼 수 있고, 좀 더 실수를 줄이고, 더 나은 선택을 할 수 있기에 역사를 공부하는 것은 중요하다고 생각합니다.

용인 SK하이닉스의 미래는 평택 삼성전자와 데자뷰라고 할 수 있습니다. 똑같아도 너무 똑같습니다. 그 많은 반도체의 종류 중 똑같은 D램을 만들고, 똑같은 플래시 메모리를 만드는 업태와 종목이 아주 정확하게 일치하고, 제조공정이 같고, 세계 시장에서 1, 2등을 하고 있는 삼성전자와 SK하이닉스를 과연 어떤 시선으로 바라보아야 할까요?

6년 전 평택에 삼성전자가 들어서면서 주변의 황무지 땅이 천지개벽할 땅으로 변했고, 아무것도 세워지지 않았던 원형지 땅에 택지가 조성되고 아파트와 오피스텔, 생활형 숙박시설, 지식산업센터 같은 건물들이 즐비하게 만들어지면서 주변 상권이 형성되었습니다. 그렇게 주거시설이 만들어지면서 정착하는 사람들이 많아지고 인근 토지 시장부터 분양 시장까지 뜨거워진 일련의 현상을 충분히 학습한 사람이라면 용인 SK하이닉스가 들어오면서 어떤 일이 일어날지 가늠해보는 것은 큰 무리는 아닐 것입니다. 앞서 말한 평택의 과거를 지켜본 사람이라면 향후 5년 뒤 용인 SK하이닉스가 만들어질 원삼면 일대의 미래를 예측하는 것은 쉬워도 너무 쉽겠지요. 저는 이 이야기를 할 때 열정이 넘쳐납니다. 단순히 예상하는 것이 아니고 직접 경험한 것을 토대로 이야기하니 더 실감 나게 말할 수 있습니다. 실제로 저를 대면해서 만난 사람들이 수천 명이 넘을 것 같습니다. 코로나 이전에는 무료 교육도 많이 했는데, 저를 대면해보신 분들은 아마도 제가 이렇게 알리고자 하는 이유를 잘 아실 수 있을 것이라고 생각합니다.

투자는 기회라고 생각합니다. 레버리지는 투자를 극대화시키는 도구라고 생각합니다. 투자를 생각하신다면 정말로 공부를 많이 해야 하고, 투자를 할 수 있는 좋은 사람을 만나야 하고, 가장 중요한 것은 투자의 때를 잘 맞추는 것이 성공의 포인트라고 생각합니다. 용인 SK하이닉스 주변 지역이 토지거래허가지역으로 묶였던 것은 저에게는 정말 행운이었던 것 같습니다. 토지거래허가지역으로 묶이니 사람들의 발길이 줄고, 거래가 줄고, 땅값은 급등하지 않아서 좋은 땅을 살수 있는 기회가 주어진 것 같습니다. 토지거래허가지역으로 묶여서 망했다고 하는 사람이 있고, 토지거래허가지역으로 묶여서 천만다행이라고 하는 사람이 있습니다. 부정적인 생각보다는 긍정의 시각으로 바라보는 것이 중요합니다. 긍정이 부정을 넘어설 수 있기 때문입니다. 저는 부정적인 사람 옆에는 절대 가지도 어울리지도 않습니다. 그 부정이 나를 전염시키고 오염시키기 때문입니다. 긍정적이고 열정적이며 할 수 있다는 신념이 있는 사람과 어울리다 보면 에너지를 얻습니다. 그래서 저는 긍정적인 사람을 정말 좋아합니다.

2023년 초 기준으로 길고 길었던 토지 보상 협의가 마무리되었습니다. 2021년 11월부터는 순차적으로 보상이 이루어졌고, 2022년 하반기부터는 기초공사가 시작됐습니다. 공사가 시작되면 실수요자들이 필요로 하는 수요가 공급을 앞지를 것으로 예상됩니다. 공사가 진행되어 사람이 모여들면 각종 주거시설과 상업시설들이 필요하겠지만 원삼은 그 공급이 한정되어 있다는 생각이 듭니다. 그만큼 가용할 수 있는 토지가 제한적이기에 토지 가격은 급격하게 상승될 것으로 예상됩니다. 그동안 토지거래제한이라는 제도로 매매가 제한적이었지만, 이제는 토지거래허가가 해제되었기에 부동산 거래가 폭발할 수도 있겠다고 예상됩니다.

2023년 3월 15일 용인 남사읍, 이동읍에 삼성의 시스템반도체 국가첨단산업단지 300조 원 투자로 인해 남사읍과 이동읍이 토지거래허가지역으로 묶이면서 용인 원삼면과 같은 전철을 밟을 수도 있다는 예상이 듭니다. 더구나 215만 평으로 개발되는 남사, 이동 반도체공장 부지 중심으로 추가로 개발제한지역 규제를 하면서, 동시에 확실한 반도체 생태계를 만들 계획을 하고 있다고 봐야 합니다.

반도체공장이 본격적으로 만들어지면 남사읍, 이동읍, 원삼면 소재지에 수천 명, 아니 수만 명 가까운 인력 공급이 필요하기에 거기에 수반되는 기초적인 주거시설과 음식점, 편의시설들을 예상해서 그 지점을 찾는 것이 투자의 핵심이 될 것 같습니다. 용인시 처인구 원삼면을 주목하시길 바랍니다. 천지개벽이 일어날 확실한 지역입니다. 투자는 이런 곳에서 시작해야 합니다.

안성 서울-세종고속도로
이야기

▲ 서울-세종고속도로 계획

출처 : 원출처 <김포누리>, <BBS NEWS>를
바탕으로 저자가 재가공

제2의 경부고속도로인 서울-세종고속도로의 호재가 서서히 달아오르고 있을 때 가장 핵심적인 지역은 어디일까 고민해보았습니다. 서울에서 가까우면서 땅값이 싸고, 기업이 들어올 수 있는 지역을 분석하다 보니 안성을 보게 된 것입니다. 특히, 서울-세종고속도로의 랜드마크인 바우덕이 휴게소가 고삼저수지 수변으로 6만 평 이상 건설된다는 호재가 안성에 대한 기대를 부풀게 했습니다.

그리고 서울-세종고속도로 안성 지역에 IC가 무려 4개가 개통된다는 사실에 무슨 일이 일어나겠구나 하는 확신이 생겼습니다. 해당 지역으로 지나가는 고속도로가 보통 1개만 개통되어도 성공했다고 하는데 4개의 IC가 인구 19만 명밖에 되지 않는 안성처럼 작은 도시에 생길 수 있을까 하는 생각에 집중적으로 탐구해보았습니다. 바우덕이IC, 안성맞춤IC, 금광IC, 서운입장IC, 이렇게 4개의 IC 중 바우덕이IC와 안성맞춤IC는 2023년 개통이고, 금광IC와 서운입장IC는 2024년에 개통이기에 먼저 바우덕이IC와 안성맞춤IC부터 조사해보기로 했습니다.

▲ 서울-세종고속도로 4개의 IC가 생기는 안성시

출처 : 네이버 지도

먼저 IC가 생기는 위치부터 찾아가서 IC가 만들어지는 이유를 찾기 시작했습니다. 보통 고속도로 IC는 해당 지자체에서 개통을 원해도 예비타당성 조사에서 점수가 나오지 않으면 개설될 수 없습니다. 그렇다면 안성에 생기는 4개의 IC는 예비타당성 조사에서 합격 점수가 나왔다는 이야기이고, 그 주변으로 개발될 수 있는 여지가 분명히 있기에

IC가 개통되는 것입니다.

안성으로 들어오는 첫 번째 IC는 고삼저수지를 끼고 있는 바우덕이 IC입니다. 이곳은 고삼저수지의 수려한 경관이 돋보이는 곳으로 김기덕 감독의 〈섬〉이라는 영화 촬영지로 유명해진 곳입니다. 이곳에 바우덕이IC와 바우덕이 휴게소가 만들어집니다. 주변을 돌아보니 특이한 점은 없었습니다. 주변에 공장이 많은 것도 아니고 산업단지가 있는 것도 아니고, 그 흔한 다가구주택도 한 채 없는 완전 시골에 IC만 개통한다는 것이 처음 조사를 했던 2019년에는 이해가 되지 않았고, 어떻게 예비타당성 조사를 통과했는지 의문이 들었습니다. 그런데 2022년이 되니, 주변으로 용인 SK하이닉스 반도체공장 126만 평이 5킬로미터 인근에 개발되고, 저수지와 가까운 곳에 안성 테크노밸리가 23만 평 규모로 개발되고, SK하이닉스 협력산업단지 26만 평이 계획되어 있고, 가율리에 36만 평의 산업단지가 예정되는 등 바우덕이IC 주변으로 엄청난 산업단지 계획이 발표되기 시작했습니다. 또한 오래 전에 삼성이 사놓은 40여 만 평의 남풍리 땅이 이슈가 되어 고삼저수지 일대는 그야말로 호재가 풍부한 지역이 되었고, 정말 아무것도 없던 시골에 수십 개의 공인중개업소가 만들어지는 진풍경이 펼쳐지고 있습니다. 이런 호재로 인해 2022년 전국 토지거래량 순위를 보니 화성이 1위, 안성이 3위였습니다. 이처럼 2019년에는 고삼저수지 수변으로 바우덕이IC가 만들어진다는 것이 이해가 되지 않았지만, 시간이 지나고 나니 각종 호재들이 발표된 것처럼 이미 안성시나 관계된 관청에서는 일반인들이 알지 못하는 개발계획이 있음을 확인한 계기가 되었습니다. 한 가지 깨달은 점은 뜬금없는 곳에 어떤 개발이 진행된다면 또 다른 호재가 감추어져 있을 가능성이 충분하다는 것이었고, 집요하게 파고들다 보면 좋은 정보들을 얻을 수 있다는 교훈을 얻었습니다.

그 이후로 저는 계속 고삼저수지 부근을 분석하면서 유튜브 방송으로 현재 일어나고 있는 모든 상황들을 오픈해서 알렸습니다. 용인 SK 하이닉스가 들어오게 되면 이곳 고삼저수지 부근까지 어떤 영향을 받을 수 있을지, 용인 SK하이닉스에서 내려오는 57번 국도나, 325번 국도가 어떻게 변하고, 주변 지가가 어떻게 영향을 받을 수 있는가 등 관련된 권리분석을 30편 이상 소개하기도 했습니다. 그로 인해 많은 사람들이 안성을 주목하게 되었고, 특히 SK하이닉스가 만들어지는 하단의 고삼면 일대와 보개면 일대는 투자자들이 가장 선호하는 지역이 되었습니다.

서울-세종고속도로가 지나는 IC 중 두 번째로 만들어지는 곳이 안성맞춤IC입니다. 이곳은 안성을 대표하는 IC로서 개통이 되면 가장 많은 출입이 발생하는 곳입니다. 이곳을 빠져나오면 곧바로 안성 버스터미널이 있고, 안성시청이 있고, 안성 아트홀이 있는 모든 교통의 중심으로 빠져나가는 38번 국도에 걸쳐 있기에 교통의 중심이라고 말해도 좋을 안성의 대표 IC입니다. 현재는 경부고속도로나 중부고속도로의 화물차 증가로 아침 저녁으로 많이 정체되는데, 서울-세종고속도로가 개통되면 현재의 60% 정도로 교통이 줄 것으로 기대하고 있습니다. 또한, 서울-세종고속도로는 스마트 고속도로로 구간에 따라 140킬로미터까지 달릴 수 있습니다. 무인롤링시스템으로 톨게이트가 불필요하고, 1킬로미터마다 공용기지국을 설치해 200킬로미터로 달리면서 인터넷을 할 수 있는 첨단고속도로로 만들어집니다. 이런 수혜를 입는 가장 대표적인 IC가 안성맞춤IC인 것입니다.

제가 가장 많이 사용될 IC로 안성맞춤IC를 예상하는 이유는 현재 가장 많은 사람들이 안성 시내에 살고 있고, 모든 관공서가 안성 시내에 위치해 있으며, 공무원이나 일반인들이 업무 활동을 해야 하는 곳이 이 주변이기 때문입니다. 또한 향후 개발되고 팽창될 수 있는 곳이 안성맞춤 IC가 만들어지는 동신리, 양복리라는 점입니다. 향후 IC로 인해 근처에 물류단지가 만들어질 것이라고 확신합니다. 보통 IC가 만들어지는 주변에 산업단지가 새로 만들어지거나 대형 물류단지가 인근에 세워집니다. 산업단지나 물류단지가 만들어지면 유동성이 최대로 올라갑니다. 유동성이 많다는 것은 차량이든 사람이든 상업적인 행위를 할 수 있는 상가나 사무실이 필요하다는 이야기이고, IC가 가깝기 때문에 창고의 수요가 많아지며 고속도로를 타고 이동이 필요한 사업장들이 계속 만들어지기에 고속도로IC 인근 토지 가격은 상당 시간 올라가는 것입니다. 고속도로로 들어가거나 빠져나가는 수요로 인해 개발이 가능한 대로변 땅값이 수요를 이기지 못하고 상승하는 이유입니다.

그래서 이 주변에 고속도로IC가 만들어지면 최대의 수혜지가 어디가 될까 고민하고 현장답사를 하며 주변 통행량을 체크하던 중 안성 종합운동장 사거리에 집중하게 되었습니다. 이곳은 IC를 빠져나오면 1분도 안 되는 거리에 있었기에 지가가 엄청나게 오를 것이라고 예상하고 이 주변으로 매입할 땅을 찾아보았습니다. 당시 종합운동장 주변은 서울-세종고속도로의 호재가 있음에도 토지 가격이 오르지 않은 상태였습니다. 종합운동장 사거리부터 금광저수지까지 토지를 찾아다니며 권리분석을 하면 할수록 이곳은 장기적으로 볼 때 투자할 최적의 장소라는 것이 입증되었습니다.

보통 종합운동장 주변은 대부분 주거지역으로 용도지역이 모두 상향

된 것을 확인할 수 있습니다. 어느 도시든 종합운동장이 시내 한가운데 위치한 곳은 거의 없습니다. 발달한 도심에서 조금 벗어난 외각에 만들어지는 것이 보통인데, 시간이 흐르면 외각에 운동장만 있던 곳이 아파트나 주택으로 둘러싸여 주거의 중심으로 거듭난다는 사실을 발견했습니다. 안성의 경우에도 종합운동장 주변에 축구장, 야구장, 수영장, 배드민턴장, 국제정구장, 풋살장 같은 운동시설이 모여 있습니다. 모든 도시들이 마찬가지입니다. 운동할 수 있는 편의시설들이 갖추어진 곳이기에 사람들이 선호하고, 이런 곳에 아파트가 만들어지면 분양은 완판되고 사람들은 운동장 주변으로 몰려들어 남아 있는 땅들은 주택들로 채워지는 것이 일반적입니다. 종합운동장 주변은 아침 저녁으로 운동하고 있는 사람들로 생동감 있는 지역이 되고, 살고 싶은 마을이 됩니다. 당연히 토지 값은 꾸준히 상승할 지역인 것입니다.

제가 이렇게 종합운동장 주변을 자세하게 소개하는 이유가 있습니다. 안성을 기준으로 안성을 감싸고 있는 평택, 천안, 용인, 그리고 주변 도시 수원이나 아산 남양주까지 확대해 봐도 종합운동장은 처음에 만들어질 때는 시 외곽에 위치했는데 도시가 발달하면서 운동장 주변이 도시화가 되었습니다. 그런데 유독 안성만 현재 외각에 도시화가 되지 않은 상태 그대로 있는 것입니다. 땅값도 평당 몇 십만 원밖에 하지 않는 아주 괜찮은 투자 지역이었습니다. 분명히 이곳은 아주 좋은 투자처가 될 것이고, 주변에 호재가 풍부하고, 특히 서울-세종고속도로까지 개통되면 지가 상승은 당연지사라는 확신이 들었습니다. 그래서 종합운동장 주변 권리분석을 20개 이상 영상으로 제작해서 투자자들이 직접 이곳에 오지 않더라도 어느 정도 감을 잡을 수 있도록 유트브에 올려 구독자분들에게 알렸습니다. 유튜브 방송으로 지역에 대한 특색이

나 호재, 그리고 자료들을 올려 구체적이고 합리적인 사실을 기준으로 방송하다 보니 믿어주는 사람들이 많아지고 구독자도 많아졌습니다. 그렇게 주말이면 현지에 답사를 오는 사람들이 많아지자 이곳 또한 지가가 움직이기 시작했습니다. 이곳을 분석한 지 1년이 되지 않아 지가가 2배 이상 올라가는 것을 보고 토지의 입지분석과 권리분석의 힘이 사람들에게 큰 영향을 끼친다는 사실에 무거운 책임감을 느꼈고, 정확한 방송을 통해 사람들이 올바르게 판단하고 선택할 수 있는 데 도움되는 사람이 되어야겠다는 생각을 했습니다.

2019년 안성종합운동장 주변은 투자적으로 보더라도 너무도 조용했는데, 2022년 기준 안성은 서울-세종고속도로 안성맞춤IC가 한창 공사 중이고, IC와 접한 곳에 동신일반 산업단지라는 안성에서 제일 큰 48만 평의 산업단지가 발표되었습니다. 또한 제4차국가철도망 구축개발계획에서 2개의 역이 안성을 거쳐가는데, 평택에서 부발로 이어지는 역사가 이 주변을 통과하고, 동탄에서 청주로 내려가는 수도권 내륙철도 또한 이 주변으로 설계될 것이라는 기분 좋은 이야기들이 들리고 있습니다. 이처럼 입지분석, 권리분석은 매우 중요합니다. 이슈가 되지 않은 지역을 정확하게 예측하고 향후 발전될 가능성을 예리하게 분석해서 수요와 공급의 개념을 이해하면서 향후 유동성이 증가될 것을 예상해 선제적인 투자를 하면 기분 좋은 지가 상승이 기다리고 있습니다.

유튜브의 영향력이라는 것은 상상을 초월합니다. 자기의 유익을 위해서 어떤 목적을 위해서 만든 영상들도 영향력이 있지만 공익을 위해서 많은 사람들을 도울 수 있는 정보를 제공해주고 가치 있는 영상으로 만들 때 구독자와 제작자 사이에 보이지 않는 신뢰가 형성되는 것을 확인할 수 있었습니다. 이렇게 유튜브의 구독자가 많아지자 전화가 폭주했습니다. 처음에는 거의 모든 전화를 받고, 상담과 조언을 해드리고, 찾아오겠다는 분들에게 안내도 해드렸지만, 시간이 지나면서 한계를 넘어버렸습니다. 업무가 마비될 정도로 전화가 왔습니다. 어느 날은 하루 150통 이상의 전화나 문자를 받게 되었기에 처리할 수 있는 한계를 넘어 상담하는 것을 포기할 수밖에 없었습니다. 가끔 너무 다급해서 문자로 연락하는 분들이 있습니다. 절박한 심정으로 문자를 한다고 합니다. 공인중개업소에 물어봐도 진실된 답변인지 알 수 없었고, 저에게 물어보면 정확한 답을 얻을 것 같아 문자로 연락한다는 분들을 외면할수가 없습니다. 대부분 땅을 사야 할지 말아야 할지 거듭 고민하다가 전화하시는 분들이 대부분입니다. 제가 아는 한에서 권리분석을 정직하게 해드리고, 스스로 판단할 수 있도록 돕습니다.

결국 투자는 스스로 판단해야 합니다. 가끔 상식적으로 생각했을 때 말도 안 되는 땅을 두고 고민하시다가 연락주신 분들에게는 단호하게 절대 사지 말라고 따끔하게 충고도 해드립니다. 이런 충고가 그 당사자 분에게는 평생 저축하고 모았던 돈을 지킬 수 있었다는 감사의 인사로 돌아오기도 합니다. 그래서 투자자는 사람들을 도와야 합니다. 나 혼자만 잘살 수가 없습니다. 서로 돕고 정보를 공유하다 보면 의외의 좋은 결과를 만들 수도 있고, 축복이 되기도 합니다. 그런 의미에서 드리는 말씀입니다. 투자자라면 안성을 주목하세요! 향후 이곳은 올라가는 땅으로 결정되어 있는 지역입니다.

화성 송산그린시티
이야기

　요즘 제가 운영하는 유튜브 오픈마인드 채널에서는 경기도 화성에 대해 정말 많은 정보들을 드리고 있습니다. 왜 그렇게 화성에 대해 강조하고, 화성이 왜 더 성장할 수밖에 없는 도시인지에 대한 여러 이야기를 나눠볼까 합니다. 먼저, 화성이 다른 도시에 비해 어떤 면이 높게 평가받는지 살펴보겠습니다.

　화성은 2017년, 2018년 대한민국 인구증가율 1위 도시였고, 2018년 전국에서 가장 젊은 도시 1위에 올랐습니다. 그리고 경기도 내 재정자립도 1위를 차지했는데, 재정 규모를 보면 2001년 1,900억 원에서 2018년에는 2조 3,764억 원으로 무려 12배가 증가한 것을 알 수 있습니다. 1인당 지역 내 총생산이 경기도 1위로 서울이 3,600만 원인데, 화성이 8,079만 원으로 서울의 2.2배나 됩니다. 또한 경기도 내에서 기업체수 1,0264개, 종업원수는 197,039명으로 모두 1위를 달성했습니다. 2017년부터 2021년까지 대한민국 지역경쟁력 평가에서는 5년 연

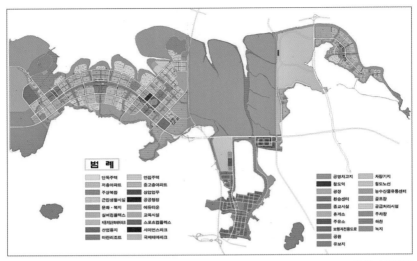

▲ 송산그린시티 토지이용계획도   출처 : 나무위키

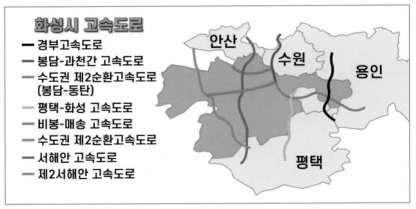

▲ 화성시 고속도로   출처 : 저자 제공

속 종합 1위를 했습니다. 대한민국 안에서만 봐도 이렇게 굉장한 화성의 모습을 발견할 수 있습니다. 그런데 경기도 화성시를 주목한 곳이 또 있습니다. 세계적 경영컨설팅 회사 맥킨지가 2015년에 화성의 성장

을 예견했던 보고서에 따르면 2025년 세계 7대 부자 도시 중 한 곳이 바로 화성입니다. 카타르의 도하가 1위이고, 화성시가 4위입니다.

과연 어떻게 화성시가 세계 4위의 부자 도시가 될 수 있을까요? 그 것은 현대·기아자동차, 삼성반도체 같은 글로벌 기업과 중견 기업들이 화성으로 들어섰기에 가능했습니다. 그리고 화성의 동쪽에 동탄 신도 시가 세워져, 인구 유입이 급속도로 증가되어 부동산 투자가 있었기에 가능했습니다. 그 외에도 화성은 산업단지들이 즐비하게 들어선 도시 입니다. 특히 제약회사와 중견기업들의 생산공장이 포진해 있습니다. 이렇게 기업들이 많이 들어와 있는 이유가 무엇일까요? 화성은 서울의 1.4배에 달하는 844제곱킬로미터입니다. 일단 서울에서 가깝고, 경기 도 주요 도시들에 둘러싸여 있습니다. 그리고 인천공항과도 가깝고, 고 속도로가 곳곳에 깔려 있습니다. 우리나라 대동맥인 경부고속도로, 서 해안 시대의 서막을 알린 서해안고속도로, 평택화성고속도로, 제2서해 안 고속도로가 화성을 지나가고 있고, 1호선 국선 전철과 현재 SRT가 개통되어, 강남 수서까지 15분이면 도착하며, 향후 KTX, GTX 노선까 지 계획되어 있는 맞춤형 도시로 변모해가고 있습니다. 그야말로 기업 하기 좋은 도시로 바뀌었습니다.

실제로 화성은 경기도에서 기업이 제일 많은 도시로 타 지역에서 인 구 전출입이 많은 것도 화성에 좋은 기업들이 있기에 가능했습니다. 기 업이 부자 도시를 만들고 있는 것입니다. 기업이 들어오면 일자리가 늘 고, 일자리가 늘었다는 것은 인구가 증가된다는 뜻입니다. 여기에 동탄 신도시 같은 대규모 부동산 개발까지 더해지면서 화성시 인구는 2001 년에 약 21만 명이었던 것이, 2023년 현재 91만 명이 넘었습니다. 최 근 5년 만에 20만 명의 인구가 증가했다는 것은 새로운 도시 1개가 탄생된 것입니다. 화성시는 이러한 인구 증가 추세가 여기서 멈추지 않을 것으로 보고 있습니다. 바로 서부에서 진행되고 있는 송산그린시티의 개발 때문입니다. 재차 설명드리지만, 세계적인 국제테마파크, 184만 평으로 개발되는 4차산업혁명 지원지구 산업단지, 그리고 자율주행의 메카 K-City 등 정말 뜨거운 이슈들이 가득한 곳이 화성입니다.

이렇게 도로와 교통이 좋아지니 기업들이 모여들고 있습니다. 기업이 모여드니, 일자리가 창출되어 화성시는 세 수입이 많아지고, 부자도시가 되어가고 있습니다. 화성시의 무궁한 잠재력은 이제부터 시작입니다. 그리고 화성시를 둘러싸고 있는 서울 인접 지역은 대부분 과밀억제권역입니다. 과밀억제권역에서는 더 이상 공장 허가가 나지 않습니다. 그래서 있는 공장도 밖으로 내보내고 있는 상황이라고 합니다. 그런데 화성시는 과밀억제권역이 아닙니다. 바로 성장관리권역에 있기 때문에 과밀억제권역에 있는 수원시, 의왕시, 군포시, 시흥시, 과천시, 부천시 등 서울을 감싸고 있는 모든 도시 속에 있던 공장들이 가장 가까운 화성시로 몰려올 수밖에 없습니다.

우리나라 대표 자동차회사인 기아자동차가 화성시 우정읍에 있고, 삼성 반도체공장이 화성 동탄에 있고, 우리나라를 대표하는 제약회사들의 80%가 향남제약산업단지에 위치해 있으며, 우리나라 대표 2기 신도시인 동탄이 있기에 화성시의 성장과 발전, 인구 증가는 자연스럽게 이루어지고 있습니다. '맥킨지'가 선정한 세계 4대 부자 도시 화성은 이런 근거에서 나온 것입니다.

지금까지 화성이 이루어온 성장이 동부권인 동탄 중심이었다면, 향후 10년 동안에는 1,700만 평으로 만들어지는 송산그린시티를 주목해야 할 것 같습니다. 우리나라 1기 신도시인 분당, 일산, 평촌, 중동, 산

본 신도시를 다 합하면 1,500만 평인데 그것보다 큰 규모인 1,700만 평의 거대한 신도시가 이제 개발될 것이라는 미래형이 아니라 지금 개발되고 있는 현재진행형이라는 것에 주목해보시길 바랍니다. 184만 평의 산업단지는 토목공사가 이미 진행되고 있고, 분양은 2023년 말부터 진행 예정이고, 에버랜드의 3배 크기로 만들어지는 화성 국제테마파크는 공사를 진행하기 위해 펜스를 쳐둔 상태이며, 택지개발된 곳은 수개월 안에 곧 분양한다는 소식도 전해지고 있습니다. 서측 메인 도시개발 또한 토목정비를 하고 있는 상태이기에, 향후 10년이 지나면 바다를 점하고 있는 화성의 서측은 상상하기 어려울 정도로 성장한 도시가 될 것입니다.

이렇게 성장 진행형인 도시에는 부동산 투자가 활발하게 이루어지고 있습니다. 도시가 개발되고, 인구가 증가되고, 산업단지가 세워지는 곳에 원형지 토지들은 얼마나 많이 거래될까요? 도시가 성장하려면 개발이 되어야 하고, 개발은 곧 원형지 토지들을 그냥 두지 않고 다양한 형태로 사용하는 것이므로 땅값은 자연스레 상승하게 된다는 논리입니다.

투자는 바로 이런 곳에 해야 합니다. 사람들이 몰려들고, 기업들이 몰려들고, 고속도로가 만들어지고, 고속도로 IC가 개통되고, 철도가 만들어지고, 철도역이 개통되고, 정신없이 무엇인가가 만들어지는 이런 곳이 바로 최적의 투자처라고 말씀드리고 싶습니다.

시골 조용한 곳에 아무리 땅을 사놓아도 오르지 않는 이유는 그곳에 사람들이 오지 않기 때문입니다. 사람들이 오지 않는다는 것은 냉정하게 말해서 무엇을 만들든, 어떤 집을 짓든 수요가 없다는 말이고 수요가 없다는 것은 결국 가격이 오르지 않는다는 이야기입니다. 결국 수요와 공급의 법칙에서 도시 지역이 아닌 시골 지역의 땅은 수요가 없기에 오를 수 없는 구조적인 문제를 안고 있는 것입니다. 따라서 투자는 개발되는 도시 지역에 해야 하고, 그중에서도 대규모 신도시, 대규모 산업단지가 만들어지는 원형지 땅에 묻어두어야 합니다.

부록

반드시 알아야 할
실전 토지 용어

※ 부록에 수록된 내용은 국토교통부에서 제공한 토지이용
용어사전 등을 참조해 저자가 알기 쉽게 재구성했음을
알려드립니다.

이것이 **토지이용계획확인서**이다

현재의 토지이용계획

제3종 일반주거지역

✔ 지역 : 제3종일반주거지역
✔ 지구 : 경관지구
✔ 행위제한
✔ 토지거래계약

경관지구

도로

출처 : 저자 제공

　토지이용규제기본법에 따라 필지별로 지역·지구 등의 지정 내용과 행위제한 내용 등의 토지 이용관련 정보를 확인하는 서류를 말한다. 토지이용계획확인서는 토지에 대한 궁금한 내용들에 대한 해답지라고 생각하면 된다. 지목, 개별공지지가, 면적, 지역지구 등 지정 여부, 확인도면에 대한 정보를 볼 수 있다. 토지 투자를 전문적으로 하는 사람이라면 반드시 알아야 할 토지에 대한 해독서라고 생각하고 철저히 공부해야 한다. 토지이용계획확인서를 통해 확인할 수 있는 필지별 토지이용관련 정보는 다음과 같다.

· 지역·지구 등의 지정 내용
· 지역·지구 등에서의 행위제한 내용
· '부동산 거래신고 등에 관한 법률'에 따른 토지거래계약에 관한 허

가구역

- '택지개발촉진법 시행령'에 따른 주민공람·공고의 열람기간
- '공공주택특별법 시행령'에 따른 주민공람·공고의 열람기간
- '건축법'에 따라 위치를 지정해 공고한 도로
- '국토의 계획 및 이용에 관한 법률'에 따른 도시·군관리계획 입안 사항
- '농지법 시행령'에 따른 영농여건불리농지
- '공유수면 관리 및 매립에 관한 법률' 제48조에 따른 매립목적 변경 제한
- '산지관리법' 제21조제1항에 따른 용도변경 승인 기간
- '경관법' 제9조제1항제4호에 따른 중점경관관리구역
- 지방자치단체가 도시·군계획조례로 정하는 토지 이용 관련 정보

토지이용계획확인서를 발급받으려면 특별자치도지사, 시장·군수 또는 구청장에게 토지이용계획확인신청서를 제출해야 하며, 신청을 받은 지자체장은 국토이용정보체계를 활용해 토지이용계획확인서를 발급한다. 또한, 토지이음(www.eum.go.kr)을 이용하면 필지별 토지이용계획을 열람할 수 있다.

이것이 도로이다

건축법상 도로는 보행자와 차량 통행이 가능한 4미터 이상의 도로를 말한다. 건축법에서는 건축물의 출입을 위해, 건축물의 건축 시 해

4m 이상
사람과 차량의 통행이
가능한 폭 4m 이상의 도로

출처 : 저자 제공

당 대지의 2미터 이상이 도로에 접하도록 규정하고 있다(연면적의 합계가 2,000제곱미터 이상인 건축물의 대지는 너비 6미터 이상이 도로에 4미터 이상 접해야 건축이 가능하다). 쉽게 말해 도로는 사람과 자동차 등 도로 이용자들이 통행을 위해 사용하는 길을 뜻한다. 다시 말해 차도도 도로고, 인도도 도로다.

도로의 폭이 4미터인 이유는 건축법상 도로는 보행과 차량의 통행이 가능해야 한다고 정의하고 있는데 차량의 너비가 보통 2미터 정도 되고, 두 차량이 오가는 과정에서 부딪치지 않게 해야 하기에 최소한 4미터가 된 것이다. 그리고 자동차가 건축물로 진입할 수 있어야 하므로 건축물의 대지는 도로에 2미터 이상 접해야 한다는 것이다.

'국토의 계획 및 이용에 관한 법률'에 의한 도로

- 국도, 지방 도로 등의 도로법상 도로와 구별되며 도시계획 구역 내의 주요 도로로서 결정되어 도시계획(시설) 사업으로서 설치되는

도로를 말한다.

- 사용 및 형태별 구분 : 일반 도로, 자동차 전용도로, 보행자 전용도로, 자전거 전용도로, 고가 도로, 지하 도로
- 규모별 구분 : 광로, 대로, 중로, 소로
- 기능별 구분 : 주간선 도로, 보조간선 도로, 집산 도로, 국지 도로, 특수 도로

도로법상 도로

- 차도, 보도, 자전거 도로, 측도, 터널, 교량, 육교 등 대통령령으로 정하는 시설로 구성된 것으로서 도로의 부속물을 포함한다.
- 고속국도(고속국도의 지선포함), 일반국도(일반국도의 지선포함), 특별시도·광역시도, 지방도, 시도, 군도, 구도

사도법에 의한 도로

- 사도란 사유 도로로서 사법상 설치 허가를 받은 도로이다. 사도는 토지의 이익을 위해 스스로 설치하는 도로이기 때문에 사유재산권 보호에 관한 규정이 적용되어 필요시 사용료를 징수할 수 있다.
- 도로법에 의한 도로, 도로법의 준용을 받는 도로, '농어촌 도로 정비법'에 따른 농어촌 도로, '농어촌 도로 정비법'에 따라 설치된 도로 이외의 도로를 말한다.
- 주로 건축과 관련되어 진입 도로 등으로 사용하기 위해 소유자가 직접 설치하거나 소유주의 동의를 얻어 설치하는 사설 도로와는 다르다.

* 그 밖의 법령에 따라 신설 변경에 관한 고시가 된 도로

- 기타 법령에 따라 정해져 있는 도로로 다양한 도로가 있는데, 그중 대표적인 것으로 농어촌 도로, 임도가 있다.
- '농어촌 도로 정비법'에 따른 농어촌 도로 : 도로법에 규정되지 아니한 도로(읍 또는 면 지역의 도로만 해당)로서 농어촌 지역 주민의 교통 편익과 생산·유통 활동 등에 공용되는 공로로서 면도, 이도, 농도 등이 있다.
- '산림자원의 조성 및 관리에 관한 법률'에 의한 임도(林道): 산림의 경영 및 관리를 위해 설치한 도로로 간선 임도, 지선 임도, 작업 임도 등이 있다.

이것이 **도로점용**이다

도로 구역 안에서 어떤 시설을 신설, 개축, 변경, 제거하거나 그 밖의 목적을 위해 도로를 차지해 사용하는 일이고, 목적으로 도로를 점용하는 자는 관리청의 허가를 받아야 하며, 공공재인 도로에 특별한 사용권을 부여해 일정 금액의 점용료를 납부하고, 개인적으로 사용할 수 있도록 허가해주는 것이다. 토지 투자를 하다 보면 도로에 붙어 있는 땅을 매입할 시 매입하려고 하는 땅 앞에 도로나 시유지가 붙어 있을 때 맹지라고 오해하는 사람들이 간혹 있다. 하지만 도로나 시유지를 도로로 점용허가를 받게 되면 개발행위허가가 나올 수 있다.

이것이 **접도구역**이다

출처 : 저자 제공

도로 확장용 용지 확보, 도로 보호, 도로 미관의 보존, 위험 방지 따위를 위해 법으로 지정한 일정 거리의 구역이다. 토지의 형질변경, 건축, 식목, 벌목이 금지되거나 제한된다. 이 접도구역은 교통 위험을 방지하기 위해 도로 경계선으로부터 일정 구역을 지정하고 개발행위를 제한하는 도로법상의 규정이고, 비도시지역에만 접도구역이 있고 도시지역에는 완충녹지가 그 역할을 한다. 접도구역 지정범위는 고속도로는 도로 경계선으로부터 20미터, 일반 국도는 도로 경계선으로부터 5미터, 지방 도로 또한 도로 경계선으로부터 5미터를 띄워야 한다. 접도구역은 건축시 건폐율 산정에 포함된다. 다만 접도구역 선에서는 건축이 제한된다.

이것이 대지이다

대지

건축법상 안전 조건을 만족하는 대지에는 기본적으로 건축행위가 가능합니다.

출처 : 저자 제공

건축법상의 대지란 건축물에 사용할 최소의 공지를 확보해 채광, 일조, 통풍, 소방상의 편리를 도모하는 목적으로 구획된 토지를 말한다. 대지는 현재 건축물이 지어져 있거나 앞으로 건축물을 지을 수 있는 토지를 대지로 정의할 수 있다. 대지는 지적법에서 나온 용어인데 지적법에서는 토지의 용도를 기준으로 토지를 28가지 종류로 분류하고 각각의 종류마다 이름을 붙여놓았는데, 이를 '지목'이라고 하며, '대'로 표시된 지목이 대지이다.

대지에는 건축이 곧바로 가능하다. 일반적으로 토지에 건물을 짓고자 하는 경우에는 토지의 지목이 '대'이어야 한다. 그렇지 않은 경우에는 지목을 '대'로 바꾸어야만 건축이 가능하다. 현재 지목이 전, 답, 과수원으로 되어 있는 농지에 건물을 짓는다면 농지전용허가를 받아서 건축해야 하고, 전용이 되면 지목이 '대'로 바뀌게 된다. 우리가 일반적으로 이야기하는 건축된 토지를 대지라고 부르기도 한다. 보통 건물이 지어져 있는 토지는 포괄적으로 택지라고 부르기도 한다. 우리가 일반적으로 부르는 부지는 각 토지의 바닥 토지를 말한다.

많은 초보 투자자들이 토지 투자에서 토지 전용을 한 대지를 선호하지만, 대지 가격은 개발허가를 받지 않은 원형지보다 보통 훨씬 비싸기에 투자에 있어서 가격 차이가 많이 난다면 대지보다는 원형지 상태로 저가로 매입하는 것이 수익률이 훨씬 좋아진다. 그러나 개발해보지 않은 사람이 곧바로 건축할 실사용자라면 대지도 좋은 선택이 될 수 있다.

이것이 **농지**이다

농지는 농업경영을 위해서 사용하는 토지이다. 농지법에서 농지라 함은 전·답·과수원 기타 그 법적 지목 여하에 불구하고 실제 토지 현상이 농작물의 경작 또는 다년성식물 재배로 이용되는 토지 및 그 토지의 개량시설의 부지와 고정식 온실·버섯 재배사 등 농업생산에 필요한 일정 시설의 부지를 말한다. 농지를 취득 시 농지취득자격증명원이 발급이 되어야 가능하고 '경자유전의 원칙'에 의해 소작을 금지하고 실제 농사를 짓는 사람이 농지를 취득해야 하는 규정을 두고 있다. 헌법은 농지의 소작제도를 금지하되, 농업생산성의 제고와 농지의 합리적 이용을 위해 불가피할 경우에 임대차 및 위탁경영을 법률이 정하는 바에 의해 인정하고 있다.

조세특례제한법상 농업소득세의 과세 대상 토지의 경우, 매수 이후

8년 이상 직접 경작한 토지는 토지의 양도로 인해 발생하는 소득인 양도소득세를 1년간 1억 원, 5년간 2억 원 한도까지 감면한다.

이것이 **농업진흥지역**이다

출처 : 저자 제공

농업진흥지역은 농지를 효율적으로 이용·보전하기 위해 우량농지로 지정된 지역을 말한다. 농업진흥지역은 농업진흥구역과 농업보호구역으로 나뉘어 지정되는데, 농업진흥구역은 현행 절대농지와 같이 개발이 제한되나 정부가 생산기반시설, 전업농 육성, 추곡 수매량 우선배정, 유통가공 시설 등을 우선 지원하기도 하고, 다양한 투자 혜택을 받게 된다. 그리고 농업보호구역은 진흥구역의 용수원을 확보하고, 수질보전 등을 위해 농업에 대한 환경을 보전해야 할 필요성이 있는 지역이 지정된다.

　농업진흥구역은 농지 중에서 가장 규제가 심한 농지이고, 농업진흥구역에서는 농사 외 다른 용도로 사용할 수 있는 것들에 상당히 제약이 있다고 보면 된다. 보통 시골에 가면 사각형 모양으로 경지 정리가 잘 되어 있는 논이나 밭을 볼 수 있는데, 절대농지라고 부르는 이러한 토지가 농업진흥구역 토지라고 보면 된다.

농업진흥구역에서 할 수 있는 건축행위

- 농업생산 또는 농지개량과 직접 관련되는 토지 이용
- 농수산물 가공처리 시설(10,000제곱미터 미만), 농수산물 연구시설 (3,000제곱미터 미만)
- 농업인의 공동생활에 필요한 편의시설(마을회관, 유치원, 노유자시설 등)
- 농업인 주택 (660제곱미터 이하)
- 기타 농업용 또는 축산업용 시설의 설치

농업보호구역에서 할 수 있는 건축행위

- 농업진흥구역에서 허용되는 건축물
- 관광농지부지(20,000제곱미터 미만)
- 주말농원사업 부지(3,000제곱미터 미만)
- 태양에너지를 이용한 발전설비(10,000제곱미터 미만)
- 단독주택과 1종, 2종 근린생활시설 부지(1,000제곱미터 미만)

농업진흥구역 해제 기준

도로 철도 개설 등 여건 변화에 따라 3헥타르(30,000제곱미터 = 9,075평) 이하로 남은 자투리 지역 주변이 개발되는 등의 사유로 3헥타르 이하로 단독으로 남은 농업진흥구역이 해제 대상이다. 도시지역(녹지지역) 내 경지정리되지 않은 농업진흥구역, 농업진흥지역과 자연취락지구가 중복된 지역, 농업진흥구역 내 지정 당시부터 현재까지 비농지인 토지 중 지목이 염전, 잡종지, 임야, 학교용지, 주차장, 주유소, 창고용지인 토지이다.

농업진흥구역에서 농업보호구역으로 변경되는 기준

- 도로와 철도 개설 등 여건 변화에 따라 3~5헥타르 이하로 남은 자투리 지역
- 경지정리 사이 또는 외곽의 5헥타르(50,000제곱미터 = 15,125평) 이하의 미경지 정리 지역
- 주변 개발 등으로 단독으로 3~5헥타르 이하로 남은 지역

이것이 **임야**이다

임야는 지목 종류 중 하나로 산림이나 들판을 이루는 숲, 습지, 죽림지, 황무지, 간석지, 사지, 등의 땅을 통틀어서 일컫는 것이다. 대표적으로 주변에서 흔히 볼 수 있는 산이 임야에 속한다. 건축 목적으로 임야를 구입 시 주의할 점은 임야는 보전 산지와 준보전 산지로 나누어진다는 점이다. 보전 산지는 다시 임업용 산지와 공익용 산지로 구분되어진

다. 준보전 산지는 보전 산지 이외의 모든 산지를 말한다. 임업용 산지는 임업 생산을 목적으로 하기에 투자하기 적합하지 않다. 공익용 산지는 재해방지, 자연보전을 목적으로 하기에 절대 투자에 적합하지 않다. 준보전 산지는 '국토계획 및 이용에 관한 법률'에 적용받으므로 주택이나, 창고, 공장 같은 개발행위허가를 할 수 있기에 투자하기 적합한 토지라고 할 수 있다.

임야에서 건축 시 꼭 확인해야 하는 사항이 경사도와 임목축척도이다. 경사도가 25도 이상 되면 건축허가가 불가능하다고 생각하면 된다. 혹, 스키장이라면 가능할 수도 있겠지만 상식적인 개발행위허가에서는 건축허가가 나지 않는다. 수도권 대부분은 10~15도 정도의 경사도에만 건축허가를 내주는데, 지자체에 따라 15~20도까지 완화해 허가를 내주기도 하므로 반드시 토목측량회사에 방문해 알아본 뒤 매입해야 한다. 이렇듯 임야를 개발하기 위해서는 산림조사, 즉 임목축적조사를 해야 한다. 해당 임야의 나무 종류와 수량 등을 조사해서 기준에 맞아야 개발행위허가가 나온다는 사실을 반드시 알고 있어야 한다.

이것이 **잡종지**이다

잡종지는 투자자에게 가장 매력 있는 지목에 속한다. 거의 제한 없이 건축이 가능하고, 말 그대로 잡종으로 사용할 수 있는 토지이다. 잡종지는 28개에 달하는 각종 지목에 해당하지 아니할 경우 설정하는 지목이다. '공간정보의 구축 및 관리 등에 관한 법률'상 잡종지는 갈대밭, 야외시장, 비행장, 공동우물과 영구적 건축물 중 변전소, 송신소, 수신소, 주차시설, 납골당, 유류저장시설, 송유시설, 주유소, 도축장, 자동차 운전학원 등의 부지와 다른 지목에 속하지 않는 토지를 말한다. 잡종지는 특별히 정해진 용도가 없는 땅이므로 어떤 용도로도 지목 변경이 쉽고, 여러 용도로 사용할 수 있는 토지이다. 잡종지는 대지와 성격이 비슷해 고급스러운 지목으로 평가받기도 한다. 잡종지는 언제나 건축허가를 받아서 건축이 가능하기 때문에 주택을 지으면 대지, 공장을 지으면 공장용지로 지목 변경이 가능하다. 대지로 만들려면 먼저 건축허가를 받아서 건축을 완료하고 관계 서류를 가지고 시군구청 지적계에 지목 변경 신고서를 제출하면 변경이 가능하다. 다만 토지의 형질변경이 되어야 하는 것으로, 전용부담금은 내야 한다. 반복해서 설명하면 거의 지목 변경이 만능이기에 도로에 인접해 있으면 토목 비용이 절감되고, 허가만으로도 건축이 가능한 최대의 장점을 가지고 있는 토지가 바로 잡종지이다.

이것이 **지목**이다

토지의 주된 용도에 따라 토지의 종류를 구분해 지적공부에 등록한 것을 말한다. 지목은 토지의 용도에 의해 구분되기도 하지만, 그 외에도 지형구분이나 토양의 성질, 수익력 등에 의해 또는 지질생성의 차이에 의해서도 구별된다. 현재 우리나라는 다양한 토지 이용 상태를 모두 지목으로 표시할 수 없으므로 이용 형태를 분류해 다음과 같이 28가지의 법정지목(공간정보의 구축 및 관리 등에 관한 법률 시행령)을 정하고, 그 외의 등록은 인정하지 않고 있다.

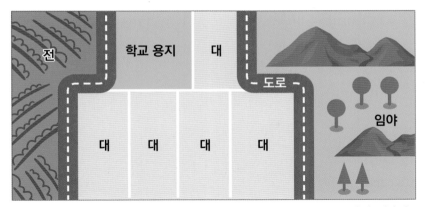

출처 : 저자 제공

1. 전

물을 상시적으로 이용하지 않고 곡물·원예작물(과수류는 제외한다)·약초·뽕나무·닥나무·묘목·관상수 등의 식물을 주로 재배하는 토지와 식용(食用)으로 죽순을 재배하는 토지이다.

2. 답

물을 상시적으로 직접 이용해 벼·연(蓮)·미나리·왕골 등의 식물을 주로 재배하는 토지이다.

3. 과수원

사과·배·밤·호두·귤나무 등 과수류를 집단적으로 재배하는 토지와 이에 접속된 저장고 등 부속시설물의 부지. 다만, 주거용 건축물의 부지는 "대"로 한다.

4. 목장용지

축산업 및 낙농업을 하기 위해 초지를 조성한 토지 및 가축을 사육하는 축사 등의 부지이다.

5. 임야

산림 및 원야(原野)를 이루고 있는 수림지(樹林地)·죽림지·암석지·자갈땅·모래땅·습지·황무지 등의 토지이다.

6. 광천지

지하에서 온수·약수·석유류 등이 용출되는 용출구(湧出口)와 그 유지(維持)에 사용되는 부지이다. 다만, 온수·약수·석유류 등을 일정한 장소로 운송하는 송수관·송유관 및 저장시설의 부지는 제외한다.

7. 염전

바닷물을 끌어들여 소금을 채취하기 위해 조성된 토지와 이에 접속된 제염장(製鹽場) 등 부속시설물의 부지이다.

8. 대

영구적 건축물 중 주거·사무실·점포와 박물관·극장·미술관 등 문화시설과 이에 접속된 정원 및 부속시설물의 부지와 '국토의 계획 및 이용에 관한 법률' 등 관계 법령에 따른 택지조성 공사가 준공된 토지이다.

9. 공장용지

제조업을 하고 있는 공장시설물의 부지이다.

10. 학교용지

학교의 교사(校舍)와 이에 접속된 체육장 등 부속시설물의 부지이다.

11. 주차장

자동차 등의 주차에 필요한 독립적인 시설을 갖춘 부지와 주차전용 건축물 및 이에 접속된 부속시설물의 부지이다.

12. 주유소용지

석유·석유제품 또는 액화석유가스 등의 판매를 위해 일정한 설비를 갖춘 시설물의 부지나, 저유소(貯油所) 및 원유저장소의 부지와 이에 접속된 부속시설물의 부지이다.

13. 창고용지

물건 등을 보관하거나 저장하기 위해 독립적으로 설치된 보관시설물의 부지와 이에 접속된 부속시설물의 부지이다.

14. 도로

일반 공중(公衆)의 교통 운수를 위해 보행이나 차량운행에 필요한 일정한 설비 또는 형태를 갖추어 이용되는 토지와 '도로법' 등 관계 법령에 따라 도로로 개설된 토지이다.

15. 철도용지

교통 운수를 위해 일정한 궤도 등의 설비와 형태를 갖추어 이용되는 토지와 이에 접속된 역사(驛舍)·차고·발전시설 및 공작창(工作廠) 등 부속시설물의 부지이다.

16. 제방

조수·자연유수(自然流水)·모래·바람 등을 막기 위해 설치된 방조제·
방수제·방사제·방파제 등의 부지이다.

17. 하천

자연의 유수(流水)가 있거나 있을 것으로 예상되는 토지이다.

18. 구거

용수(用水) 또는 배수(排水)를 위해 일정한 형태를 갖춘 인공적인 수
로·둑 및 그 부속시설물의 부지와 자연의 유수(流水)가 있거나 있을 것
으로 예상되는 소규모 수로부지이다.

19. 유지(溜池)

물이 고이거나 상시적으로 물을 저장하고 있는 댐·저수지·소류지
(沼溜地)·호수·연못 등의 토지와 연·왕골 등이 자생하는 배수가 잘되
지 않는 토지이다.

20. 양어장

육상에 인공으로 조성된 수산생물의 번식 또는 양식을 위한 시설을
갖춘 부지와 이에 접속된 부속시설물의 부지이다.

21. 수도용지

물을 정수해 공급하기 위한 취수·저수·도수(導水)·정수·송수 및 배수 시설의 부지 및 이에 접속된 부속시설물의 부지이다.

22. 공원

일반 공중의 보건·휴양 및 정서생활에 이용하기 위한 시설을 갖춘 토지로서 '국토의 계획 및 이용에 관한 법률'에 따라 공원 또는 녹지로 결정·고시된 토지이다.

23. 체육용지

국민의 건강증진 등을 위한 체육활동에 적합한 시설과 형태를 갖춘 종합운동장·실내체육관·야구장·골프장·스키장·승마장·경륜장 등 체육시설의 토지와 이에 접속된 부속시설물의 부지이다. 다만, 체육시설로서의 영속성과 독립성이 미흡한 정구장·골프 연습장·실내수영장 및 체육도장, 유수(流水)를 이용한 요트장 및 카누장, 산림 안의 야영장 등의 토지는 제외한다.

24. 유원지

일반 공중의 위락·휴양 등에 적합한 시설물을 종합적으로 갖춘 수영장·유선장(遊船場)·낚시터·어린이놀이터·동물원·식물원·민속촌·경마장 등의 토지와 이에 접속된 부속시설물의 부지이다.

25. 종교용지

일반 공중의 종교의식을 위해 예배·법요·설교·제사 등을 하기 위한 교회·사찰·향교 등 건축물의 부지와 이에 접속된 부속시설물의 부지이다.

26. 사적지

문화재로 지정된 역사적인 유적·고적·기념물 등을 보존하기 위해 구획된 토지이다. 다만, 학교용지·공원·종교용지 등 다른 지목으로 된 토지에 있는 유적·고적·기념물 등을 보호하기 위해 구획된 토지는 제외한다.

27. 묘지

사람의 시체나 유골이 매장된 토지, '도시공원 및 녹지 등에 관한 법률'에 따른 묘지공원으로 결정·고시된 토지 및 '장사 등에 관한 법률' 제2조제9호에 따른 봉안시설과 이에 접속된 부속시설물의 부지이다. 다만, 묘지의 관리를 위한 건축물의 부지는 "대"로 한다.

28. 잡종지

다음 각 목의 토지이다. 다만, 원상회복을 조건으로 돌을 캐내는 곳, 또는 흙을 파내는 곳으로 허가된 토지는 제외한다.

    가. 갈대밭, 실외에 물건을 쌓아두는 곳, 돌을 캐내는 곳, 흙을 파내는 곳, 야외시장, 비행장, 공동우물

    나. 영구적 건축물 중 변전소, 송신소, 수신소, 송유시설, 도축장, 자동차운전학원, 쓰레기 및 오물처리장 등의 부지

이것이 **토지대장**이다

토지에 관한 장부를 의미한다. 토지의 소재, 지번(地番), 지목(地目), 면적, 소유자의 주소와 성명, 지상권자의 주소와 성명 등이 기재된다. 부동산이 소재하고 있는 토지의 소재, 지번, 지목, 면적을 정확하게 확인할 수 있으며, 토지 지목이나 면적의 변동이 있는 경우에는 그 사유와 변동일자도 확인할 수 있다. 또한 개별공시지가도 확인할 수 있어서 토지의 상황을 명확하게 하는 장부라고 할 수 있다.

이것이 **과밀억제권역, 성장관리권역, 자연환경보전권역**이다

'수도권 정비계획법'에는 이렇게 정의되어 있다.

과밀억제권역이란? 인구와 산업이 지나치게 집중되거나 집중될 우려가 있어 이전하거나 정비할 필요가 있는 지역을 의미한다. 공장이 너무 많이 건설되고 있고, 사람이 너무 많이 사는 지역이나 공장을 다른 곳으로 옮기고 지역을 좀 정비해야 할 필요가 있는 지역이다.

성장관리권역이란? 과밀억제권역으로부터 이전하는 인구와 산업을 유치하고, 산업의 입지와 도시의 개발을 적정하게 관리할 필요가 있는 지역을 의미한다. 이 지역도 인구집중유발시설 및 산업시설의 신설, 증설 및 허가행위가 제한된다. 과밀억제권역이 이미 과밀한 상태가 더 발전하지 못하도록 막는 것이라면, 성장관리권역은 그것보다 조금 낮은 제한이 있다고 볼 수 있다.

자연환경보전권역이란? 한강 수계의 수질과 녹지 등 자연환경을 보전할 필요가 있는 지역을 의미한다. 남양주 일부, 광주, 이천, 여주, 양평, 가평이 여기에 해당된다. 이 지역에서는 관광지의 종성이 제한되고, 팔당호 주변 지역에서는 오염총량제까지 시행되고 있어서 자연환경보전권역에서는 공장 허가가 까다롭다고 볼 수 있다.

이러한 '수도권 정비계획법'이 시행되기 때문에 토지 투자의 경우 가능한 성장관리권역에서 하는 것이 개발 허가나 지가 상승이 이루어지기에 대체로 안전하다고 볼 수 있다.

이것이 **개발행위허가**이다

출처 : 저자 제공

개발행위허가는 대한민국 국토의 무분별한 개발을 막기 위한 목적으로 계획적인 관리를 하기 위해서 개발행위에 대한 전반적인 내용을 검토하고 허가해주는 제도라고 볼 수 있다. 개발행위허가는 개발행위의 계획의 적정성과 기반시설의 확보, 개발지 인근의 주변 경관, 자연환경과의 조화 등을 다양하게 고려해 결정하고 있다.

보통 절토, 성토, 정지와 포장 등의 토지 형상을 변경하는 행위에 대해서도 허가가 필요하고, 공유수면 매립과 함께 모래, 바위, 자갈을 채취하는 행위나 토지 분할까지 개발행위허가를 득해야 한다. 토지를 매입 후 원형지 상태에서 주변이 개발되어 자신의 토지를 개발할 경우도 있는데, 모든 개발은 국토를 효율적으로 활용하기 위해 엄격한 행정계획절차를 거치게 된다. 대규모로 개발하지 않고 소규모로 개발한다면 복잡한 행정 단계를 거치지 않고 간단하게 허가를 해주기도 하지만, 실제로 설명하는 것과 다르게 개발행위허가를 받기란 상당히 어렵다. 개발행위의 대상은 다음과 같다.

첫째, 건축물을 건축하는 것
둘째, 공작물을 설치하는 것
셋째, 토석을 채취하는 것
넷째, 토지를 분할하는 것
다섯째, 물건을 쌓아놓는 적치행위

이러한 개발행위를 하려면 시장 군수에게 허가 신청을 해야 하고, 개발행위를 하려는 다섯 가지의 목적 사업에 적합하다는 것을 증명해야 한다. 개발행위 절차를 풀어보면 개발행위허가에 따른 기반시설의 설치나 그에 필요한 용지의 확보 및 위해방지, 환경오염방지와 경관 및 조경 등에 관한 계획서, 토지 소유권, 사용권 등 신청인의 개발행위를 증명하는 서류를 준비하고, 개발행위허가의 목적, 사업기간 등을 명확하게 기재해서 신청하면 된다. 신청하면 접수가 되고, 관공서는 기준에 준해 신청서를 검토하고 이해관계자들로부터 의견을 청취한다. 그리고 도시계획위원회의 심의를 진행하고, 통과하면 개발행위허가 여부를 통보해준다. 그 후 개발행위허가 이행 담보, 개발행위, 준공검사 순으로 진행된다. 보통 토지 투자자들이 개발행위허가를 직접 진행하기는 매우 어렵기 때문에 토목측량회사에 위임하는 것이 효율적이다. 직접 진행하려다 시간과 비용이 오히려 더 많이 들 수도 있기 때문이다.

이것이 **구거**이다

구거란 작고 좁은 도랑을 말한다. 지적법에 의한 지목 중 하나이며, 배수를 목적으로 해 일정한 형태를 갖춘 인공적인 수로 및 그 부속시설물의 부지와 자연의 유수가 있는 소규모 수로의 부지이다. 구거가 농수로에 쓰이는 경우는 농업기반시설의 목적 외 사용 승인을 받아야 하고 국유지로서 농업용이 아니고 지자체에서 관리하는 경우는 공유수면 점용허가를 받는다. 보통 관청의 허가를 받아 구거 위에 다리를 만들어 사람과 차량의 통행이 가능한 길을 만들면 맹지를 탈출할 수 있고, 개발행위허가를 받을 수도 있다. 이를 구거 점용허가라고 하기도 한다. 구거는 논이나 밭이 많은 지역에 주로 있고, 지적도에 '구거'라고 표시되어 있고 주로 소유주가 농어촌공사로 되어 있다.

이것이 **건폐율, 용적률**이다

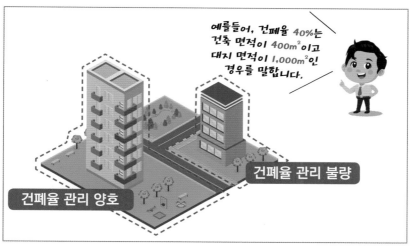

예를들어, 건폐율 40%는 건축 면적이 400m²이고 대지 면적이 1,000m²인 경우를 말합니다.

건폐율 관리 불량

건폐율 관리 양호

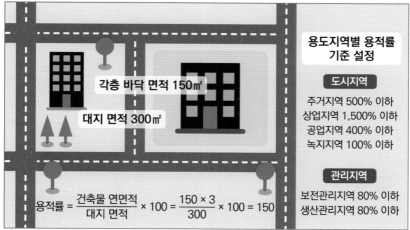

각층 바닥 면적 150㎡

대지 면적 300㎡

$$용적률 = \frac{건축물\ 연면적}{대지\ 면적} \times 100 = \frac{150 \times 3}{300} \times 100 = 150$$

**용도지역별 용적률
기준 설정**

도시지역

주거지역 500% 이하
상업지역 1,500% 이하
공업지역 400% 이하
녹지지역 100% 이하

관리지역

보전관리지역 80% 이하
생산관리지역 80% 이하

출처 : 저자 제공

건폐율은 대지 면적에서 건축물이 차지하는 비율을 말한다. 건폐율
이 낮을수록 전체 대지 면적에서 건축물이 차지하는 비중이 작다는 것
을 의미한다. 예를 들면 건폐율이 20%라면 전체 대지 면적에서 20%만

건물이 만들어진다는 말이다. 나머지는 주차장이나 녹지공간으로 활용된다.

용적률은 대지 면적에 대한 건축물의 연면적 비율을 말한다. 건폐율이 수평적 면적이라면 용적률은 수직적 면적이라고 생각하면 된다. 용적률이 높다는 것은 높게 건물을 지을 수 있다는 의미라고 생각하면 된다. 예를 들어 200평 땅에 용적률 100% 라고 한다면 바닥 평수 50평짜리 건물을 4층까지 지을 수 있게 된다. 용적률을 계산할 때는 지하층의 바닥 면적과 지상층 중 주차장 용도의 면적은 제외된다.

이것이 **용도지역, 용도지구, 용도구역**이다

출처 : 저자 제공

용도지역은 토지의 이용 및 건축물의 용도, 건폐율, 용적률, 높이 등을 제한함으로써, 토지를 경제적이고 효율적으로 이용하고 공공복리

증진을 도모하기 위해 서로 중복되지 않게 도시관리계획으로 결정하는 지역을 의미한다. 용도지역을 계획할 때에는 합리적인 공간구조의 형성, 교통계획, 기반시설 배치계획, 주거환경보호 및 경관 등과의 상호 관련성을 고려해 도시의 규모 또는 시가지의 특성에 따라 적절히 지정한다. 용도지역은 크게 도시지역, 관리지역, 농림지역, 자연환경보전지역의 네 가지로 구분되며, 도시지역은 다시 주거지역, 상업지역, 공업지역, 녹지지역으로 분류된다.

용도지구는 용도지역에 따른 행위 제한을 강화하거나 완화함으로써, 용도지역의 기능을 증진하고 경관과 안전 등을 도모하기 위해 도시관리계획으로 결정하는 일단의 지역을 말한다. 용도지구로 지정된 곳은 필요한 경우 지구단위계획을 수립해 지구 지정 목적에 적합하게 개발하거나 관리할 수 있다. 용도지구는 '국토의 계획 및 이용에 관한 법률'에 따라 경관지구, 고도지구, 방화지구, 방재지구, 보호지구, 취락지구, 개발진흥지구, 특정용도제한지구, 복합용도지구의 아홉 가지로 구분되고, 필요에 따라 동법 시행령 및 해당 지방자치단체의 조례로 더욱 세분해 정할 수 있다.

용도구역이란 토지의 이용 및 건축물의 용도, 건폐율, 용적률, 높이 등에 대한 용도지역 및 용도지구의 제한을 강화하거나 완화함으로써 시가지의 무질서한 확산 방지, 계획적이고 단계적인 토지 이용의 도모, 토지 이용의 종합적 조정·관리 등을 위해 도시관리계획으로 결정하는 일단의 지역을 말한다. 용도구역은 개발제한구역, 도시자연공원구역, 시가화조정구역, 수산자원보호구역, 입지규제최소구역의 다섯 가지로 구분된다.

이것이 **개별공시지가**이다

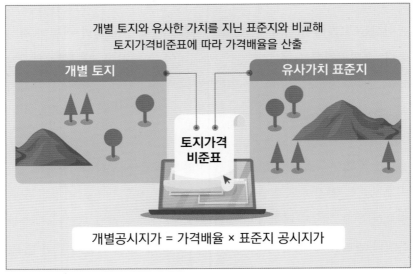

개별 토지와 유사한 가치를 지닌 표준지와 비교해
토지가격비준표에 따라 가격배율을 산출

개별 토지   유사가치 표준지

토지가격
비준표

개별공시지가 = 가격배율 × 표준지 공시지가

출처 : 저자 제공

개별공시지가란 표준지공시지가를 기준으로 해 산정한 개별 토지에 대한 단위 면적당(원/㎡) 가격이다. 즉, 공시지가는 표준지에 대한 지가로써 국토교통부장관이 결정 고시한 지가이고, 개별공시지가는 이 표준 지가를 기준으로 해 시장, 군수, 구청장이 개별 필지의 지가를 산정한 가격을 말한다. 개별공시지가를 산정하는 데 있어 가격 결정에 가장 영향을 미치는 요소는 토지의 특성 조사와 표준지 선정이다. 개별공시지가는 양도소득세, 증여세, 상속세, 종합토지세, 개발부담금 등의 토지에 대한 과세와 농지전용부담금의 부과 기준으로 활용된다. 개별공시지가에 이의가 있는 경우 결정·공시일로부터 30일 이내에 이의를 신청할 수 있다. 토지의 특성 조사 항목은 여러 가지가 있으나 그중 토지의 용도(주거용, 상업용, 공업용, 전답 등)와 도로 조건 및 공적 규제(용도지역, 용도지구, 기타 제한 등) 사항이 지가 결정에 중요한 항목이다. 개별공시지가 현실화 방안에 맞추어 도시 중심으로 개별공시지가를 현시세로 상향하고 있고, 미개발지는 현 토지의 개별공시지가와 실제 거래되는 가격에 상당한 금액 차이가 발생하고 있다.

이것이 **농지전용부담금**이다

농지라고 함은 우리가 익히 알고 있는 전, 답, 과수원을 말한다. 일반인들이 농지를 사는 이유는 농사를 직접 지으려는 경우도 있지만, 대부분 집이나 건물을 지으려고 하는 경우가 많다. 보통 땅을 사서 바로 건축하면 된다고 생각하지만, 실제로 해결해야 될 일들이 많다. 농지를 사서 곧 바로 건물을 지으려고 하면 농지를 대지로 바꿔야 하고, 그렇게 바꾸기 위해서는 비용이 들어간다. 이렇게 들어가는 비용을 농지전용부담금이라고 한다. 쉽게 말해서 농지를 대지로 전환하는 비용이라고 생각하면 된다. 그러면 농지전용부담금은 어떻게 계산될까? 농지전용부담금은 농지의 면적에 개별공시지가의 30%로 계산한다. 하지만 개별공시지가가 1제곱미터당 5만 원이 넘는다면 상한선을 최대 5만 원으로 계산한다. 그래서 평으로 계산하면 1평이 3.3제곱미터이기에 1평당 165,000원이 상한선이다. 농지를 사서 농지 전체를 대지로 변경할 필요는 없는데, 그 이유는 농지 전체를 전용하다 보면 농지전용부담금이 생각 이상으로 많이 나오기 때문이다. 따라서 건축에 필요한 만큼만 하고, 나머지는 그냥 농작물을 기르는 농지로 두는 것이 좋다.

이것이 **대체산림조성비**이다

대체산림조성비란 산지전용허가, 산지일시사용허가 등에 따라 산지를 다른 용도로 사용하려는 사람이 국가에서 산림을 다시 조성하기 위해 필요한 일부 비용을 정부에 내는 원인자 부담의 한 종류라고 보면 된다. 대체산림조성비는 부담금의 일종으로 세금은 아니지만 개발업자가 내야 되는 비용이다. 산림청은 '산지관리법' 제19조에 따라 매년 1/4분기에 대체산림자원조성비 단가를 고시한다. 대체산림자원조성비는 보전 산지, 준보전 산지, 산지전용제한지역으로 구분해 고시하는데, 보전 산지는 준보전 산지의 130%, 산지전용제한지역은 준보전 산지의 200%를 부과한다. 우리나라 전체 임야 중 보전 산지는 약 77%이고, 이중 공익용 산지와 임업용 산지를 보전 산지라고 한다. 준보전 산지는 보전 산지가 아닌 산지로서 대체로 관리지역으로 분류되는 임야이고 산지 중 23%만이 준보전 산지로 되어 있다. 대체산림자원조성비의 계산은 다음과 같다.

부과 금액 = 산지전용 또는 일시사용허가 면적 × 단위면적당(제곱미터)
금액 + 해당 산지 개별공시지가의 1%

이것이 **개발부담금**이다

토지 개발로 발생하는 개발이익을 환수하고 적정하게 배분해 토지에 대한 투기를 방지함으로써 토지의 효율적인 이용촉진을 도모하기 위해

출처 : 저자 제공

각종 개발사업으로 생긴 이익을 부담금으로 징수하는 제도이다. 개발부담금은 1990년부터 시작해 지금까지 이어져오고 있다. 개발부담금은 택지개발사업, 산업단지, 관광단지, 온천개발, 골프장건설사업, 도시환경정지사업, 물류시설용지조성사업 같은 지목 변경이 수반되는 사업에 부과하는 부담금이다. 개발하는 모든 토지가 개발부담금 대상이 되는 것은 아니고, 일정한 면적 이상 개발할 때 부과하는데, 도시 지역은 990제곱미터 비도시 지역은 1,650제곱미터 이상 되어야 개발부담금 대상이 된다.

연접시행

대상 사업 면적 산정은 동일인(배우자 및 직계존비속 포함)이 5년 이내에 연접 시행한 사업면적을 합산해 부과 대상 면적으로 산정하고, 동일인이 연접한 토지에 하나의 개발사업이 종료된 후 5년 이내에 개발사업의 인가 등을 받아 사실상 분할해 시행하는 경우에는 각 사업의 대상 토지 면적을 합한 토지에 하나의 개발사업이 시행된 것으로 본다. 동일인인 수인이 동일 필지를 각각 부과 대상 규모 이하로 사실상 분할해 시행한 후 소유권 이전을 하는 경우에는 연접한 토지에 동일한 개발사업을 시행한 것으로 본다. 동일인이 연접한 토지에 둘 이상의 개발사업을 각각 다른 시기에 인가 등을 받아 사실상 분할해 시행하는 경우에는 그 사업지구의 면적을 합해 모두 개발부담금 부과 대상으로 하며, 먼저 착수한 사업지구가 이미 완료되었다 하더라도 모두 합산해 개발부담금을 부과한다.

개발부담금 납부의무자

납부 의무자는 개발사업을 위탁 또는 도급한 경우에는 그 위탁이나 도급을 한 자, 타인 소유의 토지를 임차해 개발사업을 시행한 경우에는 토지 소유자, 개발사업을 완료하기 전에 사업시행자의 지위를 승계하는 경우에는 그 지위를 승계한 자가 된다.

부과 기준

개발부담금 = 개발이익 × 25%

개발이익 = [종료시점 지가 − (개시시점 지가 + 개발비용
      + 정상지가 상승분)]

개발비용

순공사비(제세공과금 포함), 조사비, 설계비, 일반 관리비, 기타 경비(예정가격 결정기준 중 공사원가계산을 위한 재료비·노무비·경비의 산출방법을 적용해 산출하되, 정부 표준품셈과 단가에 따른 금액)이다. 관계법령의 규정 또는 인가 등의 조건에 의해 납부의무자가 공공시설 또는 토지 등을 국가 또는 지방자치단체에 제공하거나 기부한 경우 해당 금액도 포함한다.

당해 토지의 개량비

지목변경취득세, 농지보전부담금, 대체초지조성비, 대체산림자원조성비 등이 포함된다. 개발사업 부지 면적이 2,700제곱미터 이하인 경우 순공사비, 조사비, 설계비, 일반 관리비 합계액에 대해 국토교통부 고시로 정한 단위면적당 표준비용을 적용해 개발비용 신고가 가능하다.

※ 토목공사를 수반하지 아니하고 단순히 용도변경 등만으로 완성되는 개발사업인 경우 단위면적당 표준비용 적용을 제외한다. 단, 개발비용산출내역서를 제출하지 않았을 경우에는 '개발이익 환수에 관한 법률' 제29조제1항 규정에 의해 과태료가 부과되며, 개발비용을 적용받지 못한 상태에서 개발부담금이 부과된다.

기타사항

개발부담금을 면탈, 감경할 목적으로 허위계약을 체결할 경우 3년 이하의 징역 또는 개발부담금의 3배 이하의 벌금을 부과한다. 개발비용산출명세서(개발비용신고서)를 준공일로부터 40일 이내에 제출하지 아니하거나 허위로 제출할 경우 200만 원 이하의 과태료 처분이 내려진다.

이것이 **취락지구**이다

집단취락지구

취락지구에서 '취락'의 사전적 의미는 인간의 생활 근거지인 가옥의 집합체를 말한다. 쉽게 말해 사람들이 모여 사는 곳을 의미한다. 집단취락지구란 개발제한구역(그린벨트) 내에 지정되는 지역으로 개발제한

취락지구

출처 : 저자 제공

구역에 위치한 취락을 정비하기 위해서 지정하는 지구를 말한다. 집단 취락지구를 지정하는 이유는 난개발을 막고 환경을 최대한 보전하기 위해서이다. 그린벨트 내에 위치해 있다 보니 환경 및 주변 경관을 잘 보존해 후손들에게 물려주어야 한다. 하지만 이런 그린벨트지역 내에 여러 채의 집이 군데군데 지어져 있으면 환경을 효율적으로 보전하기 가 어렵고, 눈에 보이는 경관 또한 좋지 않고, 각각의 집들에서 배출되 는 생활쓰레기 등도 문제될 수 있다. 그래서 그린벨트지역 내 호수 밀 도가 10호 이상 밀집된 지역을 집단취락지구로 지정해 인근 가구들을 모두 이주시킨다. 흩어져 있던 가구들을 한곳으로 모아 마을을 형성하 면 마을 외 지역 환경을 훼손시키지 않을 수 있고, 환경을 보다 효율적 으로 보전할 수 있다.

집단취락지구의 경우 계획관리지역을 제외하고 녹지지역(보전, 생산, 자연녹지지역)과 관리지역(보전, 생산관리지역)은 모두 20%의 건폐율 규제를 적용받게 된다. 또한 용적률도 50~80% 또는 50~100%로 제한된다. 하지만 집단취락지구로 지정되면 그 지역의 건폐율은 다음과 같이 완 화되어 적용된다.

- 건폐율 40% + 용적률 100%(높이 3층 이하)
- 건폐율 60% + 용적률 300%(높이 3층 이하)

이외에도 개발제한구역 내에 신축이 금지된 건축물을 제1종, 2종 근린시설로 용도변경까지 가능하다.

자연취락지구

녹지지역, 농림지역, 관리지역 또는 자연환경보전지역 안의 취락을 정비하기 위해 필요한 지역을 말하며 자연취락지구 역시 기존에 주거하고 있는 주민들이 있기 때문에 주민들에게 필요한 생활시설들이 들어와야 한다. 그런데 이들이 같은 지역에 살고는 있지만 곳곳에 흩어져 거주하고 있을 경우 생산시설을 뿔뿔이 흩어져 짓는다면 환경을 훼손하게 되어 결국 난개발을 초래할 가능성이 높아진다. 그래서 거주민들을 모두 한 지역으로 이주시킴으로써 그 지역 내에 각종 생활기반시설을 개발해 난개발을 막고, 환경 훼손을 최소화하기 위한 방안이다.

자연취락지구의 건폐율은 60% 이하로 완화되어 적용된다. 다만, 용적률은 용도지역 내의 용적률에 따른다. 만약 용도지역이 '보전녹지지역'인 곳에 자연취락지구가 지정되면 '보전녹지지역'기준 50~80%의 용적률을 적용받게 되며, 용도지역이 '계획관리지역'인 곳에 지정되면 50~100%의 용적률을 적용받게 된다.

이것이 **그린벨트**이다

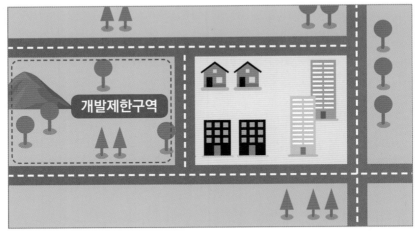

출처 : 저자 제공

개발제한구역(그린벨트)

도시의 무질서한 확산 방지와 자연환경 보전 등을 위해 국토교통부 장관이 도시 개발을 제한하도록 지정한 구역이다. 개발제한구역 해제는 국책사업 및 지역 현안사업 등 공공성이 인정되는 개발사업을 위해 이루어진다. 30만 제곱미터 이상은 중앙도시계획위원회 심의를 거쳐 국토교통부 장관이 해제하고, 30만 제곱미터 미만은 시·도지사가 지방도시계획위원회 심의를 거쳐 해제하고 있다.

그린벨트 해제 대상 사업은 공익적 목적의 개발수요가 발생할 경우, 공공주택사업·사회복지사업·녹지확충사업을 할 수 있다. 수도권에 있는 기업의 본사·공장이 지방 이전해 지역경제 활성화를 도모할 경우 이를 수용하는 사업, 산업단지, 물류단지, 유통단지, 컨벤션센터, 자동차 서비스 복합단지 건설사업, 도시의 자족 기능 향상을 위한 공간구조 개선, 도시민 여가 선용, 지역특화발전을 위해 추진하는 사업으로 주요 목표는 공공의 이익을 위한 사업이 그린벨트 해제 대상이다. 대규모 그린벨트 해제 사업의 경우 해제 대상 여부 및 해제 물량 확보가 전제되어야 하므로 사전에 입안권자인 시장·군수 등과 협의를 통해 해제 물량 확보가 가능한지 등 여부를 확인 후 사업 추진 여부를 결정해야 한다.

이것이 **지구단위계획구역**이다

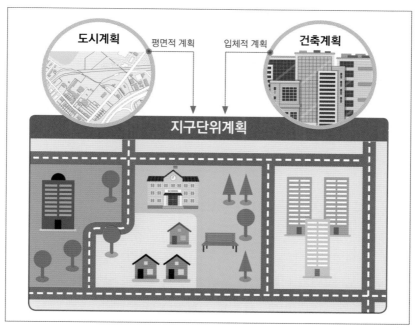

출처 : 저자 제공

도시계획 수립 대상 지역의 일부에 대해 토지 이용을 합리화하고, 그 기능을 증진시키며, 미관을 개선하고 양호한 환경을 확보하며, 그 지역을 체계적·계획적으로 관리하기 위해 '국토의 계획 및 이용에 관한 법률'에 따라 도시·군관리계획으로 결정·고시된 구역을 말한다. 여러 도시계획구역 중에서도 개발이 필요하다고 생각되는 특정 구역을 보다 세밀하게 관리하기 위해서 지정해놓은 것을 의미한다.

지구단위계획구역의 목적은 국가에서는 효율적으로 개발하기 위해서 건축물의 용도, 용적률 및 건폐율, 또는 높이와 같은 조건을 규제하거나 강화하는 용도지구를 정하지만 제한만으로는 효율을 높이기 어려운 경우가 바로 도심이다. 그래서 개별적으로 구체적 계획을 수립하기 위해서 구역을 나누어 최대의 효율을 추구하는데, 이때 나누어진 구역이 바로 지구단위계획구역이다. 지구단위계획의 효력은 용도지역과 용도구역의 하위 규정 성격을 가지고 있고, 권역이 지정되고 난 후 개발행위허가 제한을 최장 5년까지 연장 가능하다. 그러기 위해서는 3년 이내에는 계획수립을 완료해야 하고, 그때까지는 개발제한구역으로 계속 유지된다.

이것이 **토지거래허가구역**이다

토지거래허가구역은 투기적인 거래가 예상될 수 있는 지역의 지가가 급상승할 것을 막기 위해서 땅 투기 방지 목적으로 설정되는 구역이다. 1979년 처음 도입되었고, '국토의 계획 및 이용에 관한 법률'에서 계획의 원활한 수립, 집행, 합리적 이용 등을 위해서 지정된다. 투기성이 짙거나 그럴 것으로 보이는 지역을 대통령령으로 지정해 제한하고 있고, 국토교통부 장관, 시·도지사가 지정 권리가 있으며 투기적 성향이 보

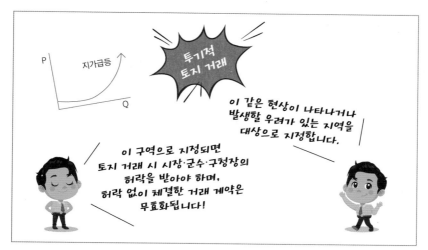

출처 : 저자 제공

일 경우 5년 내 기간을 정해 지정하고 있다. 도시지역 내에 속하면 주거지역은 60제곱미터, 상업지역은 150제곱미터, 공업지역은 150제곱미터, 녹지지역은 100제곱미터, 도시지역 외 250제곱미터, 농지 500제곱미터, 임야 1,000제곱미터가 넘는 것을 매입할 때 시장, 군수, 구청장의 허가가 필요하다. 이러한 허가 면적은 국가의 부동산 정책상 수시로 변경되기에 수시로 확인할 필요가 있다. 허가를 받고 목적대로 이용하지 않으면 이행명령이 부여되고, 이를 불이행하면 취득가액의 10% 범위 내 매년 이행강제금이 부과될 수 있다.

토지거래허가구역 신청을 하기 위해서는 소유주와 계약을 체결하고, 관할 시군구청에 신청서를 제출하면 된다. 매도인, 매수인 당사자들이 공동 신청하는 것이 원칙이고, 위임장이 있으면 대리인도 신청이 가능하다. 토지거래허가구역 신청서를 제출할 때 취득자금 조달계획서, 이용계획서, 주민등록등본 같은 필요한 서류가 첨부되어야 하고, 제출일로부터 15일 안에 처분결정을 받을 수 있다.

이것이 **형질변경**이다

출처 : 저자 제공

성토, 절토, 정지

개발행위허가를 내서 토목을 할 때 쓰이는 용어로 토지의 형질변경이란 토지의 형태를 바꾸는 것을 말하고 절토, 성토, 정지 작업 같은 토지의 형질변경을 위해서도 개발행위허가를 받아야 한다. 절토는 건축하기 위해서 산 주변의 부지를 깎는 것으로 50센티미터 이상 절토하려면 관할 관청에 허가를 받아야 한다. 성토는 흙을 메꾸는 작업으로 비용 측면에서는 성토가 훨씬 더 비용이 들고 성토는 50센티미터 이상 메꿀 때 각 관할관청에 허가를 받아야 하고, 비농지는 50센티미터 이하, 농지는 2미터 이하를 성토하는 경우 허가 대상에서 제외한다. 정지 작업은 성토한 지반을 단단하게 다지는 것을 말한다. 이렇게 성토, 절토, 정지 작업을 통해 형질변경을 한 토지는 그렇지 않은 토지에 비해 보통 2~3배의 가격으로 시세가 형성되기 때문에 최종적으로 지목이 변경되기 이전인 성토, 절토, 정지 작업을 해 형질변경을 하는 것만으로도 해당 토지의 가격이 상승할 수도 있다.

이것이 **토임, 등록전환**이다

일반인들은 임야는 알고 있는데 토임에 대해서는 잘 모르고 있다. 토임은 지목상으로는 임야인데, 지적도에 등재된 토지를 의미한다. 먼저 축척을 알아야 토임을 이해할 수 있다. 임야는 면적이 작은 것도 있지만 대부분 면적이 크기 때문에 임야도의 축척을 1/6000 내지는 1/3000로 해서 임야도에서 관리한다. 그러나 작은 임야는 1/6000로 하게 되면 지도에서 작게 나타나기 때문에 관리가 쉽지 않아 이런 경우 작은 임야는 축척 1/500 내지는 1/1200의 확대된 지적도를 작성할 필요가 있다. 이렇게 해서 축척이 작은 지적도에서 관리하고, 임야를 임야대장과 임야도가 아닌 토지대장과 지적도에서 관리하는 게 토임이다. 임야에서 토지로 바꾸는 경우 임야대장에서 토지대장으로 등록을 전환해야 한다. 즉, 등록전환이란 임야대장 및 임야도에 등록된 토지를 토지대장 및 지적도에 옮겨 등록하는 것을 말한다.

1/6000인 임야도(소축척도)에서 1/1200인 지적도(대축척도) 축척으로 변경해야 한다. 토지 소유자는 등록전환할 토지가 있으면 그 사유가 발생한 날로부터 60일 이내에 지적소관청에 등록전환을 신청해야 한다. 등록전환을 신청할 수 있는 토지는 다음과 같다.

- '산지관리법'에 따른 산지전용허가·신고, 산지일시사용허가·신고, '건축법'에 따른 건축허가·신고 또는 그 밖의 관계 법령에 따른 개발행위허가 등을 받은 경우
- 대부분의 토지가 등록전환되어 나머지 토지를 임야도에 계속 존치하는 것이 불합리한 경우
- 임야도에 등록된 토지가 사실상 형질변경되었으나 지목변경을 할 수 없는 경우
- 도시·군관리계획선에 따라 토지를 분할하는 경우

등록전환을 신청할 때는 등록전환 사유를 적은 신청서에 관계 법령에 따른 개발행위허가 등을 증명하는 서류의 사본을 첨부해 지적소관청에 제출해야 한다.

이것이 **사업용 토지, 비사업용 토지**이다

토지투자를 하는 사람들이 꼭 숙지해야 할 사항이 세금이다. 투자 수익율을 올리기 위해서는 다양한 방법들 가운데 사업용토지와 비사업용토지도 양도세와 직접적인 관계가 있다. 땅을 구매하거나 사용하려고 할 때 사업용 토지와 비사업용 토지의 인정 기준에 따라 세율로 부과되는 비율이 상당히 큰 차이로 적용되기 때문이다.

사업용 토지란 용도에 맞게 사용하면서 보유하면 토지를 제대로 사용하고 있다고 인정받는 것이다. 사용 목적과 용도에 따라 28가지 지목으로 나누어지는데 그에 맞게끔 사용하면 인정받게 된다.

농지

농지는 도시지역 중 주거지역, 상업지역, 공업지역을 제외한 모든 지역(녹지지역, 관리지역, 농림지역, 자연환경보전지역) 중에 재촌자경(在村自耕)의 요건을 충족하면 사업용 토지로 본다. 여기서 재촌의 요건은 연접한 시군구에 거주하거나 농지까지 직선거리 30제곱킬로미터 이내에 거주하면 된다. 그리고 자경은 농지를 농작물의 경작이나 다년생 식물의 재배에 상시 종사하거나 농사일의 1/2 이상을 자신의 노동력으로 경작, 재배하는 것을 말한다. 여기서 추가되는 것이 소득 요건인데, 근로소득, 총급여 및 사업소득이 연간 3,700만 원 미만이어야 한다. 그리고 세대별 소득을 합산하는 것이 아닌 소유자의 소득만 계산한다. 결국 농지에 재촌자경하면서 소득 요건을 갖춰야 비로소 그 농지를 사업용 토지로 보게 된다.

임야

임야는 재촌의 요건만 충족되면 사업용 토지로 본다. 그리고 상속받고 20년 이상 소유한 임야나 종중 임야도 사업용 토지로 보며, 개발제한구역 안의 임야 또한 사업용 토지로 본다. 임야 소재지에 거주하는 사람이 소유하고 있는 임야도 사업용 토지가 된다. 산림경영계획인가를 받아 사업 중인 임야, '산림법'에 따른 영림계획인가를 받아 사업 중인 임야, '군사기지 및 군사시설보호법'에 따른 군사기지 및 군사시설보호구역 안의 임야, 자연공원법에 따른 공원자연보존지구 및 공원자연환경지구 안의 임야 및 '도시공원 및 녹지 등에 관한 법률'에 따른 도시공원 안의 임야 등 모두 사업용 토지로 인정된다.

목장용지

도시지역 밖에서 축산업을 영위하고, 가축별 기준 면적 요건을 충족하면 사업용 토지로 본다. 그리고 상속받고 20년 이상 소유한 경우도 사업용 토지로 본다. 축산업을 영위하는 사람이 소유하고 있는 목장용지도 당연히 사업용 토지로 본다.

나대지

나대지는 원칙적으로 비사업용 토지에 해당하지만, 예외적으로 사업용 토지로 보는 경우도 있다. 어떤 것이 있을까? 재산세 비과세, 감면, 분리과세, 별도합산과세 토지는 사업용 토지로 보고, 종합합산과세 대상 토지 중 사업 거주에 필수적인 토지 또한 사업용 토지로 본다. 그리고 무주택자가 660제곱미터 이내로 보유하고 있는 나대지도 사업용 토지로 본다.

주택부속 토지

주택 정착 면적의 5배 이내 부속토지는 사업용 토지로 보고, 도시지역(주거지역,상업지역,공업지역,녹지지역) 밖은 주택 정착 면적의 10배 이내 부속 토지를 사업용 토지로 본다.

별장부속 토지

읍면 소재 대지 면적 660제곱미터 이내, 건물 연면적 100제곱미터 이내, 기준시가 1억 원 이하의 부속 토지는 사업용 토지로 본다. 2022년 1월부터 적용하려던 개정안이 국회를 통과하지 못함에 따라, 현행과 같이 토지의 양도소득세는 1년 미만 보유하고, 양도하면 50%, 2년 미만 보유하고 양도하면 40%의 단일 세율(확인 요망)이 적용되고, 2년 이상 보유하고 양도할 시 누진세율이 적용된다. 비사업용토지는 예전과 같이 기본 세율에 10% 추가해 중과하게 되고, 장기보유특별공제는 적용된다.

이것이 **환지방식**이다

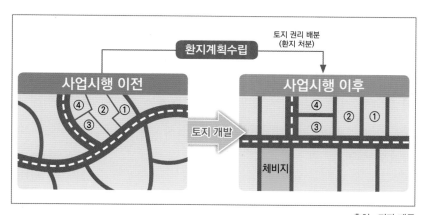

출처 : 저자 제공

도시개발사업 시행방식에는 수용방식, 환지방식, 혼용방식이 있다. 수용방식이란 도시개발사업 등을 할 때 국가 및 지방자지단체, 정부투자기관 등의 사업시행자가 협의매수 또는 수용의 방법으로 사업지구 내 토지를 전부 취득해 사업하는 방식이다. 공적 주체가 토지를 전부 취득하기 때문에 종전 토지 소유자의 권리는 모두 소멸된다. 환지방식이란 도시개발사업을 할 때 토지 소유자의 소유권을 변동시키지 않고 사업을 완성시키며, 사업시행 전후의 토지 위치, 면적, 토질, 이용상황 및 환경을 고려해, 종전의 소유권을 사업 후 정리된 대지에 이전시키는 방식을 말한다. 쉽게 설명하면 수용방식은 금전 등으로 보상하는 것이며, 환지방식은 헌 땅을 받고 잘 정비된 새 땅으로 바꿔주는 것이다.

수용 또는 사용방식

계획적이고 체계적인 도시개발 등 집단적인 조성과 공급이 필요한 경우

환지방식

대지로서의 효용증진과 공공시설의 정비를 위해 토지의 교환, 분합, 그 밖의 구획변경, 지목 또는 형질의 변경이나 공공시설의, 설치, 변경이 필요한 경우 또는 도시개발사업을 시행하는 지역의 지가가 인근의 다른 지역에 비해 현저히 높아 수용 또는 사용방식으로 시행하는 것이 어려운 경우

혼용방식

도시개발구역으로 지정하려는 지역이 부분적으로 수용, 사용방식 또는 환지방식에 해당하는 경우

주로 도시가 발달되고 인구가 증가하게 되면 도시개발사업이 자연스럽게 진행된다. 도시개발 사업을 진행할 때 사업지구 내 토지 소유자의 소유권을 변동시키지 않고 사업을 완성시키며, 사업시행 전후의 토지 위치, 면적, 토질, 이용상황 및 환경을 고려해, 종전의 소유권을 사업 후 정리된 대지에 안전하게 이전시키는 환지방식이라고 이해하면 된다.

사업시행자는 사업비에 충당하고 공공시설용지를 확보하기 위해 토지 가치 또는 면적에 비례해 토지 소유자 토지의 일부를 떼어내어 보류지를 확보한다. 이렇게 떼어낸 토지의 면적을 종전의 면적으로 나눈 비율을 감보율이라 한다.

개발 전 구불구불하던 길과 땅 모양이 개발이 끝나면 반듯한 모양으로 변하게 되지만, 자세히 보면 면적이 조금씩 줄어드는데, 개발을 통해 여러 사람들이 이용할 수 있는 공공시설을 위한 공간과 사업비 조달을 위한 체비지로 책정되기 때문에 줄어들 수밖에 없다. 이와 같이 '공공시설 + 체비지'를 합해서 '보류지'라고 하고, 보류지로 들어간 만큼 가지고 있던 토지가 감소되고 얼마나 줄어들었는가 하는 것을 '감보율'이라고 한다. 이렇게 땅의 면적은 줄었지만 도시를 개발하고 나면 땅값은 개발 전 땅값보다 몇 배 이상 상승하기에 줄어든 만큼 땅값이 올라서 환지로 보상받는 것이 유리할 수 있다. 도시개발사업에서 환지방식은 주로 다음의 경우에 시행한다.

- 대지로서의 효용증진과 공공시설의 정비를 위해 토지의 교환·분합, 그 밖의 구획변경, 지목 또는 형질의 변경이나 공공시설의 설치·변경이 필요한 경우
- 도시개발사업을 시행하는 지역의 지가가 인근의 다른 지역에 비해 현저히 높아 수용 또는 사용방식으로 시행하는 것이 어려운 경우

오르는 땅의 비밀 노트

제1판 1쇄 2023년 4월 10일
제1판 2쇄 2024년 2월 23일

지은이 김양구
펴낸이 허연 **펴낸곳** 매경출판(주)
기획제작 ㈜두드림미디어
책임편집 우민정 **디자인** 노경녀 nkn3383@naver.com
마케팅 김성현, 한동우, 구민지

매경출판㈜
등록 2003년 4월 24일(No. 2-3759)
주소 (04557) 서울특별시 중구 충무로 2(필동 1가) 매일경제 별관 2층 매경출판㈜
홈페이지 www.mkbook.co.kr
전화 02)333-3577
이메일 dodreamedia@naver.com(원고 투고 및 출판 관련 문의)
인쇄 · 제본 ㈜M-print 031)8071-0961
ISBN 979-11-6484-543-9 (03320)

**책 내용에 관한 궁금증은 표지 앞날개에 있는 저자의 이메일이나
저자의 각종 SNS 연락처로 문의해주시길 바랍니다.**

책값은 뒤표지에 있습니다.
파본은 구입하신 서점에서 교환해드립니다.

같이 읽으면 좋은 책들

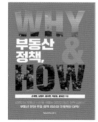

新
명품 토지
중개 실무

돈 길 따라가는
부동산 투자

부동산
세무
Real estate
Tax
Guide Book
가이드북 실전편

돈 되는 부동산은
따로 있다

부동산 투자,
아파트형
공장이
틈새다

월세 부자
레시피

新
부동산 공매
가이드북

기막힌
부동산
절세의
비밀

부동산
매매임대사업자
세무
Real estate
Business
Tax
Guide Book
가이드북 실전편

나는
부동산 투자로
파산자에서
100억 부자가
되었다

지분경매,
공유지분,
독점경매

이것이 진짜
성공 경매다

결혼은 선택이지만
부동산
투자는
필수다

헌집 살래
새집 살래

부자 되는
주택
임대사업

돈 버는
공인중개사는
따로 있다

전세가를 알면
부동산 투자
가 보인다

서울시 공장경제과
주무관이 알려주는
부동산
거래와
판례

스타들의
부동산
재테크

지분 경매로
토지 개발업자 되기

부동산 재테크
의세권이
답이다

철도 & 역세권 15년 경력의 노하우

세무사 30년이 알려주는
세무조사
대비의 모든 것

아는 만큼 당당하다

누구나 쉽게 따라할 수 있는 쉬운 가이드북
주택 연출가
무조건 따라하기

커피 한 잔 값으로
초대형 오피스 주인 되기
리츠
얼리어답터

고수만이 알려주는   블루오션 토지 경매
신의 한 수
금맥
경매

주택·아파트 계약·증여·상속·증여 전에 꼭 알아야 하는
주택
아파트
세무 가이드북
실전편

권리분석
완전정복으로
10년 안에
10억 벌기

고수가 알려주는 돈의 단위 딱 투자의 모든 것
대한민국을
움직이는
땅 투자 법칙100

흔한 직장인의 흔하지 않은 투잡 경매 성공기
돈의 보감
평범한 셀러리맨, 투잡 경매로
5년에 10억 벌다

경매로 재테크하고
NPL로 두 번째 월급 받다

나는 갭 투자로
300채 집주인이
되었다

아파트 300채 부자
박정수가 공개하는
화제의 투자법 대공개!

토지
세무
가이드북
실전편

"토지세에 있어 세금단짝은
선택이 아니라 필수다!"

부동산 공개·경매·분양·입찰·매매를 통한
新 상가
투자
보물
찾기

상가투자자와 공인중개사도 꼭 알아야 하는
상가
세무
가이드북
실전편

"상가관리에 있어 세금단짝은
선택이 아니라 필수다!"

응답하라!!
위기의
부동산

시크릿
부자경매
나는
토지 경매로
금맥을 캔다

NPL과 경매, 토지보상이 하나로
토지보상경매
실전활용

개인·개인사업자·법인CEO도 꼭 알아야 하는
세무조사
실무
가이드북
실전편

야생화의
기초 경매

국토도시계획을 알아야
부동산 투자가 보인다

GLOBAL
REAL ESTATE
INVESTMENT & DEVELOPMENT BIBLE
해외 부동산
투자&개발 바이블

해외 부동산을 알면 국내 부동산이 보인다

가치 있는 콘텐츠와 사람
꿈꾸던 미래와 현재를 잇는 통로

두드림미디어
dodreamedia

경제·경영, 재테크, 자기계발, 실용서 전문 출판 임프린트

Tel. 02-333-3577
E-mail. dodreamedia@naver.com
https://cafe.naver.com/dodreamedia